給所有人與沒有人的一部書

查拉圖斯特拉如是說

Thus Spoke Zarathustra

A Book for All and None

尼采

彤雅立 譯

Contents

PART 2

1883

出版

PART 3

1884

出版

PART 4

1885

出版

譯序

永恆歸返，再讀尼采

彤雅立

尼采（Friedrich Nietzsche, 1844-1900）作為一位哲學家，他的思想影響了世界；尼采作為一位文學家，他的詩意與精煉的筆觸則在本書當中一覽無遺。他是少數幾位可以使普羅大眾也願意親近其作品的哲學家，甚至啟迪了奧匈帝國猶太人後裔、美國鬼才導演史丹利・庫布里克（Stanley Kubrick, 1928-1999）拍出一九六八年的電影《2001太空漫遊》（*2001: A Space Odyssey*），德國作曲家理查・史特勞斯（Richard Strauss, 1864-1949）於一八九六年作出與本作品同名的交響詩《查拉圖斯特拉如是說》（*Also sprach Zarathustra. Op.30*）[1]。

1. 理查・史特勞斯，德國作曲家，作品氣勢磅礴，納粹時期因對當局的默認而受後世批評。

《查拉圖斯特拉如是說》作為尼采唯一的一部哲學小說作品，可以說是跨越文類的一種哲學嘗試；它的影響力無遠弗屆，當中的思想甚至受到獨裁者希特勒與墨索里尼的崇拜與誤用。尼采生活的年代，是普魯士王國從君主制改為立憲制，並且發生德國統一戰爭（一八四八—一八七一），建立德意志第二帝國（一八七一—一九一八）的年代[2]；也是德國猶太哲學家卡爾・馬克思（Karl Marx, 1818-1883）發表《共產黨宣言》（一八四八）與《資本論》（一八六七）的時代。在統一戰爭時期，他的同代人——反猶音樂家理查・華格納（Richard Wagner, 1813-1883）因民族主義革命運動流亡瑞士，直到一八六四年巴伐利亞國王路易二世（Ludwig II, 1845-1886）登基而結束[3]；馬克思則因無產階級革命流亡倫敦，直到終老[4]；而浪漫主義猶太詩人亨利・海涅（Heinrich Heine, 1797-1856）則早在一八三一年因批判普魯士封建割據而終生流亡巴黎[5]。

這個時代誕生了如是的巨擘，而在後世造成重大影響與世界的衝突。若要問，哲學與我們有何關聯？那麼便是哲學、政治、美學與人類生活之間千絲萬縷的關聯。而尼采的《查拉圖斯特拉如是說》，便是管窺彼時「（反）時代精神」及其綿延而生的影響的最佳媒介。

從《悲劇的誕生》到《查拉圖斯特拉如是說》

當普魯士在普法戰爭（一八七〇—一八七一）之中打敗了拿破崙（Napoléon Bonaparte,

1769-1821），建立了德意志第二帝國的時候，二十七歲的尼采已放棄普魯士國籍、成為瑞士人兩年了。那一年是西元一八七一年，尼采隨即提筆寫下《悲劇的誕生——源於音樂的精神》（*Die Geburt der Tragödie aus dem Geiste der Musik*, 1872）[6]，這是他受到華格納的音樂感召，以及對日耳曼文化回溯到希臘悲劇元素的思考，展開對歐洲文化的批判，成為他日後所有思

---

2. 一八〇六年，拿破崙大敗普魯士軍隊，維持近十個世紀的神聖羅馬帝國正式結束，餘下的三十九個德意志邦國於一八一五年組成「德意志邦聯」（一八一五—一八六六），其中以奧地利帝國與普魯士王國為主要勢力；一八三四年又組成「德意志關稅同盟」。直到一八七一年普魯士統一德國、建立德意志帝國為止的這段期間，德意志諸邦各自為政。德國從未成為一個國家的十九世紀，誕生了許多文學、藝術、哲學家。
3. 華格納生於薩克森王國（Königreich Sachsen）的萊比錫，與普魯士王國為鄰。一八四九年參加德勒斯登五月革命而被通緝，從此流亡瑞士，直到一八六四年巴伐利亞國王路易二世登基，邀華格納至該國創作，遂結束其流亡生涯。
4. 馬克思生於今德國西部的特里爾（Trier），與盧森堡為鄰，它於一八一五年維也納會議之後被劃歸為普魯士王國萊茵省。一九四九年，馬克思因宣傳共產主義思想被普魯士政府驅逐出境。
5. 海涅生於今德國西部城市杜塞道夫，當時屬伯格大公國（Herzogtum Berg），十八世紀末被法國占領並大規模建設，直到維也納會議後劃歸普魯士王國。少年海涅親見拿破崙統治帶來的法國大革命精神——自由、平等、博愛，法國引進民法法典，使猶太公民在法律之前終於得到平等對待。海涅的自由主義政治觀點在普魯士王國受到批評，一九三一年法國七月革命之後，他移居法國，兩年後，其作品在普魯士被禁，海涅就此流亡法國，寓居巴黎二十五年，並寫下代表作《德國，一個冬天的童話》（一八四四）。
6. 尼采於一八八六年再版此書，書名為《悲劇的誕生——或希臘與悲觀主義》（*Die Geburt der Tragödie. Oder: Griechenthum und Pessimismus*）。

想最初的根源之書。十九世紀工業時代造成的理性主義，以及資本主義帶來的科學危機，在尼采的思想體系之下，將希臘音樂悲劇當中酒神戴奧尼索斯（Dionysus）的精神復活，縱情而陶醉地活，將生命力用以對抗世界的苦與樂；而日神阿波羅（Apollo）則與酒神相對，是為理性與完美的化身。

接續這部作品，他也出版了《不合時宜的觀察》（一八七三—一八七六）共四部，包括〈信徒與作家大衛．史特勞斯〉（一八七三）、〈歷史對人生之利弊〉（一八七四）、〈作為教育家的叔本華〉（一八七四）與〈在拜魯特的華格納〉（一八七六），反思歷史文化、傳統哲學以及現代人的生活方式。在尼采與音樂家華格納十年友誼進入尾聲的時候，尼采寫下《人性的，太人性的——一本獻給自由精神的書》（一八七八），並致贈華格納此書作為最後禮物。

之後，他的生命陷入低谷，身受重病，尼采於一八七九年辭去巴塞爾大學教職，回到薩克森，寫作箴言集《漫遊者及其影子》（一八八〇），翌年返瑞士，先後完成箴言體的《曙光》（一八八一）與《快樂的科學》（一八八二），抨擊歐洲包括基督教的舊道德思維，並以懷疑主義論調引出「上帝已死」、「永恆歸返」的概念。

尼采以反時代的精神寫下了著作，《查拉圖斯特拉如是說》便是他人生最孤獨時刻的產物。這本書分為四部，其中第一部僅以十天的時間完成，巧的是，一八八三年二月十三日完成的當天，華格納病逝於義大利威尼斯。六月，第一部出版，七月，第二部完成。一八八四年一月在法國尼斯完成第三部，一八八四年十一月至一八八五年二月於法國芒通與尼斯完成

第四部。最後一部的出版以私人方式自印，僅四十多份。這部哲學小說可以說是集尼采思想之大成，初次提出了「超人」的概念，不僅主張個人的能力，以「自我超越」擺脫上帝的控制，宣稱「上帝已死」，同時他也主張對一切價值重估的必要性。

《查拉圖斯特拉如是說》作為尼采思想重大的轉折與呈現，緊接著便是「價值重估」的階段，體現於他後來的作品《超越善惡——未來哲學的序曲》（一八八六）、《道德系譜學》（一八八七）、《偶像的黃昏》（一八八九）與《反基督》（一八九五）當中。本書不同於尼采的其他著作，並不以哲學理論與字眼來行文，而是以一位哲人的遭遇來帶出一個又一個的故事，並且以詩意的方式表達。關於這部書在尼采全部作品當中的地位，德國哲學家歐根・芬克（Eugen Fink, 1905-1975）曾說：「《查拉圖斯特拉》開啟了哲學家明確的第三階段，其思想之正午隨著這部書而開始；在其思想當中，這種精神的力量達到頂峰。在他早期著作當中的浪漫元素之後，在學術啟蒙的觀念翻轉之後，此刻發生的是他本質的自我發現。」

查拉圖斯特拉的誕生

在尼采的三封書信當中，記載了《查拉圖斯特拉如是說》的生成與意義——一八八三年六月二十八日，第一部出版後，他給瑞士希爾斯—瑪麗亞（Sils-Maria）的友人葛爾斯多夫（Carl von Gersdorff, 1844-1904）的信中寫道：「沉默的時代過去了——我的作品《查拉圖斯特拉》這幾週將會寄到你手上，它會向你表露，我的意志有著多麼高的飛行。請別被這本小書的傳奇色彩所矇騙了，在所有質樸罕見的詞語背後，存在著我最深沉的嚴肅與我全部的哲學。這是一個可資認識我的開端——再也沒有！——我很了解，世上無人能像查拉圖斯特拉那樣，做出這些事情——」

一八八四年二月二十二日，尼采完成第三部時，寫信給法國尼斯的古典語文學家好友埃爾溫．羅德（Erwin Rohde, 1845-1898）提到：「——我想像，隨著這查拉圖斯特拉，讓德語臻至完善。這是繼路德與歌德之後還得進行的第三步——；看啊，交心的老友，哪怕力量、柔韌與悅耳音調已經並存於我們的語言當中。」同年九月二日，尼采去信居於瑞士希爾斯—瑪麗亞的作家暨作曲家彼得．賈斯特（Peter Gast, 1854-1918），寫道：「此外，這個夏天，我的主要任務正在澈底完結當中，一如我所計畫的那樣——接下來六個月，將致力於一項工作的起草，我以此勾勒出我的『哲學』。一切進行順暢，充滿希望。查拉圖斯特拉在此期間，只有完全個人的意義——那是我的『修身讀物與勇氣之書』——其餘的書對每個人來說則是黑暗、隱蔽、可笑的。」

根據《查拉圖斯特拉如是說》前三部的書寫，分別是在短短數日或數週之內。尼采斷言，這是在直觀靈感的催逼之下寫出來的。這種靈感的來臨，在尼采最後一部書《瞧，這個人》當中曾提及：

這部作品的基本概念，**永恆歸返的思想**，人類所能抵達的最高肯定公式——誕生於一八八一年八月——它被草草寫在一張紙上，並且題款「在距離人類與時間六千英尺之彼岸」。那一天，我穿過席爾瓦普拉納[7]的湖邊森林；在距離蘇爾萊[8]不遠、那堆疊成金字塔形的雄偉岩塊，使我停下了腳步。這時，我興起了這樣的思想。——回溯這天之前的幾個月，我於是發現一個徵兆——我的審美，特別是在音樂方面，有著一種突然的、極為決定性的變化。人們或可將整個查拉圖斯特拉放在音樂的範疇來看待；——在此肯定可以**聽見**一種藝術裡的轉生，這是一項先決條件。一八八一年春天，我在離雷科阿羅[9]與維琴察[10]不遠的一座小山城療養，那時，我與我偉大的作曲家朋友彼得・賈斯特[11]，同樣是一位「重生者」，一同發現了鳳凰的樂音披著較以往更輕盈燦爛的羽毛，從我們身

7. 席爾瓦普拉納（Silvaplana），為瑞士東部的一座小山城，海拔一千八百一十五公尺，該城的席爾瓦普拉納湖為著名度假勝地，風景宜人。
8. 蘇爾萊（Surlei，又名 Surlej），瑞士地名，位於席爾瓦普拉納的東部地區。
9. 雷科阿羅（Recoaro），義大利北部維琴察（Vicenza）省的一座小鎮。
10. 維琴察（Vicenca，又名 Vicenza），城市名，義大利北部維琴察省的首府。
11. 彼得・賈斯特（Peter Gast, 1854-1918），本名亨利・寇瑟里茲（Heinrich Köselitz），德國作家、作曲家，尼采長年好友。

邊飛掠過去。若我相反地從那天往前算起，直到一八八三年二月那突如其來，且在難以相信的情況下發生的降生——那結尾，也就是我在序言當中引述的幾句話，便是確切地在理查·華格納死在威尼斯的神聖時刻完成——因此得出了十八個月的孕育期。

這十八個月，便是本書第一步的孕育過程，而於十天內落筆完成。《查拉圖斯特拉如是說》這部作品完全以詩文寫成，透過譬喻而書寫成文，並隱含密碼，儼如一本宗教小冊。就形式上，它的語言精練，趨近於詩歌，段段鋪陳出節奏；就內容上，尼采猶如一位哲學的宣教者，將他的種種理念揭櫫其中，尼采曾一度稱之為「第五福音」[12]，並自稱為「查拉圖斯特拉之詩人」。

波斯祆教的靈感

究竟這部散文詩體的哲學著作有何意義？在經過了一百四十年後的今天，尼采誕辰一百八十年之際，這部作品對於歐洲乃至於世界仍然有著重大的影響，而它的意義卻因著時代與地域而有所不同。過去，他的思想啟迪了德意志民族，從十九世紀末到二十世紀，歷經兩次世界大戰，德國人的民族性透過他的思想結晶，而有了緩慢而悠長的變化。

尼采生長在基督教宰制的普魯士薩克森州，他的祖父輩皆為路德教派牧師，關於德意志的民族性，他有著深刻的體會，既不滿人人受制於宗教，平庸保守的生活態度也使他感到厭煩。在他眾多的哲學著作當中，這部作品是唯一的文學創作，而所有的哲學思維都具體而微地展現在主人公「查拉圖斯特拉」的行為與思想。

查拉圖斯特拉是古代波斯祆教（又稱「拜火教」）的先知[13]，他屬於三千五百年前從裡海北部遷移到伊朗東部高原的印度伊朗語族。查拉圖斯特拉重新解構遠古時期的信仰觀念，反對當時以肉身鮮血作為膜拜神明的犧牲獻祭，也反對透過偶像姿態化身塑造出的具有迷幻效果的祭儀，查拉圖斯特拉創立了一個新的宗教，根植於智慧與意識，建造出一種世界觀、一種生活方式與截然不同的思想信仰。依照拜火教查拉圖斯特拉的思想，他認為人人擁有完全的個體自由，得以思想、判斷並且付諸行動，拜火教相信的是人的本身，而非神祇；人擁有自由意志，以人類本然的智慧、仁慈與理性去作出明智的抉擇，最終使邪惡失去影響力。這樣的宗教認可了個人的自由，是具有人性的信仰哲學觀，查拉圖斯特拉透過這樣的觀念建構了道德秩序，藉由人類自身的責任感驅使，效力於真理的闡揚，打造出理想的人格願景。

12. 基督教《新約聖經》當中有四福音書，即馬太福音、馬可福音、路加福音和約翰福音，分別由上述四位使徒講述耶穌生平事略與所傳達的福音。

13. 祆教，即「瑣羅亞斯德教」，為伊斯蘭教誕生之前在中東與西亞最具影響力的宗教，為古代波斯帝國的國教，創始人為聖者瑣羅亞斯德（Zarathustra），在中文世界又稱「查拉圖斯特拉」。

查拉圖斯特拉力行實踐，教導其追隨者的生活方式，致力於使世界臻至完滿喜樂，他的思想成為一種形而上的學說，讓當時普遍存在的迷信祭儀與神祕宗教無所立足。受到祆教的感召，尼采採用了這位古代波斯宗教先知的名號，表達了他對於基督教精神的幻滅，以及與之相對立的哲學思想。借用僅是一個動作，所傳遞的思想卻成了尼采式的宗教。

他結合了對於德意志民族的願望與批判，洞察民族之惡，眼見第二帝國的成立，在普魯士首相俾斯麥（Otto von Bismarck, 1815-1898）一場又一場的鐵血戰爭中，擴張德意志第二帝國的領土，尼采在許多作品當中點出十九世紀德國裝飾文化脫離了生命根源的空虛，當時德國正夢想以膚淺的理性主義與君國主義來贏得文化的勝利。他曾經為文〈德國人缺少甚麼〉，直言抨擊德國民族性與文化發展的缺失，這本以波斯古宗教聖者命名的《查拉圖斯特拉如是說》創造出一種德意志民族的新榜樣，結合德國人既有的性格，強化並且革新某些部分，透過「上帝已死」、「強力意志」、「超人哲學」與「永恆歸返」的概念，陪伴這個民族走過二十世紀，影響世界深遠。

強力意志，超人哲學

尼采的作品在十九世紀末的歐洲造成風行，二十世紀初，他的作品已經透過外譯而傳遞到許多其他的國家。在民國時期，尼采思想已經風行於中國知識圈，尼采思想不僅帶動了德意志民族的復興，也鼓舞了世界上其他的民族。可惜的是，他鼓舞戰鬥的哲學，讓帝國主義侵略者誤解為戰爭，由於希特勒與納粹德國對他的推崇，他的思想被過度詮釋，成為法西斯主義的圭臬。值得注意的是，《查拉圖斯特拉如是說》一書當中所提及的現象與觀念，與德國民族性，乃至於極端的法西斯主義，是有著部分的重疊之處。例如攀登高山，體會雄壯之美，那難以挑戰的自然與登高之後所獲得的滿足感，是生活在阿爾卑斯山麓下的德國人所崇尚的運動，而藉由這項運動，也澈底的落實了所謂「登山美學」及其意識形態，這與一九二〇年代以來德國民眾流行的山中漫遊與登山運動，有著密不可分的關聯，當時甚至流行著一種「登山電影」，到了納粹時代則變本加厲，成為全民瘋狂的運動。

而登山與政治有何關聯？德國已有許多研究，指出登山主義與法西斯主義確有關聯。在登山的過程中，我們爬上山，展現無懼困難與挑戰的精神，最終攀登勝利，成為超人。這使納粹挪用而成為他們政治宣傳的概念。事實上，的確有論者討論尼采思想與法西斯主義的重疊之處，而女性主義者也往往抨擊尼采以「皮鞭」面對女性的哲學，而引起了尼采哲學的性別論戰。「強力意志」帶給篤信基督的民族一種獨立生存與戰鬥的本能，儒教文化薰陶下的亞洲國家也受到他的啟迪，譯作風行於世，帶給人們力量，化為戰勝周遭環境壓制的動力。「超人」強調的是自我超越，這些為了追求自我實現、如攀登高山一般的思想，作為青年人生之鍛鍊無非是最好的榜樣。一九三〇年代，德國全面法西斯化，將尼采諸多思想誤用，製造了世界之萬惡。在尼采的晚年作品《瞧，這個人》（一八八八）當中有一篇〈為甚麼我是命運〉，他開頭便預言了自己的命運，並給自己做出辯護：

我知道我的命運。總有一天，我的名字會與那些可怕事物的回憶聯繫起來——那史無前例的危機，最深層的良心衝突，那些對抗迄今被信仰、被要求、被神聖化的一切的決斷。我不是人，我是炸藥——儘管如此，我的骨子裡卻沒有了任何教主的意味——宗教是庸眾的事。……我不要任何「信徒」……我極其害怕有一天人們會稱我為神聖的。……因為以前，沒有比聖哲更具欺騙性的了——我說的是實話。——而我的實話是可怕的：因為人們迄今稱謊言為實話——重估一切價值：這就是我給人類最高自我覺悟活動的公式，而它已化為我的精神與血肉之軀。

納粹時代盲從的集體主義下，尼采的作品長達十多年的時間受到另一種解釋。而德意志民族的超人意志集體化成「超人民族」，尼采在一八八九年發瘋，人生最後的十一年皆處於精神錯亂，最終死於一九〇〇年，上述文字成為他人生最後的作品。他的妹妹伊麗莎白（Elisabeth Förster-Nietzsche, 1846-1935）在與夫婿本哈德・佛斯特（Bernhard Förster, 1843-1889）的南美洲殖民美夢破碎之後，返回德國照顧尼采，並且全權管理他的文稿。他們本欲在巴拉圭建立一座殖民村，卻因為亞利安人水土不服，無法適應當地環境而告終。[14]反閃族主義者本哈德・佛斯特自殺身亡，伊莉莎白則返回德國。具有納粹思想的她，在為發瘋的哥哥整理文稿的過程中特意竄改，致使後人誤以為尼采是法西斯與反猶主義者。伊莉莎白死於納粹時代，在她死前幾年，她曾在威瑪的尼采檔案館多次接待希特勒本人的造訪。一九三五年的葬禮，希特勒與納粹高官皆列席參與，可見尼采被推崇的程度。尼采檔案館時至今日依然運作，隨著時代的更迭，尼采思想中的許多概念持續影響著世界。

永恆歸返，再讀尼采

也許我是懂得德國人的，也許我本人可以向他們說出一點實話。新德國展現出大量遺傳與習得的才幹，以至於它自己能夠在很長一段時間揮霍那蓄積的能量。那並不是一種使人成為統御者的高等文化，也不及那種精緻的品味，那高貴的本能之「美」；卻有著更比任何一個歐洲國家更顯男子氣概的德行。許多美好的勇氣與自尊，許多人際交往當中與彼此承擔義務的信用，許多勤奮與許多毅力——以及一種遺傳的節制，這種節制所

14. 尼采的妹婿本哈德・佛斯特是極端反閃族主義的農業家，崇尚華格納音樂，曾經在柏林發起反閃族運動。一八八〇年因毆打猶太工廠主而遭服務的學校解職。一八八一年創辦德國民族協會。一八八六年，他偕同妻子移民巴拉圭中部，在此打造殖民城鎮「新日耳曼」（Nueva Germania），給純種亞利安民族移民南美洲創造機會，然而許多移居者在此病死，導致計畫失敗，本哈德・佛斯特因而於一八九〇年自殺。該村存在至今，然而留在巴拉圭的亞利安人並無法延續純種繁衍，今日該城多為德國與巴拉圭混血的後代。

需要的是刺激而非阻礙。我加以補充，這裡的人仍然服從，但服從卻不使人感到屈辱……沒有人會蔑視他的對手……

人們可以看出，我希望對德國人公正——在這一點當中我不想對自己不忠實，因此我也必須向他們提出我的異議。獲得權力要付出昂貴的代價——權力使人愚蠢……德國人——人們曾經一度稱它為思想家的民族，他們今天究竟還思索嗎？德國人現在厭倦精神，德國人現在猜忌精神，政治吞噬了真精神當中的一切嚴肅之物——「德國，德國，高於一切。」——[15]我擔心，這是德國哲學的終點。「有德國哲學家嗎？有德國詩人嗎？有好的德國書籍嗎？」在國外有人問我。我臉紅了；然而，即使是失望的情況下，我依然勇敢地回答：「有的，俾斯麥！」——難道我還能承認今天人們讀些甚麼書嗎？……該死的平庸本能！——

——尼采〈德國人缺少甚麼〉（一八八八）

尼采關心人，卻厭惡政治；這在他的文章中不證自明。在眾人陷於政治狂熱，致力於建造一個統一的國家時，他一眼看出德意志民族性的缺失並予以批判。在《瞧，這個人》當中，他提到「我是最後一個反政治的德國人。」《查拉圖斯特拉》的第一部〈論新神祇〉則寫道：「所有的飲毒者，包括善人惡人的聚集地，我稱之為國家——國家是所有人，包括善人惡人迷失之處——國家是所有人的緩慢自殺——名叫『生活』。」早在一八八八年，他已經預示了〈德意志之歌〉作為未來德國國歌的命運——「德國，德國，高於一切。」德國在一八七一年普法戰爭勝利之後建立了德意志第二帝國（一八七一－一九一八），終於成為一個統一的國家，尼采對於彼時文化的媚俗與衰落感到痛心，更反對標榜國家與民族利益的價值觀。他以查拉圖斯特拉這位山中隱者為自身的譬喻，在山中漫遊，以登山者之姿，說出他的哲學理念。

人應當不斷地自我超越，而後成為「超人」；與超人相對的，則是平庸猥瑣的「末人」。他所反對的是人類不應當成為末人，而應當從事創造，並且找到志同道合之人共同創造、收穫與歡慶。他反對人類以上帝為主宰，生命唯有順服而失卻了自我與自由。在他的時代，他以自己的作品發出誠實的聲音，鼓勵人類攀向自己的高峰，打破舊的牌匾，創造一個新的價值，並且主張「遠離市場與名聲，一切偉大事物才會發生——遠離市場與名聲之地，向來住著新價值的發明者。」（第一部〈論集市之蠅〉）。成為「孤獨者」並不容易，他在〈論創

15. 「德國，德國，高於一切」（Deutschland, Deutschland über alles）是舊時德國國歌的第一句，全句為「德國高於世界的一切」自威瑪共和沿用至今。〈德意志之歌〉（*Das Deutschlandlied / Das Lied der Deutschen*）由日爾曼學教授暨詩人奧古斯特・亨利・霍夫曼・馮・法勒斯雷本（August Heinrich Hoffmann von Fallersleben, 1798-1874）寫於一八四一年，由於當時德國尚未統一，詩文旨在期望各邦聯建立統一的國家。一七九七年，奧地利音樂家海頓（Joseph Haydn, 1732-1809）為之譜曲。一九二二年正式成為德意志第二帝國國歌。二次戰後，〈德意志之歌〉之存廢受到爭議，最後仍決定將之保留，但歌詞僅使用第三段。

造者之路〉當中提到「孤獨者，你走向通往自己之路！……你將成為異教徒、女巫、預言者、愚人、懷疑者、不神聖者與卑鄙者。」他的孤獨修隱之道，卻是積極正向的創造者與熱愛世界之路。而自由之論同樣包含著自由的死。這全然地違背了基督教時代的所有概念。「自由地赴死，與在死亡中自由。……如是我行將死亡，以使你們這些朋友因我之故更愛大地；我要再成為土地，以便我在生我之地安息。」（〈論自由地死〉）。尼采脫離形而上的哲學，而緊貼著大地而行，讓哲學成為眾人皆須參與的事，但他卻也不願意成為另一個聖者。「現在我要獨自走了，我的門徒們！從此你們也獨自往前走去！我就是要這樣。……的確，我勸你們——離開我，往前走去，抵抗查拉圖斯特拉！最好還要——以他為羞恥！他也許欺騙了你們。……現在我告訴你們，要將我丟失，並且尋找你們自己；而當你們所有人否認我時，我才會向你們歸返。」（〈論餽贈的道德〉）

尼采何以發瘋，或許是因為他洞悉人類的問題而又太過孤獨。在人人追逐上帝、崇拜偶像的時候，他另立了一種典範，卻要後人不能一直跟隨，而要超越他。查拉圖斯特拉隱居十年，穿越人群，走向塵世，在大地之中尋找意義。他期許人類應當如此，而在副標加上「給所有人與沒有人的一部書」。也許在他的時代，還沒有人能聽見，但是這樣的影響在後來遍及了歐陸，深深影響著歐陸人的性格，也鼓舞著世界其他角落的軟弱心靈。在尼采著名的「精神三變」當中，人類的精神先變成「駱駝」，意味著「你應當」背負，而後變成了獅子，意味著「我要」自由，最後變成了小孩，意味著「我是」躍動的生命力。他的哲學固然推動了歐洲的意識覺醒，不可諱言的是他的哲學思想在不同的時代遭受到了不同的詮釋與對待。他的同代人馬克思（Karl Marx）創造了馬克思主義，兩者雖然同樣反對上帝，在思想精神上卻有著不同的立足點。西元二〇〇〇年，尼采逝世一百週年時，德國學者紛紛為文，探討尼采帶給世界的好與壞，尤其回顧到前東德對於尼采思想的排拒時，文學家湯瑪斯．曼（Thomas Mann）與匈牙利馬克思主義思想家盧卡奇（Georg Lukács）對尼采的批判則時常被援用。儘管如此，尼采影響了許多歐洲存在主義哲學家的思想，如法國的沙特（Jean-Paul Sartre）、卡謬（Albert Camus）等。

馬克思．韋伯（Max Weber）曾說：「我們精神所處的這世界，是一個始終被馬克思與尼采影響的世界。」此話甚是，時至今日依舊繼續。尼采與馬克思，的確應該在我們現在所處的當下拿來重讀並且省思。生於德國西部邊境城市特里爾（Trier）的馬克思，與生於德國東部薩克森（Sachsen）的尼采，兩人在同一個時空寫下影響世界的作品，生命與主張卻不相同。薩克森位於前東德境內，今日則是種族主義最盛、「反伊斯蘭運動」[16]的誕生地，他們拒絕難民，以極端右翼思想增加了社會的分裂。有些事情是巧合，有些則是因緣際會，當前的

16. 反伊斯蘭運動全名為「愛國歐洲人反歐洲伊斯蘭化」（Patriotische Europäer gegen die Islamisierung des Abendlandes, PEGIDA），始於二〇一四年十月二十日，每週一晚間於薩克森州的德勒斯登（Dresden）舉行遊行。該運動吸引了眾多右翼民粹，漸成一股勢力，促使德國右翼黨派在選舉中獲取席位。

歐洲面臨到巨大的危難，根深柢固的民族性格使許多人無能面對變化多端的世界。事實上，他們所閱讀的《查拉圖斯特拉如是說》，主要概念源於波斯，正是今日中東衝突之地——伊朗。如今聽來可能諷刺，但是在這樣的時刻聆聽尼采，中立地看待他的作品，也許對於歐洲問題將有新的看法。

德國國歌無論如何改朝換代，歌詞與旋律永遠一樣——「德國，德國，高於一切，高於全世界的一切。」儘管這一段，現在並不被允許唱，它內在隱含的深意，是否早已讓尼采破解並且預言德國哲學到了終點？而德國哲學真的到終點了嗎？且讓我們拭目以待。

PART 1

1883

出版

查拉圖斯特拉之序言

1.

當查拉圖斯特拉三十歲的時候，他離開了他的故鄉與他的故鄉之湖，走進山裡去。在這裡，他韜光養晦，享受孤獨，十年來不感厭倦。終於，他的心有所轉變──有天早晨，他在朝霞之中起身，走到太陽面前，對它如是說：

「你這偉大的星體！假如你沒有了被你照亮的一切，你的幸福何在！

十年來，你往我的山洞這裡走來──若沒有我、沒有我的鷹與我的蛇，你將會對你的光與這條路感到厭倦。

然而，我們在每個早晨等待你，取走你豐沛的光，並因此賜福於你。

瞧！我對我的智慧感到厭倦，如同蜜蜂採了太多的蜜，我需要人們的手伸向它。

我想要贈與、分享出去，直到人群中的智者再一次為他們的愚昧感到快樂，直到貧者再一次為他們的富裕感到快樂。

為此，我必須攀至深處——如同你在晚間所做的，你走到海洋的背面，還給陰間帶來光明，你這多麼豐裕的星體！

我與你相同，必須**墜落**[1]——如同人們所稱的那樣——到我要下去的地方。

所以，請賜福於我，因為你有安詳的眼，能看見至福而沒有嫉妒！

賜福於想要滿溢的杯子！讓水呈金黃色自它流出，並且將你的狂喜遍照四處！

瞧！這個杯子會再度變空，而查拉圖斯特拉會再度成為人類。」

——查拉圖斯特拉如是開始墜落。

2.

查拉圖斯特拉獨自下山，無人遇見他。然而當他來到森林裡，一位老者忽然站在他面前，老者為了在森林裡尋找根源，而離開了他神聖的茅屋。老者向查拉圖斯特拉如是說：

「這位漫遊者於我並不陌生——數年前，他曾走經此地。他名叫查拉圖斯特拉；但他卻轉變了。

當時，你將你的灰搬往山上——今日你是否要將你的火搬到山谷？你不害怕縱火犯的刑罰嗎？

是的，我認得查拉圖斯特拉。他的眼純潔，他的嘴不蘊藏厭惡。他不正如同一名舞者前進嗎？

查拉圖斯特拉蛻變了，查拉圖斯特拉變成小孩，查拉圖斯特拉是一個醒覺者——而今你要到眠夢的人們那裡做甚麼呢？

你生活在孤獨，如同在海裡，海水載著你。啊，你想登上陸地？啊，你想再次馱負自己的身軀嗎？」

查拉圖斯特拉回答：「我愛人類。」

「何以，」聖者說，「我卻來到這森林，來到這荒寂之地？難道不是因為我太愛人類？此刻我愛上帝——我並不愛人類。人類於我而言，是一個不完美之物。對人類的愛將把我害死。」

查拉圖斯特拉回答：「關於愛，我說過些甚麼！我要帶給人類一份禮物！」

「甚麼也不要給他們，」聖者說。「寧可從他們身上取走一些東西，然後帶著它們——若這樣使你暢快，這樣便令他們最感暢快！

若你想要給予他們，不要給予超過布施的量，就讓他們向你乞求罷！」

1. 此處之動詞 untergehen 具多重意義，包括「下山」、「沉落」、「毀滅」等。

「不，」查拉圖斯特拉回答，「我並不布施。對此我還不夠貧窮。」

聖者嘲笑查拉圖斯特拉，並如是說：「那麼讓他們接受你的寶物罷！他們不信任隱士，且不信我們是來贈與的。

我們穿過街道的足音，於他們而言過於孤獨。好比在夜裡，當他們在床上聽見一名男子行走，距離太陽升起還有好長一段時間，他們大概會自問：『那小偷要去哪兒呢？』

不往人群中，留在森林裡！最好往動物那裡去！何以你不願同我一樣——成為熊群中的一隻熊，鳥群中的一隻鳥？」

「聖者在森林裡做甚麼？」查拉圖斯特拉問。

聖者回答：「我作歌並且唱它們，當我作歌時，我笑、我哭、我低吟——我如是讚美上帝。我以歌唱、哭泣，笑與低吟來讚美上帝，祂是我的上帝。但你帶了甚麼禮物給我們呢？」

當查拉圖斯特拉聽見了這番話，他向這位聖者致意，並且說：「我有甚麼能給你們呢！不過，請快點讓我走，這樣我便不會拿走你們的東西！」——於是，老者與漫遊者，他們就這樣分別了，兩人像男孩般笑著。

當查拉圖斯特拉又獨自一人時，他對他的心如是說：「莫非這是可能的！這位年邁的聖者在他的森林裡還不曾聽說，**上帝已死**[2]！」

3.

當查拉圖斯特拉來到鄰近森林的下一座城，他看見許多人群聚在集市裡——因為有人預告，那邊可以看到一位走繩索的舞者。於是查拉圖斯特拉對群眾說——

我教你們甚麼是超人[3]。人類是應當被超越的。你們曾做過甚麼去超越他呢？

時至今日，一切有生之物都創造出超越其自身的事物——而你們想在這巨大的浪潮之中成為退潮，寧可退回成為動物，而不肯超越人類？

2.「上帝已死」（Gott ist tot）為尼采所提出的哲學主張，藉此回應當時人類社會以上帝作為絕對道德標準與終極目的的危機。此一概念說明人類再不能相信此種宇宙秩序，尼采試圖尋找重估人類基本價值的方法，也就是比基督教價值更為深入的宇宙觀，以使人類思考獨立，發展出自己的創作能力，擺脫束縛，創新而自由。

3.「超人」（Übermensch）為尼采所提出的哲學概念，藉由此一勇於自我超越的理想型人類，來對抗人類歷經道德與基督教信仰幻滅後的虛無主義。「超人」與現存所有人不同，是新的「人」，尼采認為人類歷史中未曾有過超人，超人並非勇夫或暴君，而是勇於嘗試自我超越及價值重估的人，超人之說並非另造新神，而是尼采對於人類的最高期許。人需要道德，超人不需要道德，尼采認為所謂的道德是弱者的道德，由於弱者無法戰勝強者，於是制定出「道德」來約束強者的發展。超人不會同情弱者，會看著弱者自生自滅，弱者理應滅亡，弱者制定的道德約束了超人社會的發展。超人敢於冒險，敢於失敗，在超人社會裡，強者理應受到所有人崇拜。而超人並不等同於獨裁者，獨裁者不願否認自己，超人敢於否定自己，總希望自己變得更強大，超人之間的競爭促進了超人社會的發展。

猿猴之於人類是甚麼？一個笑柄或是一種痛苦的恥辱？人類之於超人也應是如此——一個笑柄或是一種痛苦的恥辱。

你們走過了從蟲變成人的路途，在你們身上有許多東西仍屬於蟲。你們曾是猿猴，而即使是現在，人類仍比任何一隻猿猴更像猿猴。

而你們當中最有智慧的一個，也只是植物與鬼魂之間的矛盾混種。難道我教過你們成為鬼魂或植物？

瞧，我教你們甚麼是超人！

超人是大地的意義。你們的意志說——超人將是大地的意義！

我懇求你們，我的兄弟，**對大地忠誠**，不要相信那些向你們談論超凡希望之人！他們是施毒者，無論他們是否知道。

他們是蔑視生命者、將死之人，也是毒害自己者，大地對他們感到厭煩——就讓他們去罷！

從前，褻瀆上帝是最大的褻瀆，然而上帝已死，因此這些褻瀆者也死了。如今，最可怕的事情是褻瀆大地，是把高深莫測之事看得比大地的意義還重要！

從前靈魂蔑視肉身——當時這樣的輕蔑被視為最高尚的事；靈魂要肉身瘦削、醜陋、飢餓。它以為如此便逃脫了身體與大地。

噢，這靈魂自身更加瘦削、醜陋與飢餓——而殘忍便是這靈魂的欲樂！

但是，我的兄弟們，你們還是要告訴我——你們的肉身是怎麼談論你們的靈魂呢？你們的靈魂難道沒有貧乏、汙穢與可鄙的愜心？

的確，人類是一條汙穢的河流。唯有成為一片海，才能接受這條汙穢的河流，而不致汙濁。

瞧，我教你們甚麼是超人——他是這片海，你們的大輕蔑會沉落其中。

你們能夠經歷到最偉大的事情是甚麼？那便是大輕蔑的時刻。在這個時刻，你們的幸福會成為厭惡，你們的理智與道德也同樣如此。

這個時刻，你們說：「我的幸福又有何干！它是貧乏、汙穢與可鄙的愜心。可是我的幸福應當為『存在』成就理由！」

這個時刻，你們說：「我的理智又有何干！它是否渴求知識，就像獅子渴求食物？它是貧乏、汙穢與可鄙的愜心！」

這個時刻，你們說：「我的道德又有何干！它還未使我發狂。我對我的善與惡感到多麼厭倦！這一切都是貧乏、汙穢與可鄙的愜心！」

這個時刻，你們說：「我的正義又有何干！我不認為自己是烈焰與煤炭。但正義之士就是烈焰與煤炭！」

這個時刻，你們說：「我的憐憫又有何干！難道憐憫不是那座十字架，上面有愛人類者被釘死在上面？但我的憐憫不是十字架釘刑。」

你們已經這樣說過了？你們已經這樣喊過了？啊，要是我已聽見你們如此的叫喊有多好！

向天呼喊的不是你們的罪——而是你們的知足，你們罪惡中的吝嗇在向天呼喊！

那以其舌頭舔你們的閃電在哪裡？那將要灌輸給你們的瘋狂在哪裡？

瞧，我教你們是甚麼超人——他正是這閃電，他正是這瘋狂！

當查拉圖斯特拉如是說，群眾中有一人喊道：「我們已經聽夠走繩索的舞者說話了；現在讓我們也看看他！」所有的群眾都在嘲笑查拉圖斯特拉。那位走繩索的舞者卻以為那些話是給他的，於是便準備開始演出。

4.

查拉圖斯特拉卻注視著群眾，感到驚奇。然後他如是說——

人類是一條繩索，繫在動物與超人之間——一條橫越深淵的繩索。

一個危險的跨越，一段危險的路途，一次危險的回望，一場危險的顫慄與止步。

人類的偉大之處在於，他是一座橋，而不是目的——人類的可愛之處在於，他是一段**過渡**與一場**墜落**。

我愛那些除了身為墜落者之外無以為生的人，因為他們是跨越者。

我愛那些大輕蔑者，因為他們是大崇拜者與射向彼岸的渴望之箭。

我愛那些人，他們墜落並且犧牲，卻不在星辰之外覓得一個理由——而是為大地犧牲，使大地成為超人的一部分。

我愛那活著只為了認出超人的人，那想要認出超人的人，如此便能成就超人的存在。因此他要墜落。

我愛工作者與發明者，他們為超人造屋，並為其準備大地、動物與植物——因為如此他們要墜落。

我愛那珍愛自身道德之人——因為道德是通往墜落的意志，是一支渴望的箭。

我愛那人，他不留一滴精神給自己，卻要全部的精神成為他的道德——如此，他成為精神，跨越那橋。

我愛那人，他從他的道德當中形成偏好與厄運——如此他將因著他的道德，或生或死。

我愛那不願擁有太多道德的人。一種道德勝過兩種道德，因為它是牽繫厄運的種種紐結。

我愛那揮霍靈魂、不求感謝與不求報答的人——因為他總是給予，不願保存。

我愛那人，當他命運的骰子落在幸福上，他感到羞慚，然後問——我是不是一個作弊的賭徒？——因為他想要毀滅。

我愛那人，他把金言置於行為之前，行動多於諾言——因為他要墜落。

我愛那人，他給未來者辯護，給過去者拯救——因為他要為當代者毀滅。

我愛懲戒上帝者，因為他愛他的上帝——因為他必要因上帝的忿怒而毀滅。

我愛那人，他的靈魂即使受傷仍然深邃，一段微小的經歷可以使他毀滅——如此他樂意過橋。

我愛那靈魂滿溢之人，如此他忘卻自我，萬物在他之中——如此萬物將成為他的墜落。

我愛那人，他的精神與心皆自由——如此他的腦袋僅是心之實相——他的心卻使他墜落。

我愛所有像沉甸甸的雨滴的人，一滴滴自高懸於人類之上的黑雲落下——它們宣告閃電來臨，並且作為宣告者而毀滅。

瞧，我是閃電的宣告者，我是來自雲朵的一顆沉甸甸的雨滴——而這道閃電名叫超人

——

5.

當查拉圖斯特拉說完了這些話，他再度注視群眾並且沉默。「他們站在那裡，」他對著自己的心說，「他們在那裡笑著——他們不了解我，我說的話他們聽不懂。

難道要先將他們的耳朵毀去，他們才會學習用眼傾聽？難道必須鑼鼓喧天，像個勸人懺悔的布道家？或者他們只相信口吃者？

他們有些引以為傲的東西。而他們是如何稱這使之驕傲的東西呢？他們稱它為教育，教

育使他們在牧羊者的面前顯得出眾。

因此他們不樂於聽見『輕蔑』這個詞。因而我要向他們的驕傲訴說。

如此我要向他們說最輕蔑的事——而那便是**末人**[4]。」

而查拉圖斯特拉如是對群眾說——

現在是人類為自己確立目標的時候。現在是人類種下最高遠希望之芽的時候。

他的足下仍是沃土。而這沃土有天將變得貧瘠，不再有高聳的樹自它生長出來。

哀哉！這樣的時代來臨，人類不再擲出越過人類的渴望之箭，他的弓上之弦已然荒疏，不再飛馳！

我告訴你們——得內在先有混沌，才能產生一顆舞動的星。我告訴你們——你們的內在還有混沌。

哀哉！這樣的時代來臨，人類不再產生星星。哀哉！最卑鄙者的時代來臨，他不再能輕蔑自己。

瞧！我給你們看甚麼是**末人**。

「愛是甚麼？創造是甚麼？渴望是甚麼？星星是甚麼？」——末人瞇起眼，如是問。

4.「末人」(der letzte Mensch)，為尼采所提出與「超人」相對立的概念，意指生活安逸、不知求進、平庸猥瑣、了無希望的最卑微的人，用以隱喻現代人精神之沉淪。

而後大地變得渺小，使一切事物變得渺小的末人在其上跳躍。他的族類如同大地的跳蚤般無法根除——末人活得最久。

「我們發明了幸福。」——末人瞇起眼，如是說。

他們拋卻了難於生活的地帶——因人需要溫暖。人們還愛鄰人，並與之摩擦——因人需要溫暖。

患病與不信任於他們而言是罪惡——人們小心翼翼地走來。那還踉蹌行走於石子或人類之上的，是愚者！

偶爾吃點毒藥——那會帶來舒適的夢。許多的毒到最後，會變成一場舒適的死亡。

人們還工作著，因為工作是一種消遣。但人們小心翼翼，不讓消遣腐蝕他們。

人們將不再變得貧窮或富裕——兩者皆艱辛。誰還要統治？誰還要服從？兩者皆艱辛。

沒有牧者，卻有一羊群！人人要平等，人人皆同等——誰的感受相異，便要進入瘋人院。

「從前世間一切皆瘋狂。」——最高貴的人們瞇起眼，如是說。

人們聰明，知道一切發生的事——於是他們譏諷，沒有終點。人們爭得面紅耳赤，卻又很快言歸於好——否則將腐壞人們的胃。

人們有其日間的微小愉悅，也有夜間的微小愉悅——但人們珍視健康。

「我們發明了幸福。」——末人瞇起眼，如是說。——

查拉圖斯特拉的第一場演說在此終止，人們也稱之為「序言」——因為在此，群眾的呼喊與愉悅打斷了他。「給我們這個末人罷，噢，查拉圖斯特拉，」——他們如是呼喊——「將我們變成這個末人罷！如此我們會將超人贈與你！」所有的群眾歡呼鼓譟，舞動舌頭。查拉圖斯特拉卻感到悲傷，他對自己的心說：

「他們不了解我——我說的話他們聽不懂。

我大抵是在山上生活太久，諦聽太多溪水與林木之聲——如今我與他們交談，如同面對牧羊者一般。

我的靈魂屹立不搖，光明得如同旭日照射的山峰。而他們卻認為我冰冷無情，是尖酸刻薄的譏諷者。

如今他們注視我，並且笑著——他們笑著，並且恨我。他們的笑裡有冰霜。」

6.

這時，卻發生了一件使每個人目瞪口呆的事。在這當中，走繩索的舞者自是開始了他的演出——他從一扇小門出來，走在繩索之上，繩索繫在兩塔之間，垂掛在集市與群眾之上。當他正行至中途時，小門又一次敞開了，一名丑角般的彩衣少年跳了出來，快步地跟隨第一個人前進。「前進，跛子。」少年可怖的聲音喊著，「前進，懶蟲，黑市商人，蒼白面孔！不要讓我用腳後跟為你搔癢！你待在兩座塔之間做甚麼？你屬於塔中，你應當被關在裡面，你擋了一個比你更優秀的人的路！」——他每說一字，就更走近一些——然而當他在走繩索的舞者身後，僅剩一步之遙時，那裡發生了使眾人目瞪口呆的可怕事情——他如魔鬼般大叫了一聲，然後縱身躍過擋在他前面的走繩索的舞者。當走繩索的舞者眼見他的敵手勝利時，他同時陷入一陣慌亂；他的腳踩了空，手上的平衡棍丟了出去，身體的手足迴旋亂舞，向下俯衝。在那暴風襲來之際，集市與人群變成了海——一切四處流竄，特別是在繩索舞者的身體墜落之地。

然而，查拉圖斯特拉靜止不動，繩索舞者的身體就落在他身旁，粉身碎骨，卻一息尚存。過了半晌，這位猛擊者的意識恢復了，他看見查拉圖斯特拉跪在他身旁。「你在這裡做甚麼？」他終於說，「我早就知道，魔鬼會伸出腿絆倒我。現在他拖著我入地獄——你要阻止他嗎？」

「朋友，以我的名譽為誓，」查拉圖斯特拉回答，「你所言皆虛——沒有魔鬼與地獄。你的靈魂會比你的肉軀更快死亡——別再害怕！」

走繩索的男人以懷疑的目光抬眼望。「若你所言為真，」他接著說，「那麼我即便失去生命，也不會失去任何東西。我不過是一頭獸，人們以棍棒與少量的食物來迫我學會在繩索上跳舞。」

「其實不然，」查拉圖斯特拉說；「你在險境之中完成你的工作，這是不容蔑視的。如今你因職業而毀滅——對此我會親手將你埋葬。」

當查拉圖斯特拉說出了番話，垂死的繩索舞者不再回答；但他移動他的手，彷彿在尋找查拉圖斯特拉的手，以示感謝。

7.

此際，夜幕降臨，整個集市籠罩在黑暗當中；在那裡，群眾漸漸散去，因為就連他們的好奇心與驚懼皆至疲憊。查拉圖斯特拉卻坐在死者身旁的地面上，陷入一片沉思——如此他忘卻時間。終至來到深夜，一陣冷風吹過孤獨者。這時，查拉圖斯特拉起身，對自己的心說：

「確實，查拉圖斯特拉今日進行了一場美好的捕魚！他沒有捕到人，卻捕到一具屍體。」

人類的此在是令人懼怕的，並且總是無意義——一名丑角可以成為它的厄運。

我要教給人類他們存在的意義——那便是超人，自人類的烏雲射出的閃電。

然而，我距離他們仍遙遠，我的感知與意識無法與他們交談。於人類而言，我仍介於愚者與屍體之間。

夜已深，查拉圖斯特拉的路途已漆黑。來罷，你這冷漠僵硬的友伴！讓我背著你，到我親手將你埋葬的地方去。

8.

當查拉圖斯特拉對他的心說完這些話時，他便背負著屍體，然後啟程。他尚未走到百步，便有個人溜上前來，悄聲在他的耳邊說——瞧！那個說話的人，是塔裡來的小丑。「噢，查拉圖斯特拉，遠離這座城罷，」他說，「這裡有太多人憎恨你。良善者與正義者憎恨你，他們稱你為他們的敵人與輕蔑者。這裡有正統信仰的信徒憎恨你，他們稱你為害群之馬。人們嘲笑你，那是你的福氣——確實，你說話正如一名丑角。與死狗為伍是你的福氣；當你如此貶低自己，那麼你今天便救了自己一命。從這座城遠走罷——或者明天我會從你身上越過去，一個活人越過一名死者。」當他說完這些話，便消失無蹤；查拉圖斯特拉則繼續行穿黑暗的街巷。

在城門口，他遇見了一群掘墓人——他們的火炬照在他臉上，認出查拉圖斯特拉，並且尖刻地譏諷他。「查拉圖斯特將死狗搬開了——真有勇氣，查拉圖斯特拉成了掘墓人！因為那肉不配得我們那過於潔淨的手。查拉圖斯特拉大抵是要偷走魔鬼的食物？儘管去罷！用餐愉快！只要那魔鬼不是比查拉圖斯特拉更高明的小偷就好了！——他會偷了它們倆，他會吃了它們倆！」他們彼此交頭接耳地笑著。

查拉圖斯特拉對此不發一語，兀自走去。當他沿著森林與沼澤走了兩小時，聽見太多野狼飢餓的嗥聲，他自己也感到飢餓襲來。於是他停留在一間孤獨的房子，裡面燃著一盞燈。

「飢餓襲擊了我，」查拉圖斯特拉說，「像個盜匪那般。我的飢餓在深深的夜裡，在森林與沼澤間襲擊了我。

我的飢餓喜怒無常。他時常用餐過後才來，而今日卻整天沒有來——他究竟在哪裡逗留了呢？」

於是查拉圖斯特拉敲了屋門。一名老者出現，他提著一盞燈並且問：「是誰來到我這裡，擾我噩夢呢？」

「一個活人與一名死者。」查拉圖斯特拉說。「給我一點飲食罷，白天時我將它忘了。誰饗宴飢餓的人，他的靈魂將得振奮——古諺如是說。」

老者離去，又旋即回來，並且供給查拉圖斯特拉麵包與酒。「這是一個對飢餓者而言糟糕的地方，」他說；「因而我住在這裡。動物與人類都來找我這個隱居者。然而，也讓你的友伴飲食罷，他比你還要疲累。」查拉圖斯特拉回答：「我的友伴死了，我很難勸他這麼做。」「這與我無關，」老者怏怏不悅地說：「誰敲了我的門，就得接受我供給之物。吃罷，並祝平安！」——

然後，查拉圖斯特拉又繼續走了兩小時，他信賴路途與星光，因他是個慣於夜行的人，並且喜愛注視所有沉睡者的臉。然而當天已破曉，查拉圖斯特拉發現自己身處林中深處，且眼前再無出路。在那裡，他將死者放進一棵中空的樹，與頭齊高——因他想保護它，使其免受野狼侵襲——而他自己則躺在布滿青苔的地面上。他很快入睡了，肉軀疲憊，卻有著不為所動的靈魂。

9.

查拉圖斯特拉睡了許久，不僅朝霞映照過他的面容，上午的光暉亦然。終於，他睜開了眼睛——查拉圖斯特拉驚奇地望進森林與那靜寂，再驚奇地望著自己。然後，他像一名忽然看見陸地的航海家，迅速起身，歡呼著——因為他看見了一個新的真理。然後，他對著自己的心如是說——

「我恍然大悟——我需要友伴，活生生的——而非我隨心所欲搬走的死去的友伴與屍體。」

我需要的是跟隨我的活生生的友伴，因為他們也想跟隨他們自己——並且去往我要前往之地。

我恍然大悟——查拉圖斯特拉不該對著群眾說話，而要對友伴！查拉圖斯特拉並不應成為羊群的牧者與牧犬！

誘惑許多羊離開羊群——我為此而來。群眾與羊群會對我發怒——查拉圖斯特拉會將牧者稱為強盜。

我稱牧者，但他們自稱為良善者與正義者。我稱牧者——但他們自稱為正統信仰的信徒。

瞧那良善者與正義者！他們最憎恨誰？那毀壞他們價值之牌榜的人，那破壞者，那罪犯——但他卻是創造者。

瞧那所有信仰的信徒！他們最憎恨誰？那毀壞他們價值之牌榜的人，那破壞者，那罪犯——但他卻是創造者。

創造者尋找友伴而非屍體，也非羊群或信徒。創造者尋找的是共創者，他們將新價值寫在新的牌榜上。

創造者尋找友伴，與共享收穫者——因他身邊的一切皆成熟，足以收穫。而他還缺少百把鐮刀——所以他拔出稻穗，並且忿怒。

創造者尋找友伴，以及那些知道怎麼將鐮刀磨利的人。人們會稱他為毀滅者，以及善與惡的輕蔑者。但他們將是收穫者與歡慶者。

查拉圖斯特拉尋找共創者，查拉圖斯特拉尋找共享收穫者與共同歡慶者——他與這些羊群、牧者與屍體能創造出甚麼！

而你，我的第一個友伴，祝你平安！我將你埋在你中空的樹裡面，我將你妥善保護，不讓野狼侵襲。

但我要離開你，時候已到。在晨曦與晨曦之間，有新的真理來到我面前。

我不應成為牧者，不應成為掘墓人。我不要再與群眾說話；這是我最後一次與一名死者說話。

我將與創造者、收穫者與歡慶者結伴——我要向他們展示彩虹，與所有超人的階梯。

我將唱我的歌給隱居者與偕隱者聽；若有誰還願意傾聽聞所未聞的事物，我將以我的幸福填滿、沉重他的心。

我要朝我的目標去，我走著我的路；至於躊躇者與拖延者，我將越過他們。因而我的行走是他們的墜落！

10.

當查拉圖斯特拉對自己的心說完了這些話，已是日正當午——此時，他帶著詰問往高處望——因為他聽見頭頂上方有尖銳的鳥叫聲。瞧！一隻老鷹在空中盤旋，在牠身上垂掛著一條蛇，不像獵物卻像朋友——因為牠纏繞在鷹的頸上。

「那是我的動物啊！」查拉圖斯特拉說，同時滿心歡喜。

「太陽底下最驕傲的動物啊，太陽底下最聰明的動物啊——牠們為了探查而外出。牠們想要探知查拉圖斯特拉是否還活著。真的，我還活著嗎？

我感覺置身人群比置身獸群當中更加危險，查拉圖斯特拉走在危險的路途上。讓我的動物來指引我罷！」

當查拉圖斯特拉說完了這些話，他記起了林中聖者的話語，於是嘆息著，對著自己的心說——

「希望我更聰明些！希望我能澈底聰明，如同我的蛇一般！

然而，在此我請求的是不可能的事——因而我請求我的驕傲永遠與我的聰明同在！

如果有一天，我的聰明捨棄了我——啊，它喜愛飛走！——希望那時候，我的驕傲還能與我的愚蠢齊飛！」——

——查拉圖斯特拉如是開始墜落。

查拉圖斯特拉之言說

論精神三變

我將告訴你們精神的三變——精神如何變成駱駝，駱駝如何變成獅子，最後獅子如何變成小孩。

許多的重負存在於精神、堅強足以負載的精神與敬畏之心當中——經歷重負與最重之負過後，需要它的力量。

何為重？足以負載的精神如此問，它如駱駝般跪下，想盡可能地承載。

何為最重之負？英雄們？足以負載的精神如此問，重得使我把它們擔在己身，讓我的力量感到高興？

莫不是如此——表現自卑以損傷高傲？彰顯愚昧以譏諷智慧？

或者是——當我們想歡慶勝利時，便脫離這想法？登上高山，以試驗誘惑者？

或者是——以知識的果實與青草滋養自身，為求真理而使靈魂忍受飢餓？

或者是——患病之際打發安慰者回家，以及與永遠聽不見你想要甚麼的聾子為友？

或者是——若真理之水是汙濁的，便涉入它，而不拒斥冰冷的青蛙與熱的蟾蜍？

或者是——去愛輕蔑我們的人，將手伸向要令我們懼怕的鬼怪？

這一切最重之負，都由足以負載的精神所擔當——像負重的駱駝急忙走向沙漠一般，它如是急忙走向它的沙漠。

然而，在寂寥的沙漠之中，發生了第二種變形——在此，精神變成獅子，它要奪得自由，並成為自己的沙漠之主。

它在這裡尋找它最後的主人——它將與之為敵，與它最後的上帝為敵，為了勝利，它要與巨龍搏鬥。

誰是那精神不願再稱為「主」與「上帝」的巨龍？那巨龍名叫「你應當」。然而獅子的精神說「我要」。

「你應當」阻擋了它的去路，發出金色的閃光，一隻鱗甲動物，每個鱗片上都閃耀著金色的「你應當」！

千年之價值在這些鱗片上閃耀，群龍中最強大者如是說：「萬物之一切價值，都在我身上閃耀。」

「一切價值皆已被創造，且一切被創造的價值——那便是我。確實，『我要』不應繼續存在！」巨龍如是說。

我的兄弟，何以精神當中需要獅子？那斷念、崇敬且負重的動物難道不夠？

創造嶄新的價值——這連獅子也無能為力；然而，為了嶄新的創造而為自己謀取自由

——這卻是獅子的力量所及的。

為自己謀取自由，以及一個神聖的「不」，就算有責任在己身——對此，我的兄弟，那就需要獅子了。

為了嶄新的價值讓自己賦權——這是對一個崇敬且可負重的精神而言最可怕的強取。確實，於精神而言那是一場掠奪，以及一種掠奪的動物行為。

它曾一度喜愛「你應當」，並視之為最神聖——如今它必得在最神聖之中發現妄想與專斷，從而它自它的愛當中奪得自由——為了這種掠奪，就需要獅子。

然而，說罷，我的兄弟，一個小孩何能做出獅子也辦不到的事？何以掠奪的獅子還要變成小孩？

小孩是無邪、善忘、一個新開始、一場遊戲、一個自轉的輪子、一次原初的運動，與一個神聖的肯定答覆——「是」。

是的，我的兄弟，為了創造的遊戲，還需要一個神聖的肯定的「是」——現在精神要它自己的意志，遺世者贏得了他的世界。

我告訴了你們精神的三種變形——精神如何變成駱駝，駱駝如何變成獅子，以及最後獅子如何變成小孩。——

查拉圖斯特拉如是說。當時他在一座名為「彩牛鎮」的城裡停留。

論道德講席

有人向查拉圖斯特拉讚美一位智者，那位智者善說眠睡與道德之理——他很受推崇，並且得到酬謝，所有年輕人都坐在他的講席之前。查拉圖斯特拉走向他那裡，與所有年輕人一同坐在他的講席前面。那位智者如是說——

眠睡之前知榮辱！這是第一要務！迴避所有不能安睡與夜間醒著的人！

盜賊在眠睡之前尚且知恥——他總輕聲地在夜裡偷。無恥的卻是那守夜者，他無恥地帶著他的號角。

眠睡並非微小之藝——為了夜晚的眠睡，必要整個白天都保持清醒。

你必得一日克制十次——這使人順利進入疲累，這是靈魂的罌粟[5]。

你必得再與自己妥協十次；因為克制是苦的，不妥協者不能安睡。

你必得在白日尋得十種真理；否則你在夜間尋求真理，你的靈魂是飢餓的。

你必得在白天大笑十回，並且歡欣——否則胃，這個愁苦之父，會在夜裡干擾你。

此事少有人知——但人為了能夠安睡，必要擁有一切道德。我將會做偽證嗎？我將會犯通姦嗎？

我會讓鄰人的女僕使我心生欲望嗎？這一切與安睡不甚調和。

縱使人擁有一切道德，必要懂得一事——那便是使道德在合宜的時間安睡。

以免這些順服的小婦人，為了你，你這不幸者而爭執不休！

與上帝、鄰人保持和平——如此為安睡之所需。也還要與鄰人的魔鬼保持和平！否則他將在黑夜來襲。

對上位者尊崇並且服從，即便上位者邪行也是一樣！如此為安睡之所需。權力喜歡邪行，我能夠怎麼樣？

能領他的羊到茂綠的河谷草地者，我總稱他為最好的牧者——如此便與安睡調和。

我不要尊榮，也不要富貴——那有傷脾性。然而沒有聲名與一點富貴，人無法安睡。

與其結交一個惡友，毋寧知己兩三人，我更歡迎——而他們必得在合宜的時間來去。如此便與安睡調和。

我也非常喜愛精神貧弱者——他們促進眠睡。他們是有福的，特別是當人們總是給予他們權利時。

有德者的白日如是過去。夜晚來臨，我謹防喚來眠睡！眠睡乃道德之主宰，它是不願被

5. 罌粟（Mohn）為一種植物，為鴉片與多種鎮定劑的主要原料，會開花，其花絢爛華美。

召喚的！

我所想及的卻是我在日間的所行所思。我反覆思量，如牛一般饒富耐心地自問——你的十次克制為何？

十次和解、十個真理，以及使我內心和樂的十次歡笑為何？

我忖度著，在四十種意念中擺盪，眠睡忽然來襲，這不召自來者，道德之主宰。

眠睡敲著我的眼——我的眼便沉重。眠睡碰觸我的嘴——我的嘴便張開。

的確，它步履輕盈地來到我這裡，這盜賊當中最可愛者，偷走了我的思想——我呆立在那兒，如同這講席。

然而我站立不久，便已躺下。——

當查拉圖斯特拉聽見智者如是說，他心裡暗暗笑著——因為他此時已頓悟。於是他對自己的心如是說——

這位智者與他的四十種意念，在我看來是個愚者——但我相信，他很懂得眠睡。

居於這位智者近旁的人，已是幸福的！這樣一種眠睡會感染人，即使穿過厚牆，也還會感染人。

一種魔力居於他的講席之上。少年們坐在道德的宣教者前，費心聆聽。

他的智慧告訴我們——清醒是為了安睡。的確，若生命沒有意義，而我得選擇一項謬論時，那麼它將是於我最值得選擇的謬論。現在我非常明白，從前人們尋找道德講師，他們首要追尋的事物為何。人們尋找安睡，以及如罌粟那般的道德！

所有這些道德講席上被頌讚的智者，他們的智慧是無夢的眠睡——他們不識得生命更好的意義。

像這些道德的宣教者，現今仍有幾人，卻不總是真誠——但他們的時代已經完結。他們將站不多時——便已躺下。

這些昏昏欲睡者是有福的——因為他們當隨即入睡。——

查拉圖斯特拉如是說。

論信仰背後世界的人

查拉圖斯特拉也曾將他的妄想拋擲到人類的彼方，如同所有信仰背後世界的人一樣。在那裡，世界在我眼前就像一個受盡苦痛磨難的上帝之作。

在那裡，世界在我眼前如夢一般，是上帝之詩；一個神聖的不滿足者眼前的彩色煙霧。

善與惡，樂與苦，我與你——我以為那是造物者眼前的彩色煙霧。造物的目光欲離開自我，望向他處——因而創造了世界。

離開痛苦、望向他處，並且自我遺忘，這對於苦痛者而言，是陶醉的歡樂。從前我曾以為世界是陶醉的歡樂與自我遺忘。

這永不完美的世界，這永恆矛盾、永不完美的映像——那是它不完美的創造者一場陶醉的歡樂——我曾以為世界是如是。

如是我也曾將我的妄想拋擲到人類的彼方，如同所有的信仰背後世界的人一樣。真的拋到了人類的彼方嗎？

啊，兄弟們，我創造的這上帝，是人類的作品與癲狂，同眾神一樣！

他是人，只是一個「人」與「自我」貧乏的一小部分——這鬼魂，是自我的灰燼與火焰而來，確實！它並不來自彼方！

怎麼了，我的兄弟？我克服了自己，那苦痛者，我背負著自己的灰燼到山上去，我為自己發明了一種更光明的火焰。瞧！那鬼魂從我面前退避了。

若要相信這鬼魂，此刻於我將是苦，對病癒者是痛——此刻於我將是苦痛與屈辱。我向信仰背後世界的人如是說。

那是苦痛與無能——創造了一切背後世界[6]，而幸福的每個癲狂瞬間，只有最苦痛者能體會。

疲倦欲以其最後的意志一躍，死亡的一躍，一場可憐無知的疲憊，它不願再有願望——於是創造了眾神與背後世界。

相信我，兄弟們！這是肉軀對於肉軀的絕望——它用被迷惑的精神之手指，摸索最後的牆。

相信我，兄弟們！這是肉軀對於大地的絕望——它聽見「存在」的肚腹對他說話。

由於他想以頭顱穿越最後的牆，不僅是頭——而是全然去到「彼岸世界」。

---

6. 此處「背後世界」（Hinterwelt）為尼采所提出與客觀世界相對的概念。信仰背後世界的人（Hinterweltler）相信在客觀世界的背後有著另一個世界，相信此在的背後有彼岸，也相信永恆而無可改變的規範與價值。

然而「彼岸世界」是在人類面前被深藏起來的，那無人、非人的世界，是天堂般的虛無；而存在的肚腹絲毫不向人類說話，除非它身為人類。

的確，一切存在皆難以證明，難以使其言說。告訴我，兄弟們，難道一切事物最神奇者，還不算是最好的證明？

是的，這個「我」與自我的矛盾與紛亂便切實地說明了它的存在；這個創造的、願望的、評價著的自我，它是事物的度量與價值。

而自我，這最切實的存在——它言說肉軀，它還是要肉軀，即便它在寫作、遊蕩、振破翅飛舞的時候。

這自我，它更切實地學習言說——當它習得更多，便找到更多字詞與榮光以讚頌肉軀與大地。

我的自我，它教給我一種新的高傲，我以之教導人類——切莫再把頭埋在天上事物的沙中，而要自由昂揚，頂著大地的頭顱，這創造大地意義的頭顱！

我教給人類一種新的意志——要走上這條路，這條人類盲目走過的路，推崇它，不再自它溜開，像病人與垂死者那般！

病人與垂死者是那些蔑視肉軀與大地之人，並發明了天國與救贖之血——但這甜美而陰鬱的毒藥，他們還是取自於肉軀與大地！

他們欲逃離困苦，而星辰又離他們太遠。於是他們嘆息：「噢，怎麼沒有一條天堂路，讓我們溜到另一種存在與幸福！」——於是他們發明了詭計與血之飲料[7]！

他們自以為脫離了他們的肉軀與這片大地，這些不知感激的人。然而他們超脫[8]時的痙攣與狂喜，要歸功於誰呢？是他們的肉軀與這片大地。

查拉圖斯特拉對病人是溫和的。的確，他們安慰的方式與不知感恩，並不使他發怒。只願他們成為病癒者、戰勝者[9]，並為自己創造出一個較高等的身軀！

當病癒者溫柔望向他的幻想[10]，午夜徘徊在他的上帝之墓時，查拉圖斯特拉對病癒者也不惱怒——但他的眼淚於我而言，仍然是一種病，仍是患病之肉軀。

在這當中總有許多病態的群眾，他們賦詩並且渴求上帝；他們忿恨求知者，以及那最新的道德，那便是——誠實[11]。

他們總回顧黑暗的時代——那時的瘋狂與信仰自是不一樣的事。理智的癲狂近似神性，

---

7. 此處為耶穌寶血之象徵；基督教儀式當中以紅葡萄酒譬喻耶穌受難時所流之血。
8. 此處「超脫」（Entrückung）同時有脫離、出神、入迷之意。
9. 此處「戰勝」（überwinden）同時有克服、克制之意。
10. 此處「幻想」（Wahn）同時有妄想、瘋狂之意。
11. 此處「誠實」（Redlichkeit）同時有正直、切實之意。

懷疑則是罪惡。

我太懂得這些近似神的人——他們要人相信他他們，而懷疑便是罪惡。我也太懂得他們自身最相信甚麼。

的確，他們不相信背後世界與救贖之血——卻相信肉軀，並且也最是相信，而他們自己的肉軀於他們而言便是自身之物[12]。

然而肉軀對於他們而言是病態之物——他們很樂意褪去這皮肉之軀。因此他們傾聽死亡之宣教者，自己也宣講背後世界。

我的兄弟們，寧可聽健康肉軀的聲音罷——這是較誠實且較純粹的聲音。

健康的肉軀說話更為誠實且純粹，那肉軀完善且方正——它言說大地的意義。

查拉圖斯特拉如是說。

12. 此處「自身之物」（Ding an sich）語出康德（Immanuel Kant, 1724-1804），又譯為「物自體」或「自在之物」。

論蔑視肉軀者

我要向肉軀的輕蔑者說幾句話。他們不應對我改變教導或學習的方式，而只要向其肉軀道別——而後如是沉默。

「我是肉軀與靈魂。」——小孩如此說。而為何人們不應像小孩那般說話？

然而，醒覺者與博學者卻說——我全然是肉體，此外別無其他；靈魂只是肉軀某一部分的名稱。

肉軀蘊含偉大理智，為感官單一的繁多之數，是戰爭與和平，羊群與牧者。

我的兄弟，你小小的理智也是你肉軀的工具，你稱這理智為「精神」，它是你的大理智當中的一個小工具、小玩具。

你說著「我」，並以此字為傲。然而更偉大者，對此你不願相信——你的肉軀與它的大理智：它不言我，而實行我。

感官之所及，精神之所識，皆無止境。然而感官與精神想使你信服，它們是一切事物之止境——它們是如此虛浮。

感官與精神是工具與玩具——在它們後面，還有「自我」。「自我」也以感官之眼尋找，它也以精神之耳傾聽。

「自我」自我總是傾聽與尋找——它比較著、強制著、劫掠著、破壞著。它統御著，也是「自我」的統御者。

我的兄弟啊，在你的思想與感覺背後，站著一個強大的主宰，一個不知名的智者——他名叫「自我」。他住在你的肉軀之中，他即是你的肉軀。

在你的肉軀之中有更多的理智，多過你最高智慧中的理智。何以你的肉軀偏偏需要你的最高智慧，究竟誰知道？

你的「自我」嘲笑你的「我」及其高傲的飛躍。「這些思想的飛躍，於我是甚麼呢？」它自語道。「是走向我目的地的迂迴路。我就是我自己的襻帶[13]與我觀念的鼓吹者。」

「自我」對「我」說：「在此感覺痛苦罷！」於是它感到痛苦，並思索著如何使自己不再痛苦——它正**應當**為此思考。

「自我」對「我」說：「在此感覺快樂罷！」於是它感到快樂，並思索著如何使自己常感快樂——它正**應當**為此思考。

我要向肉軀的輕蔑者說一句話。正是輕蔑使他們尊敬。是甚麼東西，創造了尊敬、輕蔑、價值與意志？

那創造著的「自我」，為自己造出了尊敬與輕蔑，它為自己造出了快樂與痛苦。那創造著的肉軀為自己造出了精神，作為它的意志之手。

你們這些肉體的輕蔑者啊，即便在你們的愚蠢與輕蔑當中，你們也在為「自我」服務。我告訴你們——你們的「自我」要的是死去，並且揚棄生命。

它再也無法做到它最想做的事——超越自身地創造。這是它最想做的，這是它所有的熱望。

而今這些於它已太遲——所以你們的「自我」要墜落毀滅，你們這些肉軀的輕蔑者。你們的自我要墜落毀滅，因此你們成為了肉軀的輕蔑者！因為你們不再有能力超越自身地創造。

因而你們對生命與大地發怒。一種不自覺的嫉妒在你們輕蔑的睥睨之中。

我不走你們的路，你們這些肉軀的輕蔑者！你們於我不是通往超人的橋梁！

查拉圖斯特拉如是說。

---

13. 襻帶（Gängelband）為歐洲中古世紀晚期開始風行的牽幼孩走路的帶子，十八世紀普及於歐歐貴族圈，一般使用至孩童六歲時。引申意義有控制、管束之意。

論快樂與熱情

我的兄弟，如果你有一種道德，而它是你的道德，那麼就不是他人與你共有的。

自然，你要喚它的名，同它親暱；你要拉它的耳朵，同它消遣。

但是，瞧！如今你與眾人共有它的名，以你這樣的道德，你變成了眾人與羊群！

最好你這樣做，說：「使我的靈魂痛苦甜蜜，還有使我五臟六腑飢餓的，皆不可說，而且無名。」

如你的道德勝過其名之實——而你又必須談論它，切勿羞赧於自己的木訥難言。

於是要言之訥訥：「此乃**我所**善，我愛它，它完全使我喜歡，**我**只要這樣的善。

我不欲其為上帝之律法，我不欲其為人類之規約與亟需——它並非領我到超世界與天堂的指路牌。

它是我所愛的塵世之道德——在其中少有聰明，更絕少理智。

然而這隻鳥在我身邊築了巢——因而我珍愛牠——如今牠坐在我身旁，伏在牠金色的卵上。」

於是你應當訥訥而言，稱頌你的道德。

從前你曾有熱情，並稱之為惡。而今你只有你的道德，它卻生於你的熱情。你在心中將最高遠的目標放在這些熱情裡——於是它們變成你的道德與快慰。

縱使你出身於或暴戾、或肉欲、或溺信、或好復仇之族類——

你所有的熱情終將變成道德，你所有的魔鬼終將變成天使。

從前你畜養野犬於你的地窖之中——然而牠們終將變成鳥兒與可愛的女歌者。

你從你的毒藥當中釀出你的香膏；你曾擠出哀傷母牛的乳汁——而今你喝下牠乳房中香甜的乳汁。

此後不再從你身上生長出惡，除非那惡生於你種種道德之間的交戰。

我的兄弟啊，若你有幸，你將只有一種道德而無其他——如此你將會輕易走過橋梁。

擁有多種道德是優異的，但是卻命途多舛；有些人走向沙漠、自絕生命，因他已厭倦於成為介於各種道德之間的戰役與戰場。

我的兄弟啊，戰爭與殺戮是惡嗎？但是這惡乃是必要，在你的種種道德之間，嫉妒、猜疑與誣衊乃是必要。

瞧，你的每種道德是如何貪求最高的地位——它要你全部的精神，以精神為它的傳令官，它要你在忿怒、憎恨與愛中的全部力量。

每種道德對另種道德是嫉妒的，嫉妒是個可怕的東西。種種道德也可能因嫉妒而毀滅。

誰被嫉妒之火焰圍繞，他終將同蠍子一般，將毒針轉向自己。
啊，我的兄弟，你從未見過一種道德自我誣衊並刺死自己嗎？
人類是必須被超越的——因此你應當珍愛你的道德——因為你將因它們而毀滅。——
查拉圖斯特拉如是說。

論蒼白的罪犯

你們這些法官與祭司們，在牲畜尚未俯首之前，你們並不欲殺戮罷？瞧，那蒼白的罪犯已俯首——大輕蔑自他眼中言說著。

「我的『我』是應當被超越的——在我看來，我的『我』是人類的大輕蔑。」這雙眼睛裡是這麼說的。

他的自裁是最崇高的時刻——莫讓崇高者再降回他的低處！

對於因自身而痛苦者，並無拯救之方，除非快速死亡。

你們這些法官啊，你們的殺戮應為同情而非報復。在殺戮之中，你們尚且為生命申辯！

你們與那些將被你們所殺之人和解，那樣是不夠的。將你們的悲哀化為超人之愛罷——如此你們將為你們的「猶活」[14]申辯！

你們應當說「敵人」而非「惡棍」；你們應當說「病人」而非「流氓」；你們應當說「傻

14. 「猶活」（Noch-Leben）為尼采自創之詞，表示猶存活於世上之意。

子」而非「罪人」。

而你，紅色的法官，若你欲大聲說出你已在思想做過的一切事，那麼人人將高喊：「遠離這穢物與毒蟲！」

但思想與行為是相異的兩件事。行為的意象又是另一件事。因果之輪並不在它們之間旋轉。

一個意象使這蒼白的人面色慘白。當他作案時，他像他的行為那般激昂——然而案發之後，他卻不願承擔那意象。

他總是將自己視作一**個**行為的作案者。我稱之為瘋狂——「例外」在他身上顛倒為事物的本質。

一道刻痕可以使母雞眩惑；他所揮下的一擊，眩惑了他的貧乏的理智——我稱之為作案**之後**的瘋狂。

聽，你們這些法官！還有另一種瘋狂——那是作案之**前**的。啊，你們在這靈魂當中探得不夠深！

紅色的法官如此說：「這名罪犯究竟要謀殺甚麼？他只想劫掠。」但我告訴你們——他的靈魂要的是血，不是劫掠——他渴望刀刃之幸福！

他可憐的理智卻不明白這種瘋狂，並且勸告他。「血有何干係！」它說；「難道你不趁機至少劫掠一回？報仇一回？」

他聆聽著他可憐的理智——理智的話語如鉛一般壓在他身上——當他謀殺時，他便劫掠。他不欲因他自己的瘋狂而感到羞恥。

而今他的罪咎之鉛又壓在他身上，他可憐的理智是如此僵硬、麻痺與沉重。

要是他能夠搖搖頭，他的重負將會滾下來——但是誰來搖這頭呢？

這個人是甚麼？是叢生的疾病，透過精神而襲向世界——他們要尋找獵物。

這個人是甚麼？是纏繞如線團的野蛇，牠們鮮少和睦相處——牠們各自前行，在世界尋找獵物。

瞧這可憐的肉軀！他所受之苦，所貪之欲，都給了這可憐的靈魂提示——提示了謀殺的快意與貪婪刀刃之幸福。

此刻誰患病，便被那當今之惡所襲擊——他要把別人加諸於他身上的痛苦施予他人。然而，從前有過別種時代，與別種的善與惡。

從前懷疑曾是惡，對自我的意志亦然。那時，病人乃是異教徒，乃是女巫——身為異教徒與女巫，他受了苦，且欲使他人受苦。

然而，這些話於你們將難以入耳——你們說，這對你們當中的良善者有害。但你們這些善人於我何用！

你們這些善人當中有許多使我憎惡，的確，那並非他們的惡。我多希望他們擁有一種瘋狂，使其毀滅，同這名蒼白的罪犯一樣！

的確，我希望你們的瘋狂叫做真理，或是誠實，或是正義——然而它們有自己的道德，並且在可鄙的愜心之中，尋求長生。

我是湍流旁的欄杆——誰能抓住我，便抓住我罷！但我不是你們的拐杖。——

查拉圖斯特拉如是說。

論閱讀與寫作

所有一切被書寫的，我只愛以其血書寫者。以血書寫——你將知曉，血即精神。

理解陌生之血並不容易——我憎恨閱讀的遊手好閒者。

誰了解閱讀者，他便不再為閱讀者付出。再一世紀的閱讀者——精神自身也將腐臭。

由於人皆可學習閱讀，日久不僅腐壞寫作，也腐壞思想。

從前精神即上帝，然後化為人，而今甚且化為烏合之眾。

以血書寫格言者，他並不願被閱讀，卻要人記誦。

在山巒中，下一條路通往兩峰之間——對此你須有長足。格言當如山峰——那些聽受格言的人，應是偉大高強者。

空氣稀薄且純潔，危險逼近，精神充滿歡喜之惡念——這如此相合。

我欲被精靈圍繞，因我有勇氣。勇氣驅除了鬼怪，為自己創造精靈——勇氣將要大笑。

我已不再與你們同感——我看見我下方的雲，我嘲笑它的烏黑與濃重——那正是你們閃電雷霆的雲朵。

當你們渴望高升時，你們向上望。而我俯視著，因為我已高升。

你們當中有誰可以同時大笑與高升？

誰攀上最高峰，將嘲笑一切悲劇與悲哀之嚴肅。

有勇氣、無顧慮、嘲諷地、強橫地——智慧要我們如此——智慧是一個婦人，她始終愛著一個戰士。

你們對我說：「人生是難以負擔的。」然而，你們何以在上午高傲、在晚間屈從呢？

人生是難以負擔的——但是，不要在我面前顯得如此柔弱！我們全都是美麗而可負重的雄驢與雌驢。

那玫瑰蓓蕾因一滴露壓在身上而顫抖著，我們與它有何共同之處？

的確——我們愛生命，並不因我們慣於生命，卻因慣於愛。

總有些瘋狂在愛之中。但總也有些理智在瘋狂之中。

而且對於我這愛生命的人而言，我覺得蝴蝶、肥皂泡，以及存在於人間的此一類屬，最了解甚麼是幸福。

看見這些輕盈稚拙、嫵媚飄動的小靈魂們翩翩飛舞——查拉圖斯特拉不禁流下眼淚，並且歌唱。

我將只信仰一位懂得跳舞的上帝。

當我看見我的魔鬼，我感到它嚴肅、縝密、深沉與莊重；那是沉重的精神——一切事物因它下墜。

人們不以忿怒殺人，卻以嘲笑。起來，讓我們殺了這沉重的精神！

我學會了走路——此後我讓自己奔跑。我學會了飛翔——此後我不需先被推動，就能去往高處。

此刻我很輕盈，此刻我在飛翔，此刻我看見我自己在我之下，此刻有一位神，在我體內跳舞。

查拉圖斯特拉如是說。

論山上的樹

查拉圖斯特拉眼見一名少年迴避著他。當他某天晚上獨自走過山間，群山環繞的城，名叫「彩牛鎮」——瞧，他在行走中發現這少年倚著一棵樹坐著，他疲憊的目光望向山谷。查拉圖斯特拉抱住少年倚靠的樹，如是說：

「假如我想用我的雙手搖動這棵樹，我將做不到。」

然而，我們看不見的風，卻可以任意折磨它、屈折它。在最壞的情況下，我們也會被看不見的手所折磨、屈折。

這時，少年驚慌失措地起身，說：「我聽見查拉圖斯特拉在說話，剛才我正想起他。」

查拉圖斯特拉回應道：

「你何以感到驚嚇？——但是對人就像對樹一樣。

他愈是欲往高處與光明裡去，他的根愈是強烈地往土裡伸，向下，到黑暗，到深處——進入惡。」

「對，進入惡！」少年喊道。「怎麼可能，你發現了我的靈魂！」

查拉圖斯特拉微笑著並且說：「有些靈魂，人們永不會發現，除非是人們先發明了它。」

「對，進入惡！」少年再次喊道。

「你說出了真理，查拉圖斯特拉。自從我欲往高處，我便不再相信我自己，也無人再相信我了——怎麼會發生這樣的事？

我變化得太快——我的今日駁斥了我的昨天。當我向上爬，我時常跨越臺階——因此沒有臺階原諒我。

我身在高處，於是發覺自己總孤單一人。無人與我交談，孤獨的冰霜使我顫抖。我在高處到底欲如何？

我的輕蔑與我的欲望一同滋長；我爬得愈高，就愈是輕蔑那些攀爬者。他在高處到底欲如何？

我對我的登高與踉蹌感到多麼羞恥！我對我激烈的喘息多麼譏笑！我多麼憎恨飛翔者！我在高處是多麼疲憊！」

少年在此沉默。查拉圖斯特拉觀望他們身旁的那棵樹，如是說：

「這棵樹在此孤獨立於山間；它長得遠高於人類與動物。

若它意欲言說，將無人理解它——它長得如此高。

而今它等待著，等待著——它究竟等待甚麼呢？它所居之處太趨近雲朵之所在——它大抵在等待著第一道閃電？」

當查拉圖斯特拉說完了這些話，少年手勢激烈地喊道：「是的，查拉圖斯特拉，你說出了真理。當我欲往高處，我渴求我的墜落，而你就是我所等待的閃電！瞧，自從你出現在我們面前之後，我還算是甚麼？那是對你的嫉妒毀了我！」——少年如此說，並且痛哭著。查拉圖斯特拉卻用手臂搭著他，領他向前走。

當他們一同走了一會兒，查拉圖斯特拉開始如是說：

我的心痛極了。你的眼睛告訴我一切你的危險，勝過你的言詞所說。

你還不自由，你還在**尋找**自由。你的尋找使你一夜無眠，並且過度清醒。

你欲至自由的高空，你的靈魂渴盼星辰。但你的邪欲也渴盼自由。

你的野犬欲得自由；當你的精神致力解開一切牢籠時，牠們在你的地窖中因歡樂而吠。

於我而言，你仍是一名編織著自由夢想的囚犯——啊，此類囚犯的靈魂會變得聰明，但同時也變得狡詐與惡劣。

精神得自由者，還須淨化自己。許多囚籠與汙泥仍留在他心裡——他的眼還須變得澄淨。

是的，我知曉你的危險。但是，憑我的愛與希望，我向你誓願——不要拋棄你的愛與希望！

你仍覺自己高貴，那些怨恨你、對你投以惡意眼光的他者，也仍覺得你高貴。要知道，所有人都有一個高貴者擋住他的去路。

一個高貴者也會擋住良善者們的去路——即便他們稱他為良善之人，他們還是想藉此將他推到一旁。

高貴者意欲創造新事物與新道德。良善者意欲舊事物，使舊事物留存。

然而，高貴者的危險不在於他會變成一個良善者，而是會變成一個無恥者、譏諷者與毀滅者。

啊，我知曉高貴者，他們失去了最高的希望。於是他們誣衊所有高遠的希望。

而今他們無恥地生活在短促的歡樂中，他們幾乎不為一日以外樹立目標。

「精神亦即淫樂。」——他們如此說。由於他們精神的羽翼碎裂——因而他四處爬行，所咬之物，盡是髒汙。

從前他們曾想當英雄——而今皆是淫樂之人。英雄於他們而言是哀怨與恐懼。

但是，憑我的愛與希望，我向你誓願——不要拋棄你靈魂中的英雄！神聖地保有你最高的希望！——

查拉圖斯特拉如是說。

論死亡的宣教者

有死亡的宣教者——大地上遍布著那些應被傳揚要拋棄生命的人們。

大地遍布著過剩者，生命因為這些太多的多餘而腐壞。願「永生」將之從此生引開！

「黃色，」——人們如此稱呼死亡的宣教者，或稱「黑色」。但我還要讓你們看他們其他的顏色。

那裡有可怖者，他們的內裡包藏著猛獸，除肉欲與自我撕裂之外別無選擇。他們的肉欲也還是自我撕裂。

這些可怖者，他們還沒有變成人類——願他們宣揚拋棄生命，並且自行往去！

那是靈魂的肺癆者——他們才剛出生，便開始死亡，並且渴望厭倦與斷念的學說。

他們甘願死去，而我們應當嘉許他們的意志！我們要留心，不要喚醒這些死者，損壞這些活的棺材！

若他們遇見一個病人，或一名老者，或一具屍體；他們會立刻說：「生命總被反駁！」

然而被反駁的只有他們，以及他們那只看見存在的一種面貌的眼睛。

籠罩在濃重的憂鬱當中，熱切渴望著帶來死亡的微小意外——他們如此咬著牙等待。

又或者——他們伸手攫取糖果，同時嘲笑自己的幼稚——他們將生命懸於草莖，並且嘲笑自己還懸於其上。

他們的智慧是這樣：「還活著的人是愚人，但我們到底都是愚人！這正是生命中最愚蠢的事情！」

「生命盡是苦惱。」——旁人如此說，並不打誑語——因此，務必設法終止那盡是苦惱的生命！

你們的道德學說是這樣：「你應當殺掉你自己！你應當讓自己離開！」——

「淫樂是罪惡。」——一群死亡的宣教者如此說——「讓我們退避，不要生育孩子！」

「生育是勞苦的。」——另一群人說——「生育還有何用處？人們只生出不幸者！」他們也是死亡的宣教者。

「同情是必要的。」——第三群人說。「取走我有的東西罷！取走我的生存罷！如此我與生命的聯繫會少些！」

若他們是澈底的同情者，他們將會給他們的鄰人敗壞生命的興致。為惡——那才是他們正確的善。

然而他們意欲擺脫生命——他們以他們的鎖鏈與禮物將旁人更加緊束，他們如此能擺脫甚麼！——

而你們，你們的生命是勞苦與不安——難道你們不會厭倦生命？難道你們還不夠成熟到足以領受死亡的宣說？

你們所有人，喜愛勞苦，喜愛快速、新奇與陌生——你們難於忍受自己，你們的勤勞是詛咒，是忘卻自我的意志。

若你們更多地信仰生命，你們將會更少地投身於當下。但是你們沒有足夠的內在去等待——就連懈怠也不能！

四處響徹著死亡宣教者的聲音——大地遍布著應該被傳揚死亡之說的人們。

或說「永生」——這於我是一樣的——只要他們速速遠離世間！[15]

查拉圖斯特拉如是說。

15. 此處動詞 dahinfarhen 同時有「駛離」、「駛經」、「逝世」之意。

論戰爭與戰鬥民族

我們不願被最好的敵人所姑息，也不願被我們打從心底喜愛的人所姑息。因此，讓我告訴你們真理！

我作戰中的兄弟們！我打從心底愛你們，我向來與你們相同。我也是你們最好的敵人。因此，讓我告訴你們真理！

我知道你們內心的仇恨與嫉妒。你們並不偉大得足以知曉仇恨與嫉妒。因此，不要感到羞恥，使自己足夠偉大罷！

若你們不能成為洞察之聖人，至少成為洞察之戰士罷。那是此種神聖之道的伴侶與先驅。

我看見許多士兵——我多想看見許多戰士！他們身上穿的，人們稱之為「單一」[16]——但願他們藉此遮蔽的，不是單一的形貌！

你們應當是那些用眼睛尋找仇敵的人——尋找**你們**的仇敵。你們當中有一些人，第一眼

---

16. 此處「單一」（Einform）也有「單調」之意，作者以此字作為「制服」的延伸意象。

便有仇恨。

你們應當尋找你們的仇敵，你們應當發動你們的戰爭，並為了你們的思想作戰！若你們的思想戰敗，你們的誠實應當還要高呼勝利！

你們應當愛和平，將之作為新戰爭的手段。並且愛短暫的和平勝過愛長久的和平。

我不勸你們工作，卻勸你們戰鬥。我不勸你們和平，卻勸你們爭勝。你們的勞動該是一場戰鬥，你們的和平該是一場勝利！

若人們擁有箭與弓，他們只能沉默且靜坐——否則人們將胡鬧與爭執。你們的和平該是一場勝利！

你們說，甚至以戰爭為神聖，那是一件好事？我告訴你們——好的戰爭就是，每件事物皆神聖化。

與「愛鄰」相較之下，戰爭和勇氣做過更多偉大的事情。不是你們的同情，卻是你們的果敢，拯救了迄今的受難者。

「甚麼是好的？」你們問。果敢是好的。讓小女孩們說：「善良是美麗且動人的事情。」

人們說你們了無良心——但你們的心是真實的，我愛你們善意中的羞怯。你們因你們的漲潮而羞怯，而他人因他們的退潮而羞怯。

你們是醜陋的嗎？好罷，我的兄弟們！那麼，取來崇高，覆在你們身上，那是包裹醜陋的大衣！

當你們的靈魂變得偉大，它將變得狂妄自大，在你們的崇高之中，是邪惡。我知曉你們。在邪惡之中，狂妄自大者與懦弱者相遇。但他們彼此誤會。我知曉你們。

你們只能擁有可恨的仇敵，卻沒有可輕蔑的敵人。你們必須以你們的敵人為傲——如此一來，你們敵人的成功，便也是你們的成功。

反抗，這是奴隸的可貴之處。你們的可貴之處是服從！你們的命令本身就是一種服從！

「你應當」對於一個好的戰士來說，聽來比「我要」舒服。一切你們所愛之物，你們應當先使其命令你們。

你們對於生命的愛，該是你們對於最高遠的希望的愛——你們最高遠的希望，該是生命的最高思想！

你們的最高思想應當由我命令——命令如下——人類是應當被超越的。

你們那服從與戰爭的生命是如此生活著！長命有何干係！哪個戰鬥者想要偷安！

我不會讓你們苟且偷安的，我打從心底愛你們，我作戰中的兄弟們！——

查拉圖斯特拉如是說。

論新神祇

在某處還有民族與畜群，卻不在我們這裡，我的兄弟們——那裡有國家。

國家？那是甚麼？好罷！現在請張開耳朵聽，因為我此刻要告訴你們關於民族死滅的話語。

國家即為一切冷酷怪物當中最冷酷者。它也冷冷地說謊；而這謊言自它的嘴爬行而出：「我，國家，即是民族。」

那是謊言！是造物者創造了民族，並且將一種信仰與一種愛加諸他們身上——他們如是服侍生命。

是毀滅者為許多人設下陷阱，並名之以國家。毀滅者在其上懸了一把利劍與百種欲望。

哪裡還有民族，那裡便不知國家為何物，他們仇視國家如仇視惡眼，以及有違風俗與理法的罪惡。

我給你們一個徵象——每個民族自有其善惡之辯說——那是鄰族無法理解的。它的語言乃創生於習尚與法律之中。

然而，國家以所有善惡之唇舌說謊；凡其所說，皆為謊言——凡其所有，皆自偷竊。它的一切皆是虛假；那啃咬的人，以偷來的牙啃咬。它的五臟六腑，皆是虛假。

善與惡的語言錯亂著——我給你們這個徵象作為國家的徵象。確實，這個徵象表明了死亡的意志！確實，它在與死亡的宣教者招手！

太多太多人將要出生——為了這些多餘者，國家於焉創生！

你們瞧，國家是如何引誘這些太多的多餘者！國家是如何吞下、咀嚼並且反芻著他們！

「在地上沒有比我更偉大者——我是上帝治理萬物的手指。」——那怪物如是咆哮。不只是長耳者，還有短視者，全皆下跪。

啊，在你們偉大的靈魂裡，也低語著它晦暗的謊言！啊，它猜透了那些富足且樂於揮霍者的心意。

是的，它也猜透了你們這些遠古上帝的征服者！你們在戰鬥之中感到疲憊，如今你們的疲憊為新的神祇服侍！

這新的神祇，祂想將英雄與正直者立於其左右！祂自喜曝曬於良知的陽光下——那冷酷的怪物！

若**你們**朝拜祂這新的神祇，祂將會給**你們**一切——祂如是收買你們道德的光芒，與你們驕傲的眼神。

祂要以你們為誘餌，去引誘那些太多的多餘者！是的，一個地獄藝術之作在此創生，一匹死亡之馬，在上帝榮耀的華飾之下鏗鏘前進！

是的，許多人的死亡在此創生，那死亡頌揚著自我如同頌揚生命。的確，那是對所有死亡宣教者衷心的服侍。

所有的飲毒者，包括善人惡人的聚集地，我稱之為國家——國家是所有人，包括善人惡人迷失自我之處——國家是所有人的緩慢自殺——名叫「生活」。

你們瞧這些多餘者！他們偷走了創生者的作品與智者的寶物。他們稱其偷竊為教養——一切事物於他們將成為疾病與禍殃！

你們瞧這些多餘者！他們總是病著，他們嘔出膽囊，並稱之為報紙。他們吞噬彼此，卻無能消化。

你們瞧這些多餘者！他們求財得富，卻因之更加貧窮。他們意欲權勢，尤其是撬開權勢之門的鐵棍，還有大量的錢財——這些無能者[17]！

瞧他們爬行的樣子，這班敏捷的猿猴！他們相互踩踏著往前爬去，在泥濘與深淵之中扭傷彼此。

他們全都想登上寶座——他們的瘋狂如是——彷彿幸福坐於寶座之上！往往是泥濘在寶座之上——也往往是寶座在泥濘之上。

於我而言，他們全皆瘋人，皆是爬行的猿猴與過度熱中者。他們的神祇，那冷酷的怪物，於我而言聞來腐臭——這些神祇的服侍者，他們聞來皆盡腐臭。

我的兄弟們，難道你們要在他們口氣與欲望的氤氳之中窒息？毋寧破窗，一躍而出！

避開這惡臭罷！離開這些多餘者的神祇服侍！

避開這惡臭罷！離開這以人為祭的蒸騰之氣！

如今，大地仍等待偉大的靈魂到來。仍空下許多位置給隱士及同道者，好讓寂靜海洋的氣息吹拂。

自由的生命仍等待偉大的靈魂到來。確實，誰占有得少，他將占有得更少——微小的清貧該被頌讚！

那裡，在國家終止之處，不多餘的人才要開始——那裡開始唱著必要者之歌，獨一無二且無可替代。

那裡，在國家**終止**之處——瞧罷，我的兄弟們！你們沒看見彩虹與超人的橋梁嗎？——

查拉圖斯特拉如是說。

---

17. 德語 unvermögend 原為「無財勢」之意，轉為名詞則為「無能者」，此處有雙關義。

論集市之蠅

逃罷，吾友，逃向你的孤獨！我看見你因大人物的喧聲而昏亂，又被小人物的毒刺所傷。

森林與岩石知道莊嚴地同你沉默。再學學那你所愛的樹木罷，那扶疏的枝葉——靜默諦聽，懸於海面之上。

孤獨終止之處，那裡便開始了集市；集市開始之處，那裡也開始了大伶人之喧聲，與毒蠅的嗡嗡飛竄。

世上最優等之物，若無人將之展演，仍無所用——群眾稱這些展演者為偉大人物。

群眾很少明白何為偉大，那是——創造者。但是它對於所有偉大事件的展演者與伶人，卻充滿意義。

世界圍繞著新價值的發明者而轉動——它不可見地旋轉。而群眾與聲譽卻圍繞著伶人而轉動——世界的進程如是。

伶人有其精神，卻少有精神的良知。他總是相信最使他信服的——相信**自己**！

明天他將有一種新的信仰，後天將有一種更新的。他同群眾一樣，有敏銳的感知，以及變易的覺察。

推翻事物——於他便叫做「證明」。使人發狂——於他便叫做「說服」。於他而言，血是所有根柢當中最好的。

一種真理，若只能悄聲鑽入細微的耳朵，他便稱之為謊言與空話。確實，他只相信在世間製造巨大聲響的諸神！

集市裡盡是鄭重其事的丑角——而群眾誇耀著他們的大人物！那是他們眼中的時代豪傑。

然而，時代催逼著他們——於是他們催逼著你——他們也想從你身上得到「是」或者「否」。唉，你要在順從與違逆之間安置你的椅子嗎？

你這真理之情人，為了這些絕對者與緊迫者，切勿嫉妒！從來還未曾有真理附於絕對者之手。

為了這些突如其來者，退回到你的安穩之處罷——只有在集市中，人們才會被「是」或「否」所侵襲。

一切深井的體驗是緩慢的——它們必須長久等待，直到自己明白是**甚麼**落入其深處。

遠離市場與名聲，一切偉大事物才會發生——遠離市場與名聲之地，向來居住著新價值的發明者。

逃罷，吾友，逃向你的孤獨——我看見你被毒蠅刺傷。逃到強勁的風吹之地！

逃向你的孤獨！你終日與小人物與可憐者為伍。在他們不可見的報復之前逃走！他們對你除了報復，別無其他。

別再舉起手臂抵禦他們！他們不可勝數，而且成為蠅拍並非你的命運。

這些小人物與可憐者是不可勝數的；有些高聳的建築，因雨滴與野草而招致傾塌。

你並非石頭，卻已被許多雨滴鑿穿。你還會因更多雨滴招致粉身碎骨。

我看見你因毒蠅而疲憊，我看見你千瘡百孔地流血；而你的高傲怎麼也不願發怒。

他們天真地想要你的血，他們無血的靈魂渴望血——因此他們天真地螫咬。

然而你這深沉者，微小的傷也使你痛得深沉；在你尚未被治癒前，同樣的毒蟲已爬上你的手。

我覺得你太過高傲，不會殺死這些貪食者。然而，務要當心，背負一切毒害，勿使它們成為你的厄運！

他們也圍繞著你嗡嗡頌讚著——他們的頌讚即是糾纏不休。他們意欲靠近你的皮膚與你的血。

他們對你阿諛奉承，如同阿諛上帝或魔鬼；它們在你面前哀泣，如同在上帝或魔鬼面前那般。那又如何！他們是阿諛者與哀泣者，此外無他。

他們在你面前時常顯得值得喜愛。但那往往是怯懦者的聰明。是的，怯懦者是聰明的！

他們時常以他們狹隘的靈魂忖度你——之於他們，你總是可疑！一切需要加以思忖之物，便是可疑的。

他們因你一切道德而懲罰你。他們打從心底只原諒——你的過失。

由於你稟性溫和、富正直之氣，你說：「這樣微小的存在，並非他們的罪。」然而他們狹隘的靈魂想著：「一切偉大的存在是有罪的。」

即便你對他們溫和，他們仍感覺自己為你所輕蔑；他們以隱蔽的惡害回報你的善行。

你不語的高傲總違逆了他們的品味；若你忽然變得謙虛，他們便沾沾自喜起來。

我們在一人身上所察知的，我們也在他身上點燃了。那麼，當心那些小人物罷！

在你面前，他們自覺渺小，他們的卑下反抗著你，在不可見的報復之中閃爍、燃燒。

難道你沒察覺，當你踏步向他們走近，他們是多麼常保沉默？還有他們的力量是如何在你迫近時消散，就像煙離開了熄滅的火那般？

是的，吾友，你之於鄰人是惡之罪咎——因為他們於你毫無價值可言。因此他們憎恨你，希冀吸你的血。

你的鄰人將永是毒蠅；而你的偉大——必使他們變得更毒，永遠像蠅一樣。

逃罷，吾友，逃向你的孤獨，並去往強勁的風吹之地。成為蠅拍，那並非你的命運——

查拉圖斯特拉如是說。

論貞潔

我愛森林。在城市裡難以生活——那裡有太多荒淫者。

落入謀殺者之手，不是比墮入淫婦之夢更好嗎？

好好看著這些男子罷——他們的眼睛說著——他們不知在人間有甚麼比躺在一名女子身邊更好的事。

他們的靈魂深處滿是泥濘；啊，若他們的泥濘甚且還有精神！

你們至少當如動物一般完滿！但是動物也有天真。

我勸你們扼殺感官嗎？我只勸你們保有感官的天真。

我勸你們貞潔嗎？貞潔對某些人是一種道德，但對許多人則幾近一種罪惡。

這些人會努力克制——然而母狗的肉欲伴隨嫉妒，自他們的一切作為當中投射出來。

及至他們的道德頂端，乃至冰冷的精神裡，這頭獸緊隨著他們，並且不滿。

若是這肉欲之母犬得不到一塊肉時，牠懂得如何柔順地乞求一片精神。

你們喜愛悲劇與一切使人心碎的事情嗎？但我不信任你們的母犬。

我覺得你們的眼睛太殘酷，你們淫邪地望向苦痛者。難道你們的淫樂不是只是化了裝，且自稱為同情嗎？

我也告訴你們這個譬喻——意欲驅逐魔鬼，卻自己走入豬群的人並不少。

誰感到守貞不易，便不要勸他守貞——不要使其成為地獄之路——那是靈魂的泥濘與淫邪。

我在談論汙穢的事物嗎？這於我並非最壞的事。

明察者不喜入你們的水，非因真理是汙濁的，卻是因為它的淺薄。

確實，有本質貞潔者——他們的內心溫和，他們比你們更愛笑，且笑得更充沛。

他們也嘲笑貞潔，並且問：「貞潔是甚麼！

貞潔不是愚蠢嗎？但這愚蠢來到我們這裡，而不是我們往它那裡去。

我們供給這位客人住所與愛心——於是他在我們這裡住下——他若想留，隨意多久！」

查拉圖斯特拉如是說。

論朋友

「在我身邊，一人總是太多。」——隱士如是想。「總是想及一——久之便成二！」

我與我自己總是太熱烈地交談——若是沒有一個朋友，該要怎麼忍受呢？

朋友之於隱士總是第三人——第三人是浮木，用以阻止兩人的對話沉入深淵。

啊，於所有的隱居者而言，深淵太多了。因此他們如此渴望一個朋友，以及他的高處。

我們對他人的信服，洩漏出我們喜歡信服自己。我們對一個朋友的渴望，正是我們的洩密者。

人們時常以愛躍過嫉妒。人們並且時常發動攻擊，樹立敵人，好隱匿自己可被攻擊的事實。

「至少要當我的仇敵！」——真正的尊敬如此說，他不敢請求友誼。

人們如果要擁有一個朋友，他必須願意為朋友作戰——為了作戰，人們必須**能夠**成為仇敵。

人們還應該在他的朋友身上尊敬仇敵。你能走上前去，湊近你的朋友，而不冒犯他嗎？

人們應當在他的朋友當中擁有最好的仇敵。當你違抗他時，你的心應當最趨近於他。

在你的朋友面前，你不願衣裝嗎？你在他面前顯露原形，那該是你朋友的榮幸嗎？但他卻因此希望你墮入鬼道！

誰對自己毫無遮掩，將使人震怒——如此你們便更有理由害怕赤裸！是的，假如你們是眾神，你們便可因自身的衣裝而羞赧！

於你的朋友面前，你唯恐裝飾得不夠美——因為你於他應當一支箭，是嚮往超人的渴望。

為了看清你朋友的模樣，你是否見過他熟睡的樣子？你朋友平時的面貌究竟怎樣？那是你的本來面貌，映在粗糙且不完美的鏡子裡。

你曾見過你朋友熟睡的樣子嗎？你的朋友模樣如此，你不驚嚇嗎？噢，吾友，人類是必須被超越的。

在猜想與沉默這方面，朋友應當是大師——你不必希望看見一切。你的夢當向你透露，你的朋友清醒時的作為。

你的同情該是一種猜想——如此你才知道，你的朋友是否願得同情。也許他喜歡你堅定不移的眼神與永恆的目光。

對朋友的同情隱藏在一個堅硬的殼底下，你當為此咬斷一顆牙。如此方能得其甘美。

之於你的朋友，你是純淨空氣、是孤獨，是麵包與藥方嗎？有些人無法解開自身之鎖鏈，然而之於朋友，他卻是拯救者。

你是個奴隸嗎？如此你便不能成為朋友。你是個暴君嗎？如此你便不能擁有朋友。

奴隸與暴君在女人心中已藏匿太久。因此女人尚且無能面對友誼——她只識得愛情。

在女人的愛情中，她只有對一切她所不愛者展現不公與盲目。即便在女人自知的愛情中，也總還有在光明之外的突襲、閃電與黑夜。

女人尚且無能面對友誼——女人永遠仍是貓，仍是鳥。或者，最好的情況，是母牛。

女人尚且無能面對友誼——但是，告訴我，你們男人當中，誰究竟有能力面對友誼？

啊，你們男人，這關乎你們的貧乏，以及你們靈魂的吝嗇！你們給予朋友多少，我便要給我的仇敵，也不因此變得更加貧乏。

世上有夥伴之情——但願友誼常在！

查拉圖斯特拉如是說。

論一千零一個目的

查拉圖斯特拉看過許多國土與許多民族——因此他發現了許多民族的善與惡。在大地之上，查拉圖斯特拉找不到比善與惡更強大的力量。

任何民族若不先衡量價值，便無法生存；若一個民族意欲延續，那麼他們便不可衡量價值如同鄰族一般。

許多此族稱之為善者，他族則稱為嘲諷與恥辱——我如是發現。我發現這裡的許多事物被稱為惡，在那裡卻被飾以絳紫的榮光。

一個鄰人從來不能理解旁人——他的靈魂總是驚詫，無論他的鄰人是惡劣或者瘋狂。

良善的牌榜懸於每個民族之上。瞧！那是它戰勝的牌榜；瞧，那是他追求強力意志之呼聲。

凡於它艱難者，乃值得稱頌；凡不可免且艱難者，謂之善；凡在至高的危困之中猶能解脫的，那稀有者，最艱困者——便譽為聖。

凡使其統治、勝利與光耀，使鄰人恐懼與妒羨者——於它為至高、第一，為典範與萬物之意義。

的確，我的兄弟，你若先認出一個民族的危難、土地、天空與鄰族——如此你便可猜得其戰勝之法則，以及何以此族攀上這希望之梯。

「你永遠應當成為第一，並凌駕他人——你嫉妒的靈魂不應愛任何人，除了你的朋友。」這撼動了一個希臘人的靈魂——他就此走上偉大之徑。

「說真話，並且熟稔弓與箭的運用。」——那看似對那民族而言既珍貴且艱難，我的名自那民族——那名字於我而言既珍貴且艱難。

「尊敬父親母親，從其意志，直至深入靈魂之根。」——這戰勝之牌榜懸於旁族之上，它因而永恆且強大。

勤於忠實，且為求忠實，遇險惡之事也願犧牲血與榮譽。他族之人因而以此為訓，戰勝了自己，因而使自己不可遏抑，沉重地孕育著偉大的希望。

的確，人類給予自己一切善與惡。的確，善惡並非由他們取來、由他們尋得，也不是來自天堂的聲音那般落下。

人類為求存續，才賦予事物價值——他先創造了事物的意義，一種人類的意義！因此他自稱「人類」，也就是——評價者。

評價即創造——聽著，你們這些創造者！評價自身即為所有被評價事物當中的珍寶。透過評價才有了價值——無有評價，存在之果殼將空虛。聽著，你們這些創造者！

價值之變——即為創造者之變。誰要成為創造者，必要時常毀滅。

創造者起先是諸民族，後來才是個人。的確，個人本身還是最新的創造。

諸民族曾將良善的牌榜懸於其上。是意欲統治之愛，與意欲服從之愛，共同創造了這種牌榜。

對群眾的興趣比對自我的興趣更加古老——只要良知為群眾，那麼惡心便是——自我。

的確，那狡猾的我，那無愛的，於多數人利益當中求一己之利益的——那並非群眾之起源，而是其殞落。

總是熱愛者與創造者，造出了善與惡。愛之火與忿怒之火，於一切道德之名當中迸出烈焰。

查拉圖斯特拉看見許多國土與許多民族——在大地之上，查拉圖斯特拉找不到比熱愛者之作更強大的力量——「善」與「惡」是它們的名字。

的確，這毀譽的力量是一個妖怪。告訴我，兄弟們，誰為我將它制伏？告訴我，誰來給這頭獸投擲一條鎖鏈，圈住那上千個頸項？

迄今已有過千個目的，因曾有千種民族。獨缺千個頸項上的鎖鏈，還缺一**個**目的。人類還沒有目的。

但請告訴我，我的兄弟們——假如人類沒有目的，那不就是也沒有了——他們自己？

查拉圖斯特拉如是說。

論愛鄰

你們擠向鄰人周圍，並且為此說出美言。但我告訴你們——你們所謂愛鄰，乃是你們劣等的自我之愛。

你們逃向鄰人以避開自我，並且想從中創造出一種道德——但我洞穿了你們的「無我」。

「你」比「我」更年長；「你」被封為聖徒，而「我」卻尚未如此——因此人類擠向鄰人周圍。

我勸你們愛鄰嗎？我還寧可勸你們逃避鄰人而愛至遠者！

比對鄰人的愛更高者，是對最遠者與將來者之愛；比對人類的愛更高者，是對事物與鬼魂之愛。

我的兄弟，這向你奔來的鬼魂比你更美；何以你不給它你的肉與骨？但是你害怕著，並且奔向你的鄰人。

你們忍受不了自己，也不夠愛自己——於是你們欲將鄰人引誘至愛裡，並且以他的過錯美飾自己。

我願你們無法忍受所有鄰人及其鄰人；如此一來，你們必要自你們身上創造出一個朋友與他滿溢的心。

當你們欲言一己之善，你們為自己邀來一位證人；當你們誘其相信你們為善，你們也相信自己為善。

說謊的人，不只是違背其知識而說話的人，卻正是違背其無知而說話的人。因此你們在交際之中談論你們自己，並且以你們自己對鄰人說謊。

愚者如是說：「與人交往，損害個性，毫無個性者尤甚。」

一人走向鄰人，因他要尋找自己，而另一人走向鄰人，因他想失卻自己。你們對自我的劣等之愛，使你們自孤獨裡造出了一座監獄。

是遠處的人為你們對鄰人之愛付出了代價；當你們已經五人成群時，總得有第六人死去。

我也不愛你們的節慶——於此我發現太多伶人，而觀眾也時常作態如伶人。

我不教你們以鄰人，卻教你們以朋友。朋友該是地上之慶典與超人之預感。

我教你們以朋友，與他滿溢的心。然而，若人們欲為滿溢之心所愛，他必須懂得成為一塊海綿。

我教你們以朋友，世界完善地屹立其中，一枚良善之殼——那創造著的朋友，他總有一個完善的世界以贈與他人。

如同世界於他展轉開來，復又輪轉回來，好比善因惡而生，目的因偶然而成。

將來與至遠者於你該是你今日之動因——在你的朋友身上，你應當愛超人，如同愛你的動因。

我的兄弟們，我不勸你們愛鄰——我勸你們愛至遠者。

查拉圖斯特拉如是說。

論創造者之路

我的兄弟，你要走進孤寂嗎？你要尋找通往自我之路嗎？請略為躊躇，且聽我說。

「尋找的人容易迷失。一切孤寂皆是罪過。」——群眾如是說。而你長久屬於群眾。

群眾之聲將依然在你心中響起。而假如你要說：「我對你們再無良心。」如此將成為一次哀訴與一場痛苦。

瞧，這痛苦自身仍生自良心——而此良心的最後閃光仍燃燒在你的哀傷之上。

然而，你要走上你的悲苦之路，那是通往你自己的路嗎？因此，請向我展現你的權能與力量！

你是一種新力量與新權能嗎？一種初始的運動嗎？一個自行轉動的輪子嗎？你也能迫使星辰圍繞著你轉動嗎？

啊，有許多嚮往高處的欲望！有許多野心勃勃者的痙攣！展現給我看，證明你不是那欲望者與野心勃勃者！

啊，有許多偉大思想，其作用不過如風箱——它們鼓起，而後空虛。

你稱你自己自由嗎？我要聽你統御之思想，而非你擺脫了一個枷鎖。

你是此種**被允許**擺脫枷鎖的人嗎？當有些人拋開其勞役時，他也拋開了他最後的價值。

自由何來？這與查拉圖斯特拉又有何干？但你的眼睛應當明白向我宣告——**自由**何用？

你能夠給自己你的善與惡嗎？你能將你的意志如同律法一般加諸於自己之上嗎？你能夠當自己的法官與你的律法之復仇者嗎？

可怕的事情是，獨自一人與自己律法的法官與復仇者為伍。如是，一顆星將被拋出，進入荒涼的空間，進入獨自一人冰冷的呼吸裡。

今日你仍受著許多苦，你這麼一個人——今日你仍擁有全副勇氣與你的希望。

然而，有一天孤獨將使你疲憊，有一天你的驕傲將蜷曲起來，而你的勇氣將變得咬牙切齒。有一天你將喊道：「我孤獨一人！」

有一天你將再也見不到你的崇高，並迫近你的卑下；你的崇高將如鬼魂般使你畏懼。有一天你將喊道：「一切皆是虛假！」

有許多感情，意欲殺死孤獨；若它們無法成功，就只得自己死去！然而，你有能力成為謀殺者嗎？

我的兄弟，你知道「輕蔑」這個詞嗎？還有你的正義之苦——也就是對蔑視你的人保持公正？

你強迫許多人改變對你的觀念；他們因你而付出很大代價。你走近他們，卻就這樣經過了——他們永不會原諒你。

你超越他們走過去——然而你爬得愈高，嫉妒之眼看你便愈小。然而，飛行者最是被人憎恨。

「你們要如何對我公正！」——「你必要說——我為我自己選擇你們的不公義，作為歸於我的部分。」

他們將不公義與汙穢擲向孤獨者——但，我的兄弟，你若要成為一顆星星，照耀他們便不可少！

且要當心良善者與正義者！他們喜將發明一己之道德者釘上十字架——他們憎恨孤獨者。

也還要當心神聖的樸素者！一切不樸素者，於他們便是不神聖的；他們也喜愛玩火——以那火刑的柴堆。

也還要當心，謹防你的愛爆發！孤獨者太快地向迎面遇上他的人伸出手。

你不可對某些人伸出手，卻只要給出巴掌——且我希望你的掌上有利爪。

然而你所能遇見最糟的敵人，必定總是你自己；你自己在洞穴與森林中窺伺你自己。

孤獨者，你走向通往自己之路！而你的路經過你自己，以及你的七個魔鬼！

你將成為異教徒、女巫、預言者、愚人、懷疑者、不神聖者與卑鄙者。

你必意欲在你自己的火焰當中焚燒——若不先成為灰燼，你要如何新生？

孤獨者，你走在創造者的路上——從你的七個魔鬼當中，你要為自己造出一個上帝！

孤獨者，你走在熱愛者的路上——你愛你自己，因此蔑視你自己，一如只有熱愛者能那樣輕蔑。

熱愛者意欲創造，因為他輕蔑！不去蔑視他所愛的，這樣的人怎知愛是甚麼？

我的兄弟，隨著你的愛與創造，走向你的孤寂罷——日後正義將踉蹌地跟著你。

我的兄弟，隨著我的眼淚走向你的孤寂罷。我愛那意欲超越自我而創造，並因此而毀滅的人。——

查拉圖斯特拉如是說。

論老媼與少婦

「你何以在黃昏裡如此羞怯地溜走，查拉圖斯特拉？你如此謹慎地在大衣底下埋藏甚麼？

是人家送你的珍寶嗎？或是一個為你生下的孩子？或是你現在走上竊賊的路，你這惡人的朋友？」——

的確，我的兄弟！查拉圖斯特拉說，這是一樣人家送我的珍寶——那是我所攜帶的一個小小真理。

但是它像孩子一般難以管束；若我不摀住它的嘴，它便會喊叫得太大聲。

當我今天在日落時分，獨自走在我的路途上，我遇見一位老媼，她如是對著我的靈魂說：

「查拉圖斯特拉也曾向我們女人說過許多事，但他卻從未說過關於女人的話。」

我回應她們：「關於女人的話，只能對男人說。」

「也跟我說說關於女人的話罷。」她說；「我已老得足以馬上忘記它。」

我順從了老媼的意志，對她如是說：

女人的一切皆是謎，女人的一切皆有一個解答——它叫做孕育。

男人對於女人來說是工具——目的總是孩子。但女人對於男人來說是甚麼？

真男人意欲兩者——危險與遊戲。因此他要女人，作為最危險的玩物。

男人應當被教養成面向戰爭者，女人則當被教養成戰士的慰勞者——其他一切，皆屬蠢事。

戰士不喜愛過於甜美的果實。因此他喜愛女人；最甜美的女人也還是苦的。

女人比男人更懂得孩子，但男人比女人還要孩子氣。

在真男人當中，藏匿著一個孩子——他要玩。起來，你們女人！來發現我男子漢當中的那個孩子！

女人該是玩物，純潔且精巧，同寶石一般，閃耀著一個還未有的世界的道德光芒。

一顆星星的光芒在你們的愛情中閃亮！你們的希望該是：「願我生出超人！」

在你們的愛情當中該有勇氣！你們應當以你們的愛，去襲擊那些引起你們恐懼的人。

在你們的愛中該有你們的榮耀！否則，女人是少有懂得榮耀的。然而，這該是你們的榮耀——更多地愛人勝過被愛，且永遠不落人後。

男人畏懼女人，若那女人愛他——她將作出一切犧牲，一切其他事物於她皆無價值。

男人畏懼女人，若那女人恨他——因為男人在靈魂深處只是惡，女人卻是壞。

女人最恨誰？——鐵片對磁石如是說：「我最恨你，因為你吸引著，卻又不夠強到將我拉向你。」

男人的幸福是——我要。女人的幸福是——他要。

「瞧，現在這世界總算完滿了！」——當每個女人因全部的愛情順服著，她如是想。

女人必須順服，並且為她的表面尋找深處。表面是女人的性情，一層搖擺如風暴的皮膚在淺淺的水面上。

男人的性情卻是深沉的，他的風暴在地底的洞穴中呼嘯——女人感到他的力量，卻不能理解。——

於是老媼回應我：「查拉圖斯特拉說過許多好事情，特別是對那些足夠年輕、可以聽懂的人。

多奇怪，查拉圖斯特拉對女人少有所知，但關於女人，他卻說得對！發生這些，難道是因為在女人這邊，沒有不可能的事？

而今，取一個小小的真理作為感謝罷！對於這些，我真是夠老了！

將它包好，並且摀住它的嘴——否則它將喊叫得太大聲，這小小的真理。」

「女人，給我你那小小的真理罷！」我說。而老媼如是說：

「你要去女人那裡嗎？別忘了你的鞭子！」——

查拉圖斯特拉如是說。

論毒蛇之嚙

查拉圖斯特拉在一株無花果樹下睡著了，由於天氣炎熱，他將他的手放在臉上。這時，來了一隻毒蛇，咬在他的脖子，於是查拉圖斯特拉因疼痛而喊叫。當他將手臂從臉上移開，他注視著蛇——毒蛇認出查拉圖斯特拉的眼睛，牠笨拙地轉身，意欲逃開。「不要啊，」查拉圖斯特拉說，「你還沒有接受我的感謝！你叫醒我正是時候，我的路還很長。」「你的路還短著呢。」毒蛇悲傷地說；「我的毒液會殺人。」查拉圖斯特拉微笑著。「甚麼時候有過一條龍因為蛇的毒液而死呢？」——他說。「但是，收回你的毒液罷！你還不夠富有到能將它送我。」於是毒蛇再次爬到他的脖子底下，舔著他的傷處。

當查拉圖斯特拉有次向他的徒弟講這個故事，他們問：「噢，查拉圖斯特拉，你故事中的道德寓意為何？」查拉圖斯特拉如是回答——

良善者與正義者稱我為倫理道德的毀滅者——我的故事是沒有倫理道德的。

故而若你們有一個仇敵，勿對他以德報怨——因為那將使人感到羞愧。卻要去證明他對你們做過一些善德。寧可發怒，而勿使人感到羞愧！若你們受到詛咒，我也不樂見你們願被賜福。寧願跟著詛咒一番！

若有巨大的不公義發生在你們身上，那麼請速速做五件小事！去注視那些獨自承受不公義之壓迫的人，真是不忍卒睹。

你們已經知道這道理嗎？被瓜分的不公義，就是半個公義。若誰能夠承擔，他應當對不公義也概括承受！

一個小小的報復比毫無報復來得更為人道。若懲罰對於觸法者而言也不是一種公義與榮耀，那麼我也不喜歡你們的懲罰。

將不公義歸於自己，比保持公義來得更為高尚，尤其當人們理直之時。對此人們只須足夠富有。

我不愛你們冷酷的正義；自你們法官的眼睛裡注視著我的，總是劊子手與他冰冷的鐵血眼光。

告訴我，哪裡可找到那眼中有愛的正義？

那麼，為我發明這種愛，不只承擔一切懲罰，卻也承擔所有罪過！

那麼，為我發明這種正義，它宣告每個人無罪，並且褫奪法官！

你們還要聽這道理嗎？對於那些澈底公義的人，便是謊言也會成為人類之愛。

然而我要如何澈底公義！我如何能給每個人「他的」！這於我該是夠了——我給每個人「我的」。

終於，我的兄弟們，當心不要對所有的隱士做不公義的事！一個隱士如何能遺忘！他如何能予以回報！

一名隱士有如一口深井。投進一顆石子很容易；但它沉入井底，告訴我，誰會再將它取出來？

當心不要侮辱隱士！但若你們已經做了，那麼就也殺了他罷！

查拉圖斯特拉如是說。

論孩子與婚姻

我有一個問題要問你，我的兄弟——我將這個問題像鉛錘般擲向你的靈魂，好讓我知道它有多深。

你很年輕，希望有孩子與婚姻。但我問你——你是個**被允許**希望有孩子的人嗎？

你是常勝軍、自我克制者、意識之主宰與你道德之統帥嗎？我如是問你。

或者從你的意念當中，是動物與生命之需在說話？或是孤寂？或是與自己的不睦？

我要那渴望孩子的，是你的勝利與自由。你應當為你的勝利與解放，築起活生生的紀念碑。

你應當超越自身而建築。但首先你必須建造自己，使肉軀與靈魂各得其所。

你應當不只蔓生於廣處，卻應往高處！對此，婚姻的花園將幫助你！

你應當創造出一個高尚的肉軀，一次原初的運動，一個自轉的輪子——你應當創造出一個創造者。

婚姻——我如此稱這成雙的意志，以造出一，卻多於所創造者。我稱婚姻為相敬如賓，存在於此種意志的願望者之間。

這該是你的婚姻之意義與真理。然而，這些太多的多餘者稱婚姻為何——啊，我如何稱它呢？

啊，這希望成對的靈魂多貧乏！啊，這希望成對的靈魂多汙穢！啊，這希望成對的可鄙的愜心！

他們稱這一切為婚姻；而且他們說，他們的姻緣由天定。

因此我不喜歡這多餘者的上天！不，我不喜歡這些被天堂之網吞噬的動物！

上帝也離我甚遠，祂踉蹌地來，賜福於祂未竟之緣。

不要嘲笑這種婚姻！哪個孩子沒有為他父母哭泣的理由？

我覺得這個男人值得尊敬，對大地的意義的足夠成熟——然而，當我看見他的妻子，我感到大地是無意義者的屋子。

是的，若一名聖者與一隻鵝成為伴侶，我希望大地在痙攣中震動。

這個人像英雄般出去找真理。終於，他獵捕到自己小小的文飾的謊言。他稱之為他的婚姻。

那人在交際之中顯得淡漠，挑剔地擇友。然而他一下子便將自己的人際圈永遠毀壞——他稱之為他的婚姻。

那人尋找一位擁有天使之美德的使女。然而，他一下子變成了一名女子的使女，因而他還得成為天使。

如今我感到所有購買者皆謹慎，所有人皆有奸巧的眼睛。但即便是最奸巧者，他買自己的妻，也還購入囊袋中。

許多短暫的愚行——在你們那裡稱為戀愛。而你們的婚姻為許多短暫的愚行帶來終點，成為一場漫長的愚昧。

你們對女子的愛，以及女子對男人的愛——啊，但願它化為同情，與受苦難、受遮蔽的眾神同行！但大多是兩隻動物猜測著彼此。

然而你們最好的愛情，也還只是一種狂喜的譬喻與痛苦的熱焰。它是一把火炬，應為你們照亮去往高處的路。

你們總有一天應當超越自己而愛！所以首先要學會戀愛！對此，你們得飲下你們愛情之苦酒。

在最好的愛情裡，杯中也有苦酒——因而它使人渴望成為超人，因而它使你這創造者有渴欲。

創造者之渴欲，嚮往超人之箭與渴望——說罷，我的兄弟，這是你對婚姻的意志嗎？於我而言，這樣一種意志與這樣的婚姻叫做神聖。——

查拉圖斯特拉如是說。

論自由的死

許多人死得太遲，而有些人死得太早。這教誨聽來還很陌生——「在對的時間死去！」在對的時間死去：查拉圖斯特拉如是教誨。

自然，從未在對的時間活著的人，他何該在對的時候死去？他還寧可從未出生！——我如是勸告多餘者。

然而多餘者也還對他們的死亡鄭重其事，即便是最為空心的殼果，也將會被敲開。所有人以死為重——但死亡仍非慶典。人類尚未習得如何獻上最美的慶典。

我向你們展示何為完滿之死亡，那對生者是一根苦刺與一場誓願。

完滿者以凱旋而勝的姿態死去，為希望者與誓願者所圍繞。

因而人們應當學習死亡；無論是怎樣的慶典，都不該有垂死的人向生者發出誓願！

因而去死為最優；次優者卻是——死於戰鬥之中，並揮霍一個偉大的靈魂。

然而，令戰鬥者與勝利者共憤的，是你們獰笑的死亡，它像小偷一般溜向前——卻又像主人那般走來。

我向你們稱頌我的死亡，那自由的死向我走來，因為**我**要。

而在何時我會要它來呢？——擁有一個目標與一項繼承的人，他將為了目標與承繼而要在對的時間死去。

出於對目標與繼承的崇敬，他將不再以乾枯的花環懸於生命的聖地。

的確，我將不同於扭轉繩索的人——他們將自己的繩線拉長，總是一面兀自向後退。

有些人對於他的真理與勝利而言，其實已經太老；一張牙齒落盡的嘴，是不再有權利了解每個真理的。

每個要擁有名聲的人，必須及時與光榮道別，並且練習這困難的藝術，在對的時候——離去。

人們必須停止繼續吃食，若那食物於他最是好吃——那些意欲長久被愛的人，是知道這一點的。

酸蘋果自然是有的，它們的命運是，等到秋天的最後一日——那時它們將成熟、金黃，而後發皺。

有的人是心先衰老，而有的人則是精神先衰老。有些人在青年時期便已年邁——但遲來的年輕包含了長久的年輕。

有些人的人生失敗——一隻毒蟲啃噬著他的心。如此他才能看清，死亡於他已臻至成功。

有些果實永遠不會變甜，它們在夏天早已腐爛。將之固定在枝椏，不過是懦弱之舉。

它們之中有多之又多活了下來，而懸於枝椏久之又久。但願宣揚速死的宣教者來罷！那於我將是生命之樹適切的風暴與搖撼者！但我只聽見緩慢死亡的傳布，與對所有「塵世」的忍耐。

啊，你們傳布對塵世的忍耐嗎？這塵世對你們有太多耐心，你們這些汙衊之舌！

的確，那位希伯來人死得太早，他被傳布緩慢死亡的宣教者所尊崇——他的早死，從此使許多人陷於不幸。

他還只識得希伯來人的眼淚與抑鬱，以及良善者與正義者的憎恨——這位希伯來人耶穌——於是被死亡之渴望所侵襲。

若他留在曠野，遠離良善者與正義者，該有多好！也許這樣他便學會活著，學會去愛大地——並且學會笑！

相信我，我的兄弟們！他死得太早；若他活到我的年紀，他也許要撤回他的教誨！如要撤回，他是夠高貴的！

但他尚未成熟。這青年不成熟地愛，他也不成熟地憎恨人類與大地。他的性情與精神之翼仍被綁縛，並且沉重。

然而，成年男子比青年更加孩子氣，且更少抑鬱——他更加理解死與生。

自由地赴死，與在死亡中自由，一名神聖的說「不」的人，當他已無時間說「是」——他如是理解死與生。

我的朋友們，你們的死不應當成為人類與大地的汙衊——我以你們靈魂的蜜向你們請求。

在你們的死亡之中，應當使你們的精神與道德燃燒，如同一道晚霞環繞大地——不然，死亡於你們不算成功。

如是我行將死亡，以使你們這些朋友因我之故更愛大地；我要再成為土地，以便我在生我之地安息。

的確，查拉圖斯特拉擁有一個目標，他拋出他的球——如今你們這些朋友，是繼承我目標的人，我將金球拋向你們。

我的朋友們，與所有事情相較，我更愛看你們拋出這金球！因此我還在大地稍作遷徙——請原諒我！

查拉圖斯特拉如是說。

論餽贈的道德

1.

當查拉圖斯特拉離開了這座城鎮，他曾心繫於此，城名叫做——「彩牛鎮」——許多自稱為其門徒者跟隨著他，護送其行。他們如是來到一個十字路口——在那裡，查拉圖斯特拉對他們說，他此後想獨自行走；因他向來是獨行的愛好者。他的門徒卻遞給他一根手杖，金色的把手上面有一條蛇盤繞著太陽。查拉圖斯特拉為這根手杖感到歡喜，他拄著杖，使其撐持身體；然後他對他的門徒如是說——

告訴我——何以黃金價值最高？所以如此，乃因其不尋常、無用、發光，且色澤溫和；它總是餽贈。

只有作為最高道德之寫照，黃金才臻至最高之價值。餽贈者的眼光燦爛如黃金。金色的光澤使月亮與太陽之間充滿和諧。

最高的道德是不尋常且無用的，它發著光，色澤溫和——一種餽贈的道德是最高的道德。

的確，我猜透了你們，我的門徒們，你們同我一樣，致力於追求餽贈的道德。你們與群貓、野狼有何相同之處呢？

使自己成為犧牲品與餽贈物，這是你們的渴望——因此你們渴望將所有財富堆積於你們的靈魂之中。

你們的靈魂永不饜足地追求寶藏與珍品，因為你們的道德永不饜足地想要餽贈。

你們強迫所有事物歸於己身、藏於己身，以使其在你們一己之泉源湧退，成為你們愛之贈禮。

的確，這種餽贈之愛必定會成為一切價值的掠奪者；但我稱這樣的利己自私為神聖與安康。

也有另種利己自私，一種太貧乏、太飢餓、總是欲望偷盜的，那種病人的利己自私，是病態的利己自私。

它以偷盜者之眼注視一切閃耀光輝之物；它以飢餓者的貪欲打量擁有足夠食物的人；它總是溜到餽贈者的桌子周圍。

從這種貪婪當中，可以道出疾病與不可見的墮落；從這自私自利中偷盜似的貪欲裡，可以道出久病不癒的肉軀。

告訴我，我的兄弟們——對我們而言，甚麼算是壞事與最壞的事？那不是**墮落**嗎？——

哪裡缺少餽贈的靈魂，我們總是奉勸墮落。

我們的路往上走，以此形態再高升到超越此形態。但這墮落的意識於我們是一種怖懼，它說：「一切歸我。」

我們的意識往上飛——於是它成為我們肉軀的一個譬喻，一種高升的譬喻。此種高升的譬喻便是道德的名字。

那肉軀如是穿越歷史，一個形成者與一個戰鬥者。而精神——它於肉軀為何？是其戰鬥與勝利的先行者，是友伴與回聲。

一切善與惡之名皆為譬喻——它們不言，它們只示意。一名愚者意欲從它們身上得到知識！

注意了，我的兄弟們，在每一時分，你們的精神意欲在譬喻當中言說——那便是你們道德之起源。

你們的肉軀已然高升並且復活；它以其狂喜使精神陶醉，使其成為創造者、評價者、熱愛者與利益萬物者。

若你們的心寬闊盈滿，翻騰如江河，於臨近者是福也是禍——那便是你們道德之起源。

若你們面對褒與貶顯得莊嚴崇高，且你們的意志欲命令萬物，好似一名熱愛者的意志——那便是你們道德之起源。

若你們輕蔑舒適，以及柔軟的床，而在柔軟之中，你們無法好好躺下——那便是你們道德之起源。

若你們是一種意志的願望者。這所有困境之轉變，於你們實為必須——那便是你們道德之起源。

的確，它是一種嶄新的善與惡！的確，它是嶄新且深沉的一陣呼嘯，一種新泉源的聲音！

這個新道德，即是強力；它是一種統御的思想，有個聰慧的靈魂圍繞著它——那是金色的太陽，洞察之蛇盤繞著它。

2.

查拉圖斯特拉在此沉默了一會兒，帶著關愛望著他的門徒們。然後，他如是繼續說——他的聲音轉變了。

我的兄弟們，用你們道德的力量對大地忠實罷！你們餽贈的愛，與你們的洞察，服務著大地的意義！如是我請求你們，且向你們起誓。

莫讓道德自塵世飛走，帶著翅膀擊向永恆的牆！啊，總是有許多飛散迷失的道德！

你們要同我一樣，將這些飛散迷失的道德引回大地——是的，回到肉軀與生命——使它給予大地意義，一種人類的意義！

至今，精神如同道德一般，已經飛散迷失，錯抓百回。啊，在我們的肉軀之中，現在還居住著這一切瘋狂與過失——在此它已化為肉軀與意志。

至今，精神如同道德一般，已經嘗試與迷失百回。是的，人類是一種嘗試。啊，許多的無知與錯誤，於我們已化為肉軀！

不只是千年來的理性——他們的瘋狂也在我們當中爆發。成為繼承者是危險的。

我們尚且一步步與巨大的偶然戰鬥，迄今，在全人類之上，還有「荒唐」，這「無意義」統治著。

我的兄弟們，你們的精神與道德，服務著大地之意義——而萬物之價值將由你們重新制定！對此你們應當成為你們的戰鬥者！對此你們應當成為你們的創造者！

肉軀自知，自我淨化；它帶著知識以嘗試之姿昇華自身；一切驅力在明察者面前將使自身神聖化；靈魂將在昇華者面前感到歡欣。

醫生，幫助你自己——如此你也還幫助了你的病人。這會是對他最好的援助，使他親眼看見療癒自身者。

有千條小徑尚未被踏足，千種健康與生命的隱蔽之島。取之不盡且未被發現的，總還是人類與人類之大地。

警醒且諦聽罷，你們這些孤獨者！風祕密地振翅，自未來吹來；好消息臨到了細密的耳朵。

你們這些今日的孤獨者，你們這些離群者，有朝一日你們應當成為一個民族——從你們這些自己揀選自己的人當中，應當生長出一批選民——而從選民當中生出超人。的確，大地應當還要成為一個痊癒之處！已有一種嶄新的氣息瀰漫著它，傳遞療癒之氣——與一種新希望！

3.

當查拉圖斯特拉說出了這些話，他沉默著，如同一個未說出遺言的人；他疑惑地搖晃手裡的杖。終於，他如是說——他的聲音有所轉變。

現在我要獨自走了，我的門徒們！從此你們也獨自往前走去！這就是我要的。

的確，我勸你們——離開我，往前走去，抵抗查拉圖斯特拉！最好還要——以他為羞恥！他也許欺騙了你們。

洞察之人必須不只愛他的敵人，卻也要能憎恨他的朋友。

若人們永遠只當學生，他便很難酬謝老師。何以你們不願扯下我的花冠呢？

你們尊崇我；但若有一天，你們的尊崇倒下了呢？你們要謹防被聖像柱擊斃！

你們說，你們信仰查拉圖斯特拉嗎？但這與查拉圖斯特拉又有何干？你們是我的信徒——但這與所有的信徒又有何干！

你們還未曾尋找自己——因而你們找到了我。所有信徒皆如此做；因此所有信仰皆無足輕重。

現在我告訴你們，要將我丟失，並且尋找你們自己；而當你們所有人否認我時，我才會向你們歸返。

的確，我的兄弟們，用另一雙眼，我將尋找我所失去的；用另一種愛，我將會愛你們。

終有一天，你們還應當變成我的朋友，以及一種希望的孩子——那麼我會第三次與你們同在，與你們一同慶祝偉大的正午。

那是偉大的正午，在那裡，人類站在他那介於動物與超人之間的道路中點，並且將那條通往夜晚的路途，當作他最高遠的希望那般慶祝——因為這是一條通往嶄新早晨的路途。

在那時候，墜落者將為自己賜福，盼望成為跨越者；而其洞察之太陽，將為他於正午高掛。

「所有眾神皆死去——如今我們要超人活著」——終有一天，這是在偉大的正午之際，我們最後的志願！——

查拉圖斯特拉如是說。

PART 2

1883

出版

| 查拉圖斯特拉 |

……而當你們所有人否認我時，我才會向你們歸返。
的確，我的兄弟們，用另一雙眼，我將尋找我所失去的；
用另一種愛，我將會愛你們。

——〈論餽贈的道德〉——

持鏡的小孩

查拉圖斯特拉往上爬，再度返回山中，以及他洞穴的孤獨裡，他避開世人——如同一位播種者，撒下了他的種子，便等待著。然而，他的靈魂卻充滿不耐，並且熱望著他所愛的——因為他還有許多東西要給他們。這正是所謂最難的事，出於愛而收起張開的手，身為餽贈者而保有其羞赧。

孤獨者的歲月如是消逝；他的智慧卻生長著，充盈著他並使他痛苦。

一日早晨，他卻在曙光之前已然醒來，為自己的處境思索良久，最終對自己的心說：

「我在我的夢裡為何如此驚嚇，以至於讓我醒來了？不是有個持鏡的小孩走向我嗎？

『噢，查拉圖斯特拉』——那小孩對我說——『看看鏡中的你！』

然而當我望向鏡中，我卻驚呼，我的心被搖撼著——因為我在裡面看見的不是我自己，卻是一個惡魔的鬼臉與獰笑。

確實，我太懂得這夢境的徵象與警告——我的學說置身危險之中，野草想改稱小麥！

我的敵人變得強大，並且扭曲我學說的形貌，以至於我最愛的人必須以我給他們的餽贈物為羞恥。

我的朋友們迷失了；尋找我的迷失者的時刻已經到來！」——

查拉圖斯特拉隨這番話跳了起來，不像一個亟欲透氣的恐懼者，卻像一個靈感襲來的預知者與歌者。他的鷹與他的蛇驚奇地望向他——因為一種即將來臨的幸福，如同曙光一般映現在他的容顏。

我的動物們，我究竟發生了甚麼事？——查拉圖斯特拉說。莫不是我變換了身形？莫不是至福像暴風一般向我襲來？

我的幸福是愚蠢的，它將說著蠢事——它還太年輕——因此要對它有耐性！

我為我的快樂所損傷——所有受苦者應當成為我的醫生！

我可以再度俯衝，朝向我的朋友們，以及我的敵人！查拉圖斯特拉能夠再度言說、餽贈，並且對愛人者施予最愛之物！

我那不可遏抑之愛，隨日昇日落，如洪水向下奔流。我的靈魂來自沉默山巒與疼痛的雷雨中，它正呼嘯於山谷間。

我渴盼已太久，並望向遠方。我屬於孤獨已太久——因此我已忘記如何保持沉默。

我已澈底變成一張嘴，以及自高崖而下的澎湃溪流——我要以我的言說俯衝至山谷間。

並且令我的愛之洪流衝向難行之地！一道洪流怎不該在最後找到通往海洋之路！

在我之中大抵有一座湖，隱於世，怡然自得；但我的愛之洪流將它往下拖——直至海中！

我走上新路，一種新的言說臨到我；我已經累了，同所有創造者一樣，我已厭倦了舊語言。我的精神將不再躡敝履而漫行。

一切言說於我而言散播太慢——狂風！我躍入你的車廂之中，而且我還要以我的惡意鞭策你！

如一陣喊叫與歡呼，我要向前啟航，越過遙遠的海洋，直到我找到了幸福島，我的朋友們停留之處——

而我的敵人也在其中！而今，我該怎麼去愛每個我僅能與之交談之人！即便我的敵人，也屬於我的至福。

若我要騎上我最桀驁難馴的馬，我的長矛總最能助我登上去——它是時時刻刻為我的雙腳待命之差役——

那我朝向敵人所擲出的長矛！我多麼感謝我的敵人，使我終能向他擲出長矛！

我的濃雲緊張而密布——在轟雷掣電的笑聲之間，我要將陣陣冰雹投向深處。

於是我的胸膛將劇烈高起，它會將胸臆之暴風吹過山巒——如此它才得以安歇。

確實，我的幸福與自由，如同一場暴風來臨！但我的敵人應當相信，是**惡人**在他們的頭頂上咆哮。

是的，我的朋友們，你們也將受驚嚇，哪怕我有桀驁難馴的智慧；而也許你們會同我的敵人一起逃開。

啊，若我懂得以牧羊人之笛吸引你們回來！啊，若我智慧之母獅學會溫柔地咆哮！而我們已彼此學會許多事！

我桀驁難馴的智慧在孤獨的山巒中孕育；在粗石之上，她產下了她的幼兒，最幼之孩兒。如今，她傻傻地奔過荒涼的沙漠，尋覓再尋覓，那柔軟的草地——我那古老、桀驁難馴的智慧！

我的朋友們，在你們心中那柔軟的草地上！——她想將她最愛的，安放在你們的愛中！——

查拉圖斯特拉如是說。

在幸福島上

無花果從樹上落下，它們是美好而香甜的；當它們落下時，紅色的皮裂開了。我是一陣北風，使無花果成熟。

如是，我的朋友們，這些學說同無花果一樣，落到你們身上——現在請你們飲其汁液，食其香甜之果肉！秋日已臨到，處處是清朗的天空與午後。

瞧，我們的周圍何其豐盈！從這豐盈之中望向遠方的海，是美好的。

從前人們望向遠方的海，便說上帝；現在我卻教你們說——超人。

上帝是一種假想；但我要你們的假想不要超出你們創造的意志。

你們能**創造**一位上帝嗎？——那麼請勿向我說起眾神之事，但你們大抵可以創造超人。

我的兄弟們，也許那不會是你們自己！但你們可以將自己改造為超人的父輩與先祖——而這便是你們最好的創造！——

上帝是一種假想——但我要你們的假想僅限於可以想見的事物裡。

你們能**推想**一位上帝嗎？——但這於你們意味著求真之意志，萬物將變換為人類可想之物、可見之物與人類可感之物！你們應當透徹思索你們自身的感官！

你們稱之為世界的，應當由你們率先創造——而你們的理性、你們的形象、你們的意志與你們的愛將由自己生成！而且確實，這是為了你們永恆的幸福，你們這些洞察者！

假如沒有這份希望，你們如何忍受生命呢，你們這些洞察者？既非生於深不可識之境，也非生於非理性當中。

然而，我的朋友們，我的心向你們完全敞開——**假如**諸神是存在的，我怎能忍受自己並非上帝！**因此**諸神並不存在。

我大抵得出這樣的結論；而今它卻牽引著我。——

上帝是一種假想——但是，誰飲下這假想的一切痛苦而不死呢？應當從創造者身上剝奪他的信仰嗎？應當從萬里鵬程的老鷹身上剝奪牠的翱翔嗎？

上帝是一種思想，它使一切直者變曲，使一切立者旋轉。怎麼？時光將流逝，一切無常之事只是謊言？

這樣想的話，會使人類通體暈眩且撩亂，還會使胃嘔吐——確實，對此假想，我稱之為眩暈之病。

所有這些關於獨一、完滿、靜止、充足與不朽的學說——我稱之為惡，以及仇視人類！

所有的不朽——只是一個譬喻！而詩人說的謊太多。——

然而，最好的譬喻應當論及時間與衍變——它們應當成為頌讚與一切無常之辨正！

創造──這是痛苦最大的救贖與生命之寬舒。然而，要成為創造者，就要付出痛苦與許多轉變。

是的，在你們的人生必定有許多痛苦的死亡，你們這些創造者！如是你們成為一切無常的擁護者與辨正者。

若創造者自身即為新生之嬰孩，他必定也欲成為生育者，且欲受生育者之痛楚。

確實，我在我的路上行過百位靈魂，行過百個搖籃與生產之痛。對某些人，我已告別，我識得那令人心碎的最後時分。

然而，我的創造之意志及我的命運意欲如此。或者，我更切實地告訴你們──這樣的命運剛巧──是我的意志所要的。

一切感受在我體內受苦，並身處囚室之中──但我的志願往往臨到我，成為我的解放者與慰藉者。

意欲被解放──這是關於意志與自由的真學說──查拉圖斯特拉如是教導你們。

不再有意願，不再有評價，不再有創造！啊，但願這大疲倦時時遠離我！

同樣在識知的過程裡，我只感到我意志的產生與衍變之樂；若在我的識知當中存在著天真，那是因為在那當中有生育之意志。

這意志引誘我離開上帝與眾神；若有了眾神──那還有甚麼可創造！

然而，我那熾熱的創造的意志，它總是驅策我走向人類；一如驅策錘子往石頭敲去。

啊，你們這些人類，我感到一個意象在石頭之中沉睡，那是我一切意象之意象！啊，它必得在最堅硬、最醜陋的石頭中沉睡！

如今，我的錘子敲打它的囚牢，忿怒而殘暴。石頭碎裂飛揚——這於我有何干係？

我要將它完成——因為一個影子來到我這裡——萬物當中最靜寂、最輕盈者曾來到我這裡！

超人之美如影子般來到我這裡。啊，我的兄弟們！眾神們——又與我何干！——

查拉圖斯特拉如是說。

論同情者

我的朋友們，有一陣嘲諷傳到了你們的朋友耳中：「瞧瞧那查拉圖斯特拉！他在我們當中漫行，不正像是漫行在獸群當中嗎？」

然而，這樣說更好：「那位洞察者在人類當中漫行，**當作**在獸群之中。」

然而，在知者面前，人類自身卻可謂——有紅色雙頰的獸類。

這是如何發生的呢？莫不是因為他不得不太常感到羞恥？

噢，我的朋友們！知者如此說——羞恥，羞恥，羞恥——這便是人類的歷史！

因此高貴者要求自己不感覺羞恥——他要求自己在所有受苦者面前感覺羞恥。

確實，我不喜歡慈愛者，他們在他們的同情之中感覺幸福——他們非常缺乏羞恥。

即便我必須同情，我也不要這樣稱呼；若我是這樣，那麼我寧願來自遠方。

我也寧願蒙頭逃開，在我還沒被識出之前——如是我叫你們這麼做，我的朋友們！

願我的命運，時常將同你們一樣了無苦痛的人們，引上那條道路，與**能夠**與我共享希望，共享餐食與蜂蜜的人一起！

確實，我對受苦者做這也做那——然而，若我學會使自己更快樂，我總感覺還有更好的事可做。

自有人類以來，人類太少使自己快樂了——我的兄弟們，單單這件事，便是我們所繼承的罪孽！

若我們學會使自己更快樂，我們也將荒廢使旁人痛苦與想出痛苦的能力。

因此，我洗滌那幫助過受苦者的手，因此，我也還拭淨我的靈魂。

因為，若我看見受苦者受苦，我將因他的羞愧而羞愧；當我幫助他，便是在嚴重踐踏他的自尊。

偉大的義務並不會使人感激，卻使人心生報復；若這小小的善舉不被人遺忘，那麼從中將生出水蛭。

「冷淡地接受罷！並以你們的接受來彰顯自我！」——我如是勸告那些無可餽贈的人。

而我卻是個餽贈者——作為朋友們的朋友，我樂於餽贈。但陌生人與窮人可以自己到我的樹上摘果子——如此他們較不會感到羞愧。

然而，人們應當完全廢除乞丐！確實，人們無論是否施與，都會惱火。

罪人與惡心也一樣該廢除！相信我，我的朋友們——良心的譴責會教人啃咬！

最嚴重的卻莫過於卑微的思想。確實，與其思想卑微，不如為惡！

雖然你們說：「為小惡的樂趣，為我們免除了一些大惡行。」但是在這裡，人們不應想逃避。

惡行有如膿瘡——它發癢、騷痛而後潰裂——它真誠地說話。

「瞧，我是疾病。」——惡行如此說；這是它的真誠。

然而，卑微的思想等同於黴菌——它爬行著、隱匿著，不欲在任何地方存在——直到整個肉軀因卑微的黴菌而腐爛、乾癟。

然而那些被魔鬼憑依的人，我在他們耳邊悄悄說這話：「最好你讓你的魔鬼長大！即便還有一條偉大的路等著你！」——

啊，我的兄弟們！我們對每個人了解得未免太多！有些人於我們變得透明的，但我們卻因而久久無法將其通透。

與人類生活是困難的，因為沉默是如此困難。

最不公平的事並非對抗那使我們厭惡的人，卻是對抗那與我們完全無涉之人。

若你有一個正在受苦的朋友，那麼就成為他苦痛的靜養處罷，但同時要是一張硬床，一張行軍床——如此你才對他最有裨益。

若有一個朋友對你為害，那麼便說：「我原諒你對我的所作所為；然而，若你對**自己**如此作為——我何能原諒！」

一切偉大之愛如是說——它甚且超越了寬恕與同情。

人們應當堅固其心；因為，若人們任它走掉，那麼，他的頭腦會多快失去控制！

啊，在世上，除了在同情者那裡，哪裡有更大的愚蠢呢？而在世上，有甚麼比同情者的愚蠢造成更多的苦痛呢？

所有愛人者是痛苦的，他們還沒有達到一種超越同情的高度！

曾有一回，魔鬼對我如是說：「即便上帝也有祂的地獄——那便是祂對人類的愛。」

近來我聽見魔鬼說出這話：「上帝死了；因為對人類的同情，上帝死了。」——

所以我警告你們不要同情——**這樣會**給人類帶來一片濃雲！確實，我懂得氣候徵象！

但也要記住這句話——一切偉大之愛，仍凌駕於它們所有的同情之上——因為它還要創造所愛之物！

「我奉獻自己給我所愛，**並奉獻給同我一樣的我的鄰人。**」——所有的創造者的言語如是。

而所有的創造者心卻堅硬。

查拉圖斯特拉如是說。

論傳道者

曾有一次，查拉圖斯特拉給他的門徒們一個警示，向他們說了這些話：

「這裡有些傳道者——即便他們是我的敵人，你們也還是默默帶著沉睡的劍走經他們罷！

他們當中也不乏英雄；他們當中有許多人受太多苦——所以他們欲使旁人受苦。

他們是凶惡的敵人——沒有甚麼比他們的謙卑更有報復之心了。而且接觸他們的人，往往玷汙了自己。

但我的血與他們的血脈相連；我要知道我的血也仍在他們的血裡受尊重。——

而當他們走經過後，查拉圖斯特拉的痛苦開始了；他與他的痛苦搏鬥不久，便開始如是說——

這些傳道者令我悲嘆。他們也違背我的品味；但這是我置身人群以來，最微小不過的事。

但我受苦，並與他們一同受苦——他們於我而言是囚徒，以及被打上標記的人。那被他們稱為救世主的人，給他們上了枷鎖——

在虛偽價值與妄語的枷鎖中！啊，願有人能將他們自他們的救世主那裡拯救出來！

當海洋使他們四處翻騰時，他們曾一度以為自己登上了島嶼；可是，瞧啊，那是一個沉睡的怪物！

虛偽的價值與妄語——這是對終將一死的人最可怕的怪物——災禍在牠們體內長久沉睡，並且等待著。

但它終於來了，它醒來，並且吞噬一切在其上所造之屋。

噢，你們瞧瞧這班傳道者們建造的這些屋子！他們稱自己氣味芳香的洞窟為教堂。

噢，越過這偽造的光，這腐朽的空氣！在此，靈魂不被允許飛升——去往它的高處！

它們的信仰卻如是命令：「跪著爬上階梯罷，你們這些罪人！」

確實，我寧可看見那無恥之人，也不願瞧他們那被羞恥與虔誠所扭曲的眼睛！

誰為自己創造了此種洞窟與懺悔的階梯呢？難道不是那些意欲隱蔽自己，面對純淨的天空而感到羞恥的人嗎？

只有當純淨的天空再度穿透破敗的屋頂往下望，並俯視破敗牆垣上的蔓草與紅罌粟——我才要回心轉意，往上帝的居所去。

他們稱駁斥並施加痛苦給他們的人為上帝——確實，在他們的頂禮膜拜之中，有著許多英雄的身姿！

他們愛他們上帝的方式便是，將那人釘在十字架，除此之外別無其他！

他們意想的生活有如行屍走肉，他們將他們的屍體裹上黑布；便是從他們的語言當中，我也還聞到了藏屍所的惡臭。

誰住在他們近旁，便是住在黑色的池塘邊，池中躍出鈴蟾，以甜美的憂鬱唱著牠的歌。

牠們必須為我唱出更好的歌曲，好讓我學會相信牠們的救世主——在我看來，祂的門徒們更像得救者！

我想看他們赤裸——因為唯有美，才應當勸誡人們懺悔。但這包藏偽裝的憂傷，是要勸服誰呢？

確實，他們的救主木身並非來自自由，以及自由的七重天上！確實，這些救主本身從未在智識的地毯上漫步過！

這些救世主的精神由種種缺陷所構成；然而，他們在每個缺陷當中填入他們的妄想，他們稱這缺陷償贖者為上帝。

他們的精神在他們的同情之中溺斃，而當他們因同情而膨脹，乃至過度膨脹，漂浮在最上面的，總是一個巨大的愚蠢。

伴著喊聲，他們熱烈地驅趕他們的羊群越過他們的小木橋——彷彿通往未來只有一座橋！確實，這些牧者也仍屬於這群綿羊！

這些牧者擁有微小的精神與廣闊的靈魂——但是，我的兄弟們，即便是最廣闊的靈魂，迄今也還是微小的地域！

他們在行走的路途上寫下血的記號，而他們的愚蠢教導人們以血證明真理。

然而，血是真理最糟糕的見證；鮮血毒化了最純潔的學說，甚且使之化為內心的妄想與仇恨。

而當有一個人為他的學說赴湯蹈火時——這證明了甚麼！確實，從自己的烈火當中更能生出自己的學說！

悶熱的內心與冷冷的頭腦——在它們相遇之處，那裡便會產生呼嘯之狂風，即「救世主」。

確實，曾有過比那群眾稱為救世主更加偉大與高尚的人，這引人入迷的呼嘯狂風！

而我的兄弟們，若你們欲找到通往自由的路，你們還必須被偉大於所有救世主的人所拯救！

從來不曾有過一個超人。我曾見過赤裸的兩者，最偉大與最渺小的人類——

他們彼此仍然太相似。確實，即便是最偉大的人，我也覺得——太人性了！——

查拉圖斯特拉如是說。

論道德者

人們必須以雷聲與天上的煙火，對昏昧與沉睡的感官說話。

然而，美的聲音輕柔言語——它只潛入最醒覺的靈魂。今天，我的盾輕輕振動，並對著我笑；這是美麗神聖的笑容與顫動。

你們這些道德者們，今天我的美笑你們。它的聲音對我如是說：「它們還想要——得到報酬！」

你們還想要得到報酬啊，你們這些道德者！你們想要為道德者要酬金，為人間要天堂，為你們的今日要永恆嗎？

而現在你們對我發怒，因為我教導人們，並不存在發放酬金與償付的司帳嗎？確實，我從未教導，說道德即是它自身的報酬。

啊，這是我的悲哀——在事物的根柢之中，人們已灌注賞與罰之謊言——而今也還深入你們靈魂的根柢，你們這些道德者們！

但是，我的話語應當如同野豬的鼻子，撬開你們靈魂的根柢；我會稱你們為犁鏵。

你們根柢的一切隱祕應當見天日；而當你們被翻掘且支離破碎地躺在陽光下，你們的謊言也將自你們的真理當中分離出來。

因為這是你們的真理——你們太過**純潔**，不適合言語的汙穢——如復仇、懲罰、酬報與報應。

你們愛自己的道德，就像母親愛她的孩子；但人們甚麼時候聽說過，一個母親要為她的愛求取報酬？

你們的道德，便是你們最愛的自我。在你們之中有輪轉的渴望；為了重回自我，每個環節都搏鬥、輪轉著。

你們道德的每件工作，皆如熄滅的星星——它的光芒總還在中途，並且漫遊——它何時才不再行於中途呢？

即便工作已然完成，你們道德之光如是仍在中途。願它被遺忘並且死去——它的光束猶活，且漫遊著。

你們的道德應為你們的自我，不是陌生的外物，一層皮膚，或掩蔽身體的衣飾——這便是從你們靈魂根柢而來的真理，你們這些道德者！

然而，大抵有些人，他們的道德被稱為皮鞭底下的痙攣——他們的呼喊，你們已聽得太多！

還有另一種人，他們稱道德為其罪惡之腐化；而若他們的憎恨與嫉妒一旦伸展四肢，他們的「正義」便會清醒過來，揉著惺忪的睡眼。

還有另一種人，他們被拖曳著下墜——他們的魔鬼拉著他們。然而，他們愈是沉淪，眼中的閃光愈是灼熱，對上帝的渴盼也愈是熱烈。

啊，你們這些道德者們，他們的呼喊也傳進了你們的耳朵裡：「凡非我者，那便是上帝與道德！」

還有另一種人，他們腳步沉重、嘎嘎作響地走來，如同載著石頭行下坡的馬車——他們高談尊嚴與道德，他們稱自己的制軔為道德！

還有另一種人，他們與上緊發條的全日時鐘並無二致；他們滴答作響，並且要人們稱之為「滴答的道德」。

確實，我對這些頗感興趣——我要是在哪兒找到這種時鐘，我將會以我的嘲諷為它們上發條；而它們還得對我嗡嗡作響！

還有另一種人，他們為自己一小撮的正義而驕傲，並且隨心所欲褻瀆萬物——好讓世界陷溺在他們的不義之中。

啊，「道德」這個詞從他們口中流瀉出來，是多麼噁心！而倘若他們說：「我是正義的。」那聽來總像是：「我報復了！」

他們欲以其道德將敵人的眼睛挖出；而他們抬高自己，只是為了貶低別人。

而還有一種人，他們坐在自己的沼澤中，從蘆葦稈中說出話來：「道德——就是靜坐於沼澤之中。

我們不咬任何人，並且避開欲咬人者；對於一切事物，我們自有人們給予我們的意見。」

而還有一種人，他們喜愛故作姿態，並且認為——道德是一種姿態。

他們總是卑躬屈膝，他們的手頌揚道德，可是內心卻一無所知。

而還有一種人，他們以為說著：「道德是必要的。」這樣便是道德；但是他們歸根究柢只相信，警察是必要的。

有的人無能看見人類之崇高，便以看透人類之卑下為道德——於是，他稱自己的惡之目光為道德。

有些人欲被造就抬舉，他們稱之為道德；而另一些人欲被推翻——也稱之為道德。

幾乎所有人皆這樣相信，他們於道德皆有份；至少人人都想成為熟知「善」與「惡」的人。

然而，查拉圖斯特拉之所以來，並不是為了對這所有的騙子與愚人說：「**你們**哪裡知道甚麼是道德！你們**如何能**知道甚麼是道德！」

他來的目的卻是，我的朋友們，你們將會厭倦從愚人與騙子那裡學會的陳腔濫調——

這些字眼將使你厭倦——「賞」、「罰」、「報酬」、「正義地復仇」——

說這些話將會疲倦：「一個善行乃出自於行為之無我。」

啊，我的朋友們！在行為之中應有**你們的**自我，就像母親的自我在她的小孩當中——於我而言，這就是**你們的**道德之說！

確實，我取走了你們的百種論調，以及你們道德最愛的玩具；如今你們對我發怒，就像小孩發怒一般。

他們在海邊嬉戲——這時，波浪來襲，將他們的玩具捲至深處——於是他們哭泣。

然而，那同一陣波浪應當為他們帶來新的玩具，並且將嶄新且色彩斑爛的貝殼灑落在他們面前！

於是，他們將得到安慰；而我的朋友們，你們也同他們一樣，應當得到你們的安慰——與嶄新且色彩斑爛的貝殼！——

查拉圖斯特拉如是說。

論痞徒

生命是歡樂之源泉；然而，凡痞徒共飲之地，所有的泉井皆被毒化。

我喜愛一切純潔之物；但我不喜歡看獰笑的嘴臉，以及不純潔者的焦渴。

他們的目光向泉井投下——因而我看見他們面目可憎的微笑自泉井當中映射出來。

他們以其貪欲毒化了神聖的水；而當他們稱其汙穢的夢境為歡樂時，他們也還毒化了言語。

當他們以潮濕的心置於火上，火焰將感到惱怒；凡痞徒走近火堆之地，那裡的精神便會沸騰冒煙。

果實在他們手中，將會甜熟而腐爛——他們的目光使果樹飄搖、枝椏枯槁。

有些人背棄生命，只是為了背棄痞徒——他不要與痞徒分享泉井、火焰與果實。

有些人走進沙漠，與猛獸同受焦渴之苦，只是為了不要與骯髒的駱駝伕同坐在水井旁。

有些人如毀滅者般走來，如同一場冰雹降臨一切有果實的田野，他們只欲將他們的腳放進痞徒的嘴裡，如是堵住其咽喉。

知道生命需要它的敵對、死亡，與刑訊的十字架，這區區小事並不會使我氣噎——使我嚥不下氣而險些窒息的，卻是因為我的提問——怎麼？生命也需要痞徒嗎？毒化的泉井、發臭的火、被弄髒的夢與生命食糧裡的蛆，皆是必需嗎？

並非我的仇恨，卻是我的噁心，飢餓地吞噬我的生命！啊，當我發現痞徒也有精神才智，我便也厭倦精神了！

當我看見統治者現在口口聲聲的統治，是與痞徒做投機買賣、為了權勢而討價還價——我便轉過身去，背向他們！

我住在說著陌生語言的各種民族當中，並且充耳不聞——這樣一來，他們投機買賣的唇舌與為求權勢的討價還價，便與我保持陌生。

我摀住鼻子，煩悶地走過一切昨日與今日——一切昨日與今日聞起來確實噁心，像那些賣弄筆墨的痞徒！

像個殘疾者，又聾、又啞、又盲——我如是長久生活，好讓自己不與那些權勢的、舞文弄墨、歡樂的痞徒一同生活。

我的精神艱苦地爬上階梯，小心翼翼；歡樂之布施使它神清氣爽；生命悄悄臨到盲者的手杖。

我究竟發生了甚麼事？我是如何將自己從這噁心當中拯救出來的？誰將我的眼睛變年輕了？我如何飛抵不再有痞徒坐於泉井邊的高處？

是我的厭惡感為我創造了翅膀與預知泉源的力量嗎？確實，我必須飛往至高處，好讓我再度尋得歡樂之泉！

噢，我找到它了，我的兄弟們！在這至高之處，歡樂之泉為我湧流！這裡有一種生命之泉，在此沒有痞徒與我同飲！

歡樂之泉，你幾乎是太激烈地噴湧！你常常將杯子倒空，好讓你將它注滿！

而且我還得學會更謙卑地靠近你——我的心過分激烈地向你奔流——

在我的心上，有我的夏天在燃燒，那短暫的、炎熱的、憂鬱的、極樂的——我的夏之心，多麼渴望你的清涼！

我春天躊躇的悲傷已過去！經過了六月雪花的凶惡！我完全變成了夏天，以及夏日正午！

在至高處的一場夏天，有冰涼的泉水與幸福的靜謐——噢，來罷，我的朋友們，好讓這靜謐更加幸福！

因為這是**我們的**高處與我們的故鄉——對於所有的不潔者與他們的焦渴來說，我們居住在這裡，太高且陡峭。

你們這些朋友們，只要將你們純潔的眼光投向我的歡樂之泉！它怎會因此而變得混濁呢！它將以**它的**純潔對你們迎面而笑。

我們在未來之樹上築巢；蒼鷹將以牠的喙為我們孤獨者銜來餐食！

確實，那並非不潔之徒被允許一同吃的餐食！他們將誤以為自己吞下了火，並燒焦自己的嘴！

確實，我們這裡沒有備好給不潔之徒居留的家園！我們的幸福對他們的肉軀與精神而言，叫做冰窖！

我們要像強勁的風，生活在他們之上，做蒼鷹之鄰、白雪之鄰、太陽之鄰——強勁的風如是生活。

總有一天，我要像一陣風，在他們當中狂吹，並且用我的精神，取走他們精神之氣息——我的未來便要如此。

確實，對一切低地淵藪而言，查拉圖斯特拉是一陣強勁的風；對於他的敵人與所有吐唾沫者，他作出這樣的勸告：「你們要謹防逆著風吐唾沫！」

查拉圖斯特拉如是說。

論毒蜘蛛[1]

瞧，這是毒蜘蛛的洞窟！你要自己看牠嗎？這裡懸著牠的網——觸碰一下，讓它震盪。

牠自願地來了——毒蜘蛛，歡迎！你的背上有黝黑的三角形標記；我也知道你的靈魂當中有甚麼。

你的靈魂當中有復仇——你往哪裡咬，那裡便會生出黑色的瘡痂；你的毒液透過復仇使靈魂搖蕩！

如是我向你們以譬喻說，你們這些使靈魂搖蕩者，你們這些平等的宣教者！於我而言，你們是毒蜘蛛，是隱匿的好復仇者！

然而我要將你們的隱匿揭於光天化日之下——因此我當著你們的面笑出我崇高的笑容。

因此我撕扯你們的網，好將你們的忿怒自你們謊言之洞窟引誘出來，也讓你們的復仇從你們「正義」這個字眼後面跳出來。

因為**人類將脫離復仇而得拯救**——這於我是通往最高希望的橋梁，以及長久暴風雨後的一道彩虹。

但是，毒蜘蛛所要的自然不一樣。「讓世界充滿我們復仇的暴風雨，這樣對我們而言便叫做正義。」——牠們如是互相交談。

「我們要練習復仇，並且咒罵所有與我們相異者。」——毒蜘蛛們的內心如此信誓旦旦。

「而『平等意志』——它自身應當從此成為道德的名字；對抗一切有權力者，我們要提高我們的呼喊！」

你們這些平等的宣教者，那昏庸的暴君妄想從你們內心如是大聲疾呼，呼求著「平等」——你們隱祕的暴君欲望，如是包藏偽裝在道德的詞語中！

那內心愁苦的狂妄自大，那抑制住的嫉妒，也許是你們先祖的狂妄自大與嫉妒——化為火焰與復仇的妄想，自你們當中迸發出來。

父親所沉默的，會在兒子那裡說出來；我時常發現兒子是父親赤裸的祕密。

他們等同於被鼓舞著——然而鼓舞他們的，並不是心——卻是復仇。若他們優雅而冷靜，使其優雅而冷靜的並非精神，而是嫉妒。

他們的妒意也領他們走向思想者之徑；而這便是他們妒意的標識——他們總是走得太遠，以至於他們的疲憊最後還是得躺在雪地裡睡。

---

1. 此處原文指塔蘭圖拉毒蛛（Tarantel），多出現於南歐。

復仇響在他們的每一聲哀鳴中，在他們的每句讚詞當中，都有著一個痛楚；而成為裁判者，於他們似乎是幸福。

然而我如是勸你們，我的朋友們——不要相信任何有強烈懲罰衝動之人！

那是出身低微的惡劣民族；從他們臉上，有劊子手與獵犬向外望。

不要相信所有那些對他們的正義誇誇其談的人！確實，他們的靈魂所缺乏的不只是蜂蜜。

若他們自稱為「良善者與正義者」，那麼別忘了，他們成為法利賽人[2]，獨缺一樣東西——強力！

我的朋友們，我不要被混淆、被錯認。

有一些人，他們宣傳我關於生命的學說——而同時他們是平等的宣教者與毒蜘蛛。

儘管這些有毒的蜘蛛旋即安坐於牠們的洞窟，並且背棄了生活，他們仍談論著生命的意志——那是因為，他們要藉此傷害別人。

他們要藉此傷害現今擁有強力的那種人——因為在這些人當中，以死亡的宣說最為擅長。

假如事情是別種情況，那麼毒蜘蛛將會行別種教導——從前牠們恰恰是最好的詆毀世界者與燒殺異教徒者。

我不要與這些平等的宣教者混淆，且被錯認。因為正義如此對我說：「人類並不同等。」

而他們也不應成為同等！若我說出另種學說，那麼我對超人的愛該是甚麼？

在成千座橋梁之上，他們應當湧向未來，而更多的戰爭與不平等應當在他們之中進行

——我偉大的愛讓我如此說！

在他們的敵對之中，他們應當成為意象與鬼魅的發明者，藉其意象與鬼魅，他們應當還要進行最高的戰鬥！

善與惡、富與貧、貴與賤，以及一切價值之名——都應當成為武器與鏗然有聲的標識，以示生命必須一再地自我超越！

生命自身將以石柱與臺階建築自己，以達高處——它要遙望遠方，憑眺幸福的美景——**因此**它需要高處！

因它需要高處，它便需要臺階、臺階的對立者與登高者！生命要登高，並且在登高之中超越自己。

瞧罷，我的朋友們！這裡，毒蜘蛛的洞窟之所在，矗立起一座古廟的廢墟——用明亮的眼睛瞧罷！

確實，曾經在這裡將自身思想透過石頭而向上堆高的人，對於一切生命之奧祕，他正如最智慧者那般通曉！

即便是在美景當中，也還存在著戰鬥與不同等的事物，還有為了權力與優勢的戰爭——

2. 法利賽人（Pharisär）為古猶太教一個派別的成員，該派標榜墨守宗教法規，基督教聖經當中稱他們是言行不一的偽善者，故此字也有「道貌岸然的偽君子、偽善者、表面虔誠的人」的衍伸含義。

在此他以最明晰的譬喻教導我們。

這些拱頂與穹窿如神般在角力之中戰勝——就像以光與影相互對抗爭鬥，這些如諸神彼此較量的爭勝者——

因此，也讓我們堅定且美好地成為敵人罷，我的朋友們！我們要如神般**對抗**彼此而較量爭勝！——

嗚呼！那毒蜘蛛竟咬了我，我長久的女仇敵！如神般地堅定與美好，她咬了我的手指！

「必須有懲罰與正義」——她如是想：「他不該在這裡白白歌唱尊崇敵對的歌曲！」

是的，她復仇了。嗚呼！現在她還要用復仇使我的靈魂搖蕩！

但是，為了使我**不致**搖蕩，我的朋友們，在此請將我牢牢綁在這根石柱上！我還寧願成為石柱之聖者，也不要當報復的狂流！

確實，查拉圖斯特拉不是搖蕩與狂狷的颶風；而假如他是一名舞者，永遠不會是一名塔蘭圖拉毒蛛舞者[3]！——

查拉圖斯特拉如是說。

---

3. 塔蘭圖拉舞（Tarantella）是盛行於義大利南部的一種輕快熱烈的民俗舞蹈。十四世紀中葉，義大利塔蘭托城（Taranto）一帶出現一種奇怪的傳染病，由塔蘭圖拉毒蜘蛛咬傷所致。該病於盛行於十五至十七世紀的義大利，傳說傷者只要瘋狂跳塔蘭圖拉舞，大汗淋漓直至筋疲力竭，即可不藥而癒。

論著名的智者

你們所有著名的智者，你們為群眾與群眾的迷信而服務！——而**不是**為了真理！正因為如此，你們受人敬重。

也因此，人們忍受你們的不信仰，因為那是一個笑話，以及通往群眾的一條冤枉路。主人對他的奴隸如此放任，並且以他們的放肆為樂。

然而，誰被群眾所憎惡，像一匹狼被群狗憎惡那般——便是自由的精神、枷鎖之敵人、不頂禮膜拜者與隱逸山林者。

將他從他的藏身所趕出來——這對群眾往往是「公理的意識」——群眾往往教唆他們牙齒最鋒利之犬去咬他。

「因為真理在此——可見群眾也在此！嗚呼，苦了那尋求真理的人！」那聲音歷來如是迴盪。

著名的智者們！你們欲在群眾的愛戴之中實現公理——你們稱之為「求真理的意志」。

而你們的內心總是對自己說：「我自群眾而來——上帝的聲音也自那裡而來。」

你們像驢一般頑固，總是當群眾的辯護者。

有些當權者欲與群眾相安無事，便在他的坐騎前拉緊一匹小驢——一位著名的智者。

而著名的智者們，現在我希望你們終將完全脫掉獅子的皮！

那有彩色斑紋的猛獸的皮，以及研究者、探索者與掠奪者的鬃髮！

啊，要我學會相信你們的「真誠」，首先必須為我打碎你們所尊崇的意志。

我稱那些走進無神之荒漠、並打碎尊崇之心者為——真誠的。

在黃沙之中被太陽灼燒，他焦渴地睨視那些富有清泉、有生物在濃密的樹蔭下安歇的島嶼。

然而他的焦渴並不足以使他成為此等安適之人——因為哪裡有綠洲，那裡便也有偶像。

飢餓、殘暴、孤獨、不信神——獅子的意志正欲如此。

自奴隸的幸福當中擺脫，從眾神與頂禮膜拜中解放出來，無懼且可怕，偉大且孤獨——這便是真誠者的意志。

在沙漠之中，向來居住著真誠者、那自由的精神，有如沙漠之主；但在城市中居住著飽食終日、著名的智者——那供人役使的牲畜。

因此他們作為驢子，總是拉著——**群眾**的破車！

並非我因此對他們惱怒——但我覺得他們始終是奴僕，是被套上挽具的馬，就算他們因為金色的挽具而閃閃發光。

他們時常是好的奴僕，並且值得稱許。因為道德如此說：「若你不得不當奴僕，那麼就去尋找一個主人，使你的差役對他最有益！

你主人的精神與道德應當成長，因為**你**是他的奴僕——因此你自己也隨他的精神與道德而成長！」

確實，著名的智者，群眾的奴僕們！你們自己隨著群眾的精神與道德而成長——群眾則因你們而成長！為了你們的光榮，我說出此言！

然而，在你們的道德中，我覺得你們始終是群眾，有著呆滯目光的群眾——不知**精神**為何物的群眾！

精神是自我割裂生命的生命；因為一己的痛苦，使一己的知識增加——這你們已經知道了嗎？

而精神的幸福就是——以淚水受膏與祝聖，成為獻祭的動物——這你們已經知道了嗎？

盲人的盲目，及其尋求與摸索，應當證明他所看見的太陽的威力——這你們已經知道了嗎？

洞察者應當學會以山從事**建造**！以精神移動高山，那是小事一樁——這你們已經知道了嗎？

你們只識得精神的火花——卻看不見精神之為鐵砧，也看不見其鐵鎚之殘酷！

確實，你們不識得精神的驕傲！但若它一旦要說話，你們將更不能忍受精神的謙卑！

你們永遠無法將你們的精神投入雪窟——你們的熱力尚不足於此！故而，你們也還不識得其冰冷之狂喜。

然而在各方面，你們與精神過於親近；為了拙劣的詩人，你們常將智慧化做醫院與救濟所。

你們不是老鷹——因此你們也體驗不到精神驚駭中的幸福。誰不是飛鳥，就不應棲息於深淵之上。

你們於我而言是微溫——但每種深層的洞察皆冰冷地湧流。精神最內裡之泉是一片冰寒——使灼熱的雙手與行動者神清氣爽。

著名的智者啊，你們在那裡巍巍而立，挺直身體！——沒有強風與意志驅策你們。

那渡海的帆船，被狂風之劇烈吹得鼓脹並且震顫，你們未曾見過嗎？

如同帆船，我的智慧因精神之劇烈而震顫，渡過大海——我狂恣的智慧！

而你們，群眾的奴僕，著名的智者啊——你們**怎能**與我同行！——

查拉圖斯特拉如是說。

夜歌

是夜晚了——此刻一切噴湧之泉高聲談論。而我的靈魂也是一道噴湧之泉。

是夜晚了——此刻愛人者的一切歌謠才剛醒。而我的靈魂也是一位愛人者的歌。

某種無法平息、不可饜足的東西在我的身體裡，它要變得高聲。一種追求愛情的欲望在我的身體裡，它道出愛的言語。

我是光明——啊，若我是夜，那多好！然而，我被光明所圍繞，這便是我的孤獨。

啊，若我黑暗如夜，那多好！我將如何吸吮光明的雙乳！

我還想賜福給你們，你們天上微小的星光與流螢！——並且為你們的光之禮物感到幸福。

但我生活在我自己的光明裡，我將自我身體裡迸發的火光飲回去。

我不識拿取者的快樂；我時常夢想，偷盜應該比拿取更幸福。

我的手忙於餽贈，從不歇息，這是我的貧窮；我看見等待的眼睛與被照亮的欲望之夜，這是我的嫉妒。

噢，一切餽贈者的不幸！噢，我的太陽變黑暗！噢，嚮往欲望的欲望！噢，飽足之中熱烈地飢餓！

他們從我這裡拿取——但我仍碰觸他們的靈魂嗎？在施與受之間有一道鴻溝；最小的鴻溝最後終將被消除。

我的美當中生出一種飢餓——我想讓那些被我照亮的人們痛苦，我想掠奪那些被我餽贈的人們——我如是飢餓地渴望惡。

若你們伸出手來，我的手會縮回去；如同傾瀉時仍遲疑的瀑布那般遲疑——我如是飢餓地渴望惡。

此種復仇發想自我的豐裕——此種狡詐源流於我的孤獨。

我在餽贈中的幸福，消失在餽贈之中，我的道德因其豐富而自感厭倦！

時常餽贈的人，其危險在於他會失去羞恥；時常給予的人，他的手與心會因過多的給予而長繭。

我的眼不再為請求者的羞愧而流淚；我的手對於滿是震顫的雙手而言太過堅硬。

我眼中的淚與心上的茸毛去往何處？噢，一切餽贈者的孤獨！噢，一切發光者的沉默！

許多太陽在荒涼的宇宙盤旋——它們以自己的光明向一切黑暗之物訴說——對我，它們卻是沉默。

噢，這是光明對於發光者的敵視，它冷酷無情地在其軌道上運行。

對內心深處的發光者不公平，冷冷地面向那些太陽——每個太陽如是運行。

如同一場暴風，那些太陽在它們的軌道上飛行，這便是它的漫遊。它們遵循自身堅強的意志，這便是它們的冷酷。

噢，你們這些黑暗如夜者，你們便是從發光者當中獲得你們的溫暖！噢，你們從光之乳房啜飲牛奶與提神的汁液！

啊，寒冰圍繞著我，我的手因冰寒之物而燙傷！啊，我的體內有焦渴，它渴慕著你們的焦渴！

是夜晚了——啊，我必須是光明！渴慕著夜晚之物！與孤獨！

是夜晚了——此刻我的渴望如泉湧般爆發——我渴望著言說。

是夜晚了——此刻一切噴湧之泉高聲談論。而我的靈魂也是一道噴湧之泉。

是夜晚了——此刻愛人者的一切歌謠才剛醒。而我的靈魂也是一名愛人者的歌。——

查拉圖斯特拉如是歌唱。

舞歌

一天晚上，查拉圖斯特拉與他的門徒們走過森林；當他尋找一處泉水時，瞧，他來到了一片青草地，被群樹與矮木叢靜靜圍繞——在其上，有女孩們正在跳舞。女孩們一認出查拉圖斯特拉，便停止了跳舞；查拉圖斯特拉卻帶著友善的神情地向她們走去，並說出了這些話：

「可愛的女孩們，妳們不必停止跳舞啊！來到妳們這裡的，不是帶著邪惡眼神的敗興者，也不是女孩的仇敵。

我在魔鬼面前是上帝的辯護者——但魔鬼卻是沉重的精神。我怎麼會敵視神一般的舞蹈呢，妳們這些輕盈的人兒？或說，有美麗踝骨的女孩們的雙足？

我大抵是一座森林，與黑暗群樹的夜晚——然而，誰不懼怕我的黑暗，他便會在我的柏樹下找到玫瑰花圃。

他大抵也能找到那女孩們最親愛的小小天神——祂躺在泉邊，靜靜地，閉著眼睛。

確實，祂在白天入睡，這偷閒者！祂大抵是追逐蝴蝶太久？

美麗的跳舞的人兒啊，若我對這小小的天神稍稍責罰，別對我惱怒！祂大抵會叫喊與哭泣——然而，祂還是會破涕為笑的！

祂會眼中含著淚，請求妳們與祂跳一支舞；而我要為祂的舞蹈高歌一曲——

一首舞歌與嘲諷之歌，獻給沉重的精靈，我那至高至強的魔鬼，人們說他是『世界的主宰』。」

當邱比特[4]與女孩們一同跳舞時，這便是查拉圖斯特拉所唱的歌曲——

近來我望進了你的眼睛，噢，生命！在那裡我彷彿沉入不可測的深淵。

但你用金色的釣竿將我拉起；當我稱你深不可測時，你譏諷地嘲笑我。

「所有的魚如此言說。」祂說；「**牠們**探測不出的，便是深不可測。

而我只是善變並且野蠻，充其量只是一介女子，不是甚麼道德的——

儘管我已被你們男人稱為『深沉者』，或『忠實者』、『永恆者』與『神祕者』。

然而你們男人時常以自身的道德餽贈予我——啊，你們這些道德者！」

這位不可信者如是笑了；當她說到自己的惡時，我從不相信她與她的笑。

當我同我狂忿的智慧密談時，它惱怒地對我說：「你要，你渴望，你愛，獨獨為此，你

---

4. 邱比特（德語：Kupido，拉丁語：Cupido），羅馬神話中的小愛神，為維納斯（Venus）的兒子，對應於希臘神話的厄洛斯（Eros）。邱比特的形象為手拿弓箭、背上有一對翅膀的小男孩，祂的金箭射入人心會產生愛情，鉛箭射入人心會產生憎惡。

讚頌生命！」

我幾乎要以惡言相向，對這惱怒者說出真理；人們不應該比對自己的智慧「說出真理」時更加惡言相向。

我們三者之間的關係便是如此。我發自內心只愛生命——確實，當我憎恨生命時，我最愛它！

而我卻善待智慧，且時常待它太好——因為智慧特別提醒我勿忘生命！

智慧有它的眼、它的笑，甚至是它的金色小釣竿——它們兩者看上去如此相似，我有甚麼辦法？

當生命有一次問我——智慧，這是誰呢？——我便熱切地說：「啊，是的，智慧！

人們渴望它且從不饜足，人們透過面紗張望，人們透過網子捕捉。

它美嗎？我知道甚麼！然而最老的鯉魚也將因智慧的引誘而上鉤。

它變幻莫測，並且執拗；我時常看見它緊咬嘴唇，用梳子抵著髮絲。

也許它凶惡且虛偽，總之是一個女人；然而當它說自己差勁時，它便最是誘人。」

當我向生命說這些，它便惡狠狠地笑著，閉上了眼睛。你在說誰呢？它說——是在說我嗎？

假如你是有理的——就當著我的面**說出**來！但現在也說說你的智慧罷！

啊，你現在又睜開了眼睛，噢，親愛的生命！我彷彿再度沉入不可測的深淵。——

查拉圖斯特拉如是歌唱。然而當舞蹈終了，女孩們離去之後，他感到悲傷。

「太陽早已沉落，」他最後說；「草地潮濕，從森林裡傳來一陣清涼。

一個不相識的人在我周圍，他若有所思地注視著。甚麼！查拉圖斯特拉，你還活著？

何以活著？為何而活？憑藉甚麼？去往哪裡？活在何處？怎麼活？仍舊活著，這不是愚蠢嗎？——

啊，我的朋友們，是我內心的夜晚如此問。請原諒我的悲傷！

是夜晚了——原諒我，是夜晚了！」

查拉圖斯特拉如是說。

墓歌

「那裡是墳墓之島，萬籟俱寂；那裡也是我青春的墳墓。我要戴著一只常青花冠前去。」

我如是下定決心，渡海而去。——

噢，你們，我青春的容顏與表象！噢，你們眾人愛的目光，你們如神般的眼神！你們於我死得如此匆促！我想念你們的今日，如同想念我的逝者。

我最親愛的逝者啊，從你們那裡，有一陣甜甜的香氣向我飄來，使人心融化並且流淚。確實，它震盪著，使孤獨航海者的心融化。

我永遠仍是最富有者，以及最為人所妒羨者——我，這最孤獨的人！因為我曾有你們，你們現在也還有我——說罷，這種玫瑰色的蘋果會落向誰，如同落向我？

我永遠仍是你們愛的承繼者與土壤，為了紀念你們，我綻放著色彩鮮豔的野生之道德，噢，我最親愛的你們！

啊，我們生來就是要彼此親近，你們這些可愛又殊異的奇蹟；你們不像害羞的鳥兒那般來到我這裡，來到我的渴望這裡——不，是作為一位信賴者，來到另一個信賴者那裡！

是的，同我一樣，你們生來要忠實，要成為溫柔的永恆——你們這些如神的目光與片刻，而今我必須以你們的不忠實來稱呼你們——我還沒有學過別的稱號。

確實，逃遁者們，你們於我死得太匆促。你們卻未曾逃離過我，我也還未曾逃離過你們——在我們的不忠當中，我們彼此皆無罪咎。

為了殺**我**，人們便扼殺你，你們這些吟唱我希望的鳥兒啊！是的，我最親愛的你們，惡之箭總是射向你們——日命中我心！

它命中我心！你們時常是我心之摯愛，我的所有物與我所占有者——**因此**你們必須早夭，並且過度早夭！

人們把箭射向我所擁有最易受傷之處——那處便是你們，皮膚猶如絨毛，更如輕輕一瞥便要消亡的微笑！

但我要向我的敵人說這些話——相對於與你們在我身上所做的，一切人類之謀殺又算甚麼！

你們加害於我身上的，比一切人類之謀殺還要凶惡；你們取走了我身上無可挽回之物——如是我向你們說，我的敵人！

你們謀殺了我青春的容顏與最親愛的奇蹟！你們取走了我的玩伴，那幸福的精神！為了給他們紀念，我將這花冠與這詛咒安置下來。

我的敵人們，這個詛咒乃針對你們！你們竟將我的永恆變得短促，就像一個聲音劃破了黑夜！永恆只在我如神般的眼睛前——這麼一閃而過！

我的純潔曾在某個好時機對我如是說：「一切事物於我應該如神那般。」

而你們以汙穢的鬼魂襲擊我；啊，「那好時機」要逃往何處！

「所有的日子於我應當是神聖的」——我青春的智慧有次曾經如此說——確實，一種歡樂而智慧的言說。

然而你們這些敵人偷走了我的黑夜，將它們賣給失眠的痛苦——啊，如今那歡樂的智慧逃往了何方？

有次我曾渴望幸福的鳥之徵象——你們便將一隻貓頭鷹怪物引到路上去，一種令人不快的徵象。啊，我溫柔的欲望逃往了何方？

有次我曾誓言遠離一切可厭者——你們使我的鄰人近者變成潰瘍。啊，我最高貴的誓言逃往了何方？

身為盲者，我曾走過幸福之路——你們將你們的穢物擲向盲者的道路——而今他感到昔日盲者足徑之可厭。

當我做了最艱困的事，並且慶祝自我超越的勝利——你們便讓愛我的人們喊叫，我使他們最為痛苦。

確實，這永遠是你們的所作所為——你們使我最好的蜂蜜變質，敗壞了我最好的蜜蜂之勤勞。

因我的善舉，你們總是送來最厚顏的乞丐，因我的同情，你們總是驅來無藥可救的無恥之徒。因此你們使我的道德在你們的信仰中負傷。

當我仍奉上我最神聖之物作為獻祭——你們的「虔誠」立刻擺上其肥厚之祭品——如是在你們肥脂的薰蒸之中，我最神聖之物也已窒息。

我曾欲跳舞，彷彿我從未跳過舞一般——我曾欲舞過天際。這時你們說服了我最愛的歌者。

而今，他開始唱起沉悶可怖的歌；啊，他好似陰鬱的號角響在我耳畔！

殺氣騰騰的歌者，惡之工具，最無辜者！我的身姿已準備好跳出最美的舞步——你卻用你的音調謀殺了我的陶醉！

只有在舞蹈之中，我才懂得給最崇高的事物談論譬喻——而現在，我最崇高的譬喻留在我的四肢當中，未被說出來！

我最崇高的希望未被說出來，未獲得拯救！我青春的一切容顏與慰藉皆已逝去！

我該如何忍受？我該如何捱過並且克服此種傷痛？我的靈魂該如何從這些墳墓當中再度復活？

是的，一種不可毀傷、不可掩埋之物在我的內心，一種可炸毀岩石之物——那就是**我的意志**。它默默前行，經年保持不變。

我古老的意志，他要以我的雙足走他的路；他的意識堅強，不可毀傷。

我獨獨只有腳跟不可毀傷。你這最富耐心者，你一如既往，始終生活在那裡！你始終在破壞一切墳墓！

我青春時未被拯救之物，依然生活在你之中；如生命，如青春，在此你滿懷希望地坐在黃色的墳墓廢墟。

是的，你還是我一切墳墓的搗毀者——向你致敬，我的意志！哪裡有墳墓，哪裡便有復活。——

查拉圖斯特拉如是歌唱。

論自我超越

你們大智之人，那些驅使你們並且使你們熱切的，你們稱之為「真理意志」嗎？

一切存有者可思議之意志——**我**如是稱呼你們的意志！

你們欲將一切存有者**變成**可思議——因為你們善於懷疑一切存有者是否可思議。

然而，一切存有者應當屈身順應你們！你們的意志便要如此。一切存有者應當變得滑順，聽命於精神，作為精神的鏡子與映像。

你們大智之人，作為一種強力意志，這是你們全部的意志；即便你們談論善與惡，談論價值之估量。

你們還欲創造你們能夠在它面前跪下的世界——這便是你們的最後希望與酣醉。

不智之人，那群眾，他們自然是——同河水一般，其上有小船繼續漂游——在小船中坐著價值之估量，隱蔽而莊嚴。

你們將自己的意志與價值置於流轉的河水之上；凡群眾信以為善與惡者，它們向我顯露出一種古老的強力意志。

那是你們，這些大智之人，將此種賓客置於這艘小船之上，並給予他們富麗堂皇，與令人驕傲的名字——你們與你們所統御的意志！

如今河水載著你們的小船繼續流——它**必須**載著小船。儘管驚濤駭浪飛濺四起，拍打著舟，那並無大礙！

你們大智之人，並非河水是你們的危險，與你們善惡的終結——而是每個意志本身，那強力意志——永不枯竭地生產出來的生命意志。

然而，為了讓你們理解我關於善與惡的話語——在此我還要對你們說我關於生命與一切生物之本性的話語。

我跟隨在生物之後，我走過最寬與最狹之路，以認清其本性。

以百面鏡子，我還捕捉到了它的目光，若生物緊閉雙唇——它的眼睛會對我說話。而它的眼睛對我說話了。

然而，我所發現生物之處，在那裡我也聽見了服從的話語。所有的生物都是服從者。

還有其次——凡不能服從自己者，便要聽命於人。如此便是生物之本性。

然而還有我所聽見的其三——命令比服從還要困難。不只是因為命令者承載著所有服從者的重負，而是這重負輕易地將他輾壓——

我感到在一切命令之中彷彿有一種嘗試與冒險；時常，當一聲令下時，生物自身便勇往直前。

是的還有，若它對自己命令，那麼它還得為它的命令贖罪。於它自己的法律，它必須成為法官、復仇者與犧牲者。

這究竟是怎麼發生的！我如此問自己。是甚麼說服了生物，使其服從、命令，而在命令之中還練習服從？

現在，聽我的話語，你們大智之人！嚴肅的試驗，看看我是否已爬進生命的內心，直到心之根源！

我所發現生物之處，在那裡我也發現強力意志；而在僕役的意志當中，我發現了成為主人的意志。

弱者服務強者，它的意志說服它這麼做，而它還要成為更弱者的主人——這份興趣於它不可或缺。

如同較小者獻身於較大者，而較小者又對最小者有興趣與權力——最大者也如是獻身，為了得到權力，猶冒生命之危險。

冒險與危險，以及為死亡放手一搏，這是最大者的獻身。

凡有犧牲、僕役與愛的注視之處——那裡就有成為主人的意志。在蜿蜒小徑那裡，有較弱者蜿蜒登上堡壘，直入更強大者的內心——在那裡偷取權力。

生命自身告訴我這個祕密——「瞧，」它說，「我就是**那必須不斷自我超越的東西**。」

你們自是稱之為生產的意志，或達致目標、達致高處、達致遠方與達致更多元的欲望

——然而這些都是同一樣東西與一個祕密。

我還寧願墜落，也不願拒絕這一樣東西；確實，哪裡有墜落與葉落，瞧，那裡便有生命犧牲——為了權力！

我必須成為奮鬥、成為轉變、成為目的與反目的——啊，誰能猜出我的意志，大抵也會猜出它得走上怎樣崎嶇的路！

無論我創造甚麼，無論我如何愛它——不久我必須成為它與我的愛的敵手——我的意志意欲如此。

而洞察者啊，你不過是我意志的小徑與足跡——確實，我的強力意志也在你真理意志的足下漫遊！

將話語自「存在意志」射向真理的人，他自然遇不到真理——這樣的意志並不存在！

因為——凡不存在的，便不能希求；然而凡存在的，該怎麼使它仍希求存在！

只是，哪裡有生命，那裡就有意志——但不是求生的意志，卻是——我這麼教你罷——強力意志！

對生者而言，許多事物比生命本身還要珍貴；然而，從這種估量本身，便道出了——強力意志！

生命曾如是教我——你們大智之人，由此我為你們解開內心之謎。

確實，我告訴你們——永恆的善與惡並不存在！出於自身，它必須不斷地自我超越。

你們這些價值評估者，你們以善與惡的價值與話語來施行威力；而這就是你們隱藏的愛，與你們靈魂的光輝、顫抖與沸騰。

然而，自你們的價值中生長出一種更強的威力與一個嶄新的超越——蛋與蛋殼因之而粉碎。

誰必要在善與惡中成為創造者——確實，他必要先成為毀滅者，並粉碎種種價值。

如是大惡屬於大善——而這就是創造性的善。

你們大智之人，讓我們說下去罷，儘管那樣不好。但沉默更不好；一切沉默的真理將變成毒物。

讓一切打碎罷，只要它能——在我們的真理上被打碎！有些房屋還需要被興建！

查拉圖斯特拉如是說。

論崇高者

我的海洋底面平靜——誰大抵猜到了它藏匿著可笑的怪獸！

我的深度不可動搖，但它因漂浮的謎與笑而發出光輝。

今日我看見一位崇高者、莊嚴者、精神的懺悔者——噢，因為他的醜陋，我的靈魂是如何發笑！

他挺起胸膛，像是深深吸氣——他如是站在那裡，這沉默的崇高者——

他衣衫襤褸，身上佩掛著醜陋的真理——他的獵捕物；也有許多荊棘掛在他身上——但我還沒看見玫瑰。

他還沒學到笑與美。這位獵人陰鬱地從洞察之林中走回去。

他帶著野獸自戰鬥中歸來——然而，在他的嚴肅裡，還有一隻野獸向外望——一隻未被征服的獸！

他總是站在那裡，像一隻伺機而跳的老虎；但我不喜歡這緊張的靈魂，我的審美對這所有的退縮者有惡意。

朋友們，你們說，關於審美與口味是不容爭執的嗎？但一切生命就是為了審美與口味而起爭執！

審美口味——這是重量同時也是天秤與衡量者；一切生物是痛苦的，若它們的生活不欲為了重量、天秤與衡量者而起爭執！

若這崇高者厭倦於他的崇高——那麼他的美將要開始——然後我才要品嘗它，並且感到津津有味。

唯有當他背離自己，他才會跳過自己的陰影——而且，確實！他跳進**他的**太陽。

這位精神的懺悔者，他坐在陰影裡太久了，所以面色蒼白；幾乎餓死於期待之中。

輕蔑仍在他的眼中；他的嘴裡隱匿著厭惡。儘管現在他休息著，但他的休息尚未置身於太陽底下。

他應當同牛一般；他的幸福應當有泥土的氣味，而非輕蔑泥土的氣味。

我想看見他成為一隻白色的牛，見他喘息、哞叫，拉著犁前進——而他的哞叫應當讚頌人間萬物！

他的面容依舊晦暗；手的陰影在他身上嬉戲。他的目光依舊一片朦朧。

他的行為本身依舊是籠罩著他的陰影——那手使行事者晦暗不明。他依舊沒有戰勝自己的行為。

我大抵愛他那公牛的頸子——但現在我也還想看見天使的眼睛。

他還必須荒廢自己的英雄意志——他應當不只是一名崇高者，而且要是一名超凡之人——以太之青天將使這位了無意志者升高！

他制伏了怪物，他解開了謎題——但他應當也還要解救他的怪物與謎題，他應當還要使它們變成天國的孩子。

他的洞察尚未學會微笑，且無嫉妒；他湧流的熱情在美麗之中尚未靜定。

確實，他的渴望不應在饜足之中靜默、沉潛，卻應在美麗之中！優美屬於胸襟偉大者的慷慨氣度。

將手臂置於頭上——英雄應當如此休息，他也還應當如此超越其休息。

然而，恰恰之於英雄，美是萬物當中最難者。美不是一切強烈意志可以贏得的。

或增一分，或減一分——在此則成為多，在此成為至多。

頂著懈怠的肌肉與卸下桎梏的意志站立——這於你們是最困難的，你們這些崇高者們！

若權力變得仁慈，降至可見之處——我稱此種的下降為美。

你這強大者，我不欲從他人身上，而是要從你身上得到美——你的善就是你最後的自我戰勝。

我相信你為一切惡——因此我向你要善。

確實，我時常笑那些弱者，他們自以為善，因為他們有著癱瘓的獸掌！

你應當追求柱子的美德——它升得愈高，就愈是美麗愈是溫柔，而內裡則愈是堅強，愈禁得起負荷。

是的，你這崇高者，有一天你還會變美，並且攬鏡顧盼自己的美麗。

然後，你的靈魂將因神聖的渴望而顫慄；而敬拜將依舊留在你的虛浮之中！

這便是靈魂的祕密——只有當英雄遺棄靈魂，那超英雄——才在夢中與它接近。

查拉圖斯特拉如是說。

論教化的國度

我飛向未來，飛得太遠——一陣恐怖向我襲來。

而當我環顧四周，瞧！時間才是我唯一的同代人。

於是我向後逃竄，回家去——益加倉促——如此我來到你們這些當代人這裡，來到教化的國度。

這是第一次，我帶著一隻眼睛與美好的渴望來看你們——確實，我心中懷著渴望而來。

但我是如何了呢？就算我害怕——我也得笑！我的眼睛從未見過如此光怪陸離之事！

我笑了又笑，同時我的腳還在顫抖，內心搖顫：「這裡是一切顏料罐的家鄉啊！」——我說。

以五十種彩繪塗在臉與四肢——你們當代人，如此端坐在那裡，使我吃驚！

且有五十面鏡子圍繞著你們，對你們的色彩遊戲阿諛諂媚，蜚短流長！

確實，你們當代人啊，你們除了自己的面目之外，不能再戴上更好的面具了！誰能夠——**認出**你們呢！

寫滿了昔日的符號，而這些符號又被新的符號塗上——如是你們在所有的符號闡釋者面前完善地隱匿！

即便能通透地檢驗——誰還相信你們這副身軀是真的！你們彷彿由黏貼起來的彩色紙片拼貼而成。

各個時代與民族從你們的面紗望出去，繽紛多彩；各種習俗與信仰從你們的手勢表達出來，話語繽紛。

誰從你們身上扯下面紗、大衣、色彩與手勢——餘下的恰恰剛好夠他驚嚇鳥兒。

確實，我自己就是那被驚嚇的鳥兒，見過你們赤身裸體，沒有顏色；當骷髏向我示愛的時候，我便飛走了。

我還寧可在陰間當口雇傭工，待在昔日的陰影之中！——那住在陰間的，還比你們更加營養，更加豐腴！

你們這些當代人啊，我既無法忍受你們赤身裸體，也不能忍受你們衣冠楚楚，是的，這便是我的肺腑之苦！

未來的一切恐怖，以及使迷失的飛鳥顫抖的事物，確實比你們的「真實」更加隱蔽且安適。

因為你們這麼說：「我們完全是真實的，沒有信仰與迷信。」——你們如是吹擂——啊，卻無胸脯可拍！

是的，你們如何**能夠**信仰呢，這些光怪陸離者！——你們是所有被信仰者的寫照！

你們是信仰本身變化流轉的辯駁，與一切思想的粉碎者。**不可信者**——**我**如是稱你們，你們這些真實者。

所有的時代在你們的精神裡喋喋不休，相互爭辯；所有時代的夢想與喋喋不休，都比你們的清醒還要真實！

你們無法化育孕生——**對此**你們缺少信念。凡必要創造的人，他總有他真實的夢想與星體的預感——並且相信信念！

你們是半開的門，掘墓者在旁等待。**你們的**真實便是——「所有一切皆值得毀滅。」

啊，你們這些無能化育孕生之人，你們站在我的面前，肋骨多麼地瘦！你們當中有些人大抵有自知之明。

他們說過：「在我睡著時，大抵有個上帝祕密地盜走了我的一些東西？確實，那些東西足以造出一個女人！

我的肋骨嶙峋，實在不可思議！」有些當代人已如是說過。

是的，你們這些當代人，我覺得你們甚是可笑！尤其是當你們對自己感到驚異時！

當我無法嘲笑你們的驚奇，並且還得喝下你們盤中一切噁心之物時，我是多麼痛苦啊！然而我要讓你們更加輕盈，因為我要扛起沉重的負擔，如果甲蟲與蠅蟲在我的行囊上棲息，那又何妨？

確實，那應該不會使我更重！你們這些當代人，我巨大的疲憊並不從你們這裡來。——

啊，如今我該帶著我的渴望往何處攀登！在群山之上，我望向我的祖國母邦。

然而，我無處尋得故鄉；我在各城市間漂泊不定，在每個城門前動身。

近來，我的內心驅使我走向當代人，然而他們對我來說不僅陌生，且令人發笑；而我自祖國母邦中被驅逐出來。

所以我獨獨愛著我**孩子們的國度**，它在最遙遠的海洋中，未被發現——我喚我的帆船不斷地尋找尋找它。

在孩子們當中，我要為我是我先祖的孩子而彌補——而在所有的未來當中——為**這個**當代而彌補！

查拉圖斯特拉如是說。

論無垢之洞察

當昨晚月亮升起時，我以為，他將要生出一個太陽——他大腹便便，懷孕那般躺在天際。

然而，他是個說謊者，以懷孕哄騙；因而我寧可相信月亮中的男人[5]，而不相信女人。

自然，這位靦腆的夜遊者也有少許男子氣。確實，他不懷好意地漫遊過各個屋頂。

因為這名月宮僧侶，他貪歡且妒忌，貪戀著大地與情人的一切歡愉。

不，我不喜歡他，這屋頂上的公貓！在半開半掩的窗邊潛行的一切，都令我厭惡！

他沉默且虔誠地漫遊於群星的地毯之上——但我不喜歡所有輕輕踏步的男人的雙腳，一點馬刺的聲響也無。

每個誠實者的腳步會出聲；貓兒卻悄然溜過地面。瞧，月亮如貓一般到來，狡詐且不誠實。——

我把這個譬喻給你們這些敏感的偽善者，你們，這些「純粹的洞察者」！我稱你們為——貪欲者！

你們也愛大地與塵世的一切——我猜透了你們！然而，在你們的愛情之中有羞慚與愧疚

——你們與月亮無異！

有人曾向你們的精神勸說，要輕蔑塵世的一切，但卻未向你們的肺腑勸說——而肺腑卻是你們身上最強者！

現在，你們的精神感到羞愧，因為它的意志屈服於肺腑，他因自慚形穢而走向潛行與謊言的路徑。

「這於我將是最高尚者。」——你們虛偽的精神如是自語著。「了無渴望地觀看人生，而不是像狗一樣懸著舌頭——

觀看之中自有快樂，懷著寂滅的意志，了無一己之私的執念與貪欲——全部的肉軀冰冷且如死灰。卻有著迷醉的月亮之眼！

這於我將是最親愛者。」——被誘惑者如是誘惑自己——「去愛大地，就像月亮愛著大地一般，但獨獨只有眼睛去觸碰它的美。

我將之稱為萬物當中無垢之洞察，因我對萬物一無所求——只求像一面鏡子那般躺臥在萬物面前，睜著一百雙眼。」——

噢，你們這些敏感的偽善者，你們這些貪欲者！你們在貪婪之中缺少純潔——現在你們因而詆毀欲望！

---

5. 德語的「月亮」（der Mond）詞性為陽性，因此前文代稱以男性的「他」（er），故本文將月亮指稱為男性。

確實，你們愛著大地，而不像創造者、生產者與將要歡愉者那般地愛！

純潔在哪裡？在生產的意志存在之處。誰要超越自己而創造，我認為他便擁有最純淨的意志。

美在哪裡？在我必須以全部意志追求之處；在我要愛與毀滅之處，使一個形象不只是形象。

愛與毀滅——這自古以來便氣韻一致。愛的意志——那便是，也願意赴死。我如是告訴你們這些懦夫！

然而，現在你們被閹割般懦弱的睨視，要自稱為「沉思」了！而怯懦的目光所及之物，則當名之以「美」了！噢，你們這些高貴名字的玷汙者！

然而，你們這些無垢之人、純淨的洞察者，你們永遠不會生育，這應當是你們的咒詛——就算你們大腹便便，懷孕那般躺在天際！

確實，你們滿口高貴的言詞——而我們應當相信你們的心也是如此嗎，你們這些謊騙的慣犯？

但**我的**言詞是微小、可鄙、扭捏的言詞——在你們用餐時刻落到桌子底下的食物，我樂意將它們撿拾起來。

我仍然能對偽善者說出真理！是的，我的魚刺、貝殼與有刺的樹葉應當要——在偽善者的鼻子上搔癢！

汙濁的空氣總是籠罩著你們與你們的餐食周圍——你們欲念之思，你們的謊言與隱祕都在空氣裡！

首先要敢於相信自己——以及你們的肺腑！凡不相信自己的人，總是說謊。

你們這些「純淨者」，一條上帝的幼蟲垂掛在你們面前——而你們那條可怕的蚯蚓已經爬進了上帝的蟲蛹之中。

確實，你們這些「沉思者」，你們在欺騙！即便查拉圖斯特拉也曾為你們如神般的皮相所惑；他沒有猜到，充塞在表皮之下的，是蜷曲的蛇。

在你們的遊戲之中，我曾以為自己看見了一個上帝的靈魂在遊戲，你們這些純粹的洞察者！我曾以為再也沒有比你們這些更好的技藝！

蛇之汙穢與惡臭皆被距離所掩飾——一隻蜥蜴的狡詐正貪婪地四處爬行。

但我走**近**你們了：這麼一天曾來到這裡——如今它也走向你們——月亮的情事到了終點！

往前瞧去！它被逮住，蒼白地站在那裡——在朝霞之前！

因為那灼熱者已臨到，**它**對大地的愛臨到！所有的太陽之愛便是純潔與創造欲！

往前瞧去，她[6]是如何迫不及待地越過海洋而來！難道你們沒有感受到她愛的焦渴與熱

6. 德語的「太陽」（die Sonne）為陰性名詞，因此以女性的「她」（sie）代稱，與前述陽性的月亮相對。

烈的鼻息嗎？

她要吸吮海洋，並且從高處飲下海的深淵——而海洋的欲望便高漲，湧現出成千個乳房。

它[7]**意欲**被太陽的焦渴親吻、吸吮；它**意欲**變成空氣，變成高處，變成光之足徑與光本身！

確實，同太陽一樣，我熱愛生命，以及所有深邃的海。

這**於我**而言叫做知識：一切深邃應當上升——到我的高處！

查拉圖斯特拉如是說。

---

7. 德語的「海洋」（das Meer）為中性名詞，因此以中性的「它」（es）代稱。

論學者

當我眠臥之時，一隻綿羊吃了我頭上的常春藤花冠——牠吃著並且說：「查拉圖斯特拉不再是學者了。」

牠說完，便高傲地邁開大步離開。一個小孩把這件事講給我聽。

我喜歡躺在這裡，此處是孩子們的遊戲之地，在斷垣殘壁間，在野薊與紅色的罌粟花下。

對於孩子們而言，我也還是一名學者，對於野薊與紅色的罌粟花亦然。他們純潔無咎，即使他們為惡，依然純潔無咎。

然而，對於綿羊來說，我不再是學者了——我的命運要如此——為此祝福罷！

因為這是實話——我已自學者之屋遷出，且還將我身後的門猛地關上。

我的靈魂已飢餓地坐在她的桌旁太久；我與眾不同，像敲開核桃那般求知若渴。

我愛自由，與新鮮大地上的空氣；與其在學者的尊嚴與受人景仰之上高枕而眠，我還寧可睡在牛皮上。

我太過灼熱，被我的思想所灼燒——它常使我無法呼吸。因而我必須去往郊野，離開所有布滿灰塵的房間。

然而他們冷冷地坐在冰冷的陰影下——他們總之只想成為觀眾，並且謹防自己坐在被太陽烤曬的臺階上。

一如那些站在街上、眼睛盯著行人的人們——他們也如是等待著，眼睛盯著旁人思考過的思想。

若有人用雙手抓住他們，他們便會不情願地像麵粉袋一樣，向周圍揚起灰塵——但誰猜得到，他們的灰塵來自於穀粒，且來自於夏日田野上金黃色的狂喜呢？

當他們佯裝智慧的時候，他們微小的格言與真理便使我冷得發顫——他們的智慧時常伴隨著一股氣味，彷彿那智慧源自於沼澤——確實，我也早已聽見青蛙在那當中呱呱鳴叫！

他們是機靈的，他們有靈巧的手指——**我的**單一在他們的繁複之中有何所求！他們的手指精通一切紗線、打結與編織——如是他們織就精神的長襪！

他們是良好的鐘錶——人們只消好好上妥發條！然後他們便會精準無誤地指出時辰，同時發出一種質樸的聲響。

他們工作，如同磨坊的齒輪與杵臼——人們只消向他們投進收成的穀粒！——他們已經知道要將穀粒磨小，並且從中磨出白色的粉末。

他們銳利地審視對方，不敢完全相信彼此。在微小的奸巧之中發揮創造力，他們等待著那些拖著知識在癱瘓的腳上行走的人——他們如同蜘蛛一般等待。

我總是看見他們小心翼翼地準備毒藥；並且總是同時將玻璃手套戴在手指上。

而他們也知道要擲假的骰子；我發現他們擲得非常熱衷，一邊流汗。

我們對彼此陌生，而他們的道德比起他們的虛假與假骰子，還更加使我倒胃。

當我住在他們那裡時，我便住在他們之上。所以他們怨恨我。

有個人在他們的頭頂上漫遊，對此他們一點也不想聽聞；於是他們在我與他們的頭頂之間放置了木頭、泥土與廢物。

他們如是壓低了我的腳步聲——而迄今，我最不為最有學問者所聽聞。

他們將全人類的缺陷與弱點置於他們與我之間——他們稱之為他們家中的「缺陷平面」。

然而，儘管如此，我以我的思想漫遊在他們的頭頂**之上**；即便我要在我自己的缺失上漫遊，我也仍然超越了他們，以及他們的頭頂。

因為人類並**不**同等——正義如此說。我所要的，**他們**不許要！

查拉圖斯特拉如是說。

論詩人

「自從我更加認識肉軀以後，」——查拉圖斯特拉對他其中一個門徒說——「精神於我僅僅就是精神；而一切的『永垂不朽』——那也只不過是一個譬喻。」

「我已聽見你說過一回，」門徒說；「而當時你補充道：『然而詩人的謊言太多。』為甚麼你說，詩人的謊言太多？」

「為甚麼？」查拉圖斯特拉說。「你問為甚麼？我不是那種讓人隨意問為甚麼的人。

難道我的經歷來自昨天嗎？我經歷我想法的緣由，已經是很久的事了。

若我也要保有我這些緣由，我不就得成為一個記憶的桶子？

保有自身的看法，這於我已經太多；有些鳥兒已經飛走。

時而我也發現一隻飛進來的動物在我的鴿棚裡，我感到陌生，當我把手放在牠身上，牠便顫抖。

然而查拉圖斯特拉曾向你說過甚麼呢？說詩人的謊言太多？——但查拉圖斯特拉也是一位詩人。

現在你相信他在這裡說真話嗎？為甚麼你相信呢？」

門徒答道：「我相信查拉圖斯特拉。」但查拉圖斯特拉搖頭並且微笑。

信仰不能使我帶來幸福，他說，尤其是對我自己的信仰。

然而，假設有人極其嚴肅地說，詩人的謊言太多──那麼他是對的──**我們**的謊言太多。

我們也知之甚少，是糟糕的學習者──因而我們得說謊。

我們詩人當中，有誰沒有在他的酒中攙假呢？有些有毒的混合物在我們的酒窖之中，有些不可描述的事情在那裡進行過。

因為我們知之甚少，所以打從心底喜歡精神貧乏者，若那是年輕女子，便格外喜歡！

即便是老嫗在夜晚所說的那些故事，我們也還渴望著。我們將之稱為我們身上的永恆女性。

彷彿有一條特別的祕密通道，通往知識，卻又在想學東西的人面前**阻塞**著──於是我們便相信群眾及其「智慧」。

所有的詩人卻相信──誰躺臥在草地或荒涼的山坡上，豎起耳朵傾聽，便能體會到天地間的些許事物。

若溫柔的悸動來臨，詩人們總認為是大自然愛上了他們。

它潛入了他們的耳朵，在裡面說出祕密以及甜言蜜語──他們以此在所有凡人面前自吹自擂！

啊，天地間有許多事物，只有詩人才能略微夢見！

尤其是天堂之上——因為眾神皆是詩人的譬喻，詩人的騙術！

確實，它總牽引我們往上——去往雲之王國——我們在上面放置色彩斑斕的木偶，然後稱他們諸神與超人——

所有這些諸神與超人——他們剛好夠輕盈，可以坐在這些椅子上！

啊，我多麼厭倦於這尚有欠缺卻被稱為事件的一切！啊，我多麼厭倦詩人！

當查拉圖斯特拉如此說的時候，他的門徒對他惱怒卻又沉默。查拉圖斯特拉也同樣沉默；他的眼睛往內心觀看，有如望向寬廣的遠方。終於，他嘆息，並且吸氣。

然後他說，我來自今日與昔日；但我心中有些事物，來自明天、後天與將來。

我已厭倦詩人，新舊詩人皆然——他們於我皆是膚淺，全是淺海。

他們的思想不夠深邃——因此他們的感情不能深沉到底。

些許的激情與些許的百無聊賴——便是他們最好的思索。

他們彈奏豎琴的鏗鏘叮噹，我認為那是鬼魂的飄來散去；他們迄今哪知甚麼是聲調的熱情！——

他們於我也不夠純粹——他們攪動所有的水流，使其混濁而顯幽深。

他們樂於藉此偽裝成妥協者——然而對我而言，他們仍是中介者、混合者、一半一半、不純粹者！——

啊，我大抵曾將我的網投入他們的海裡，意欲捕獲好魚；而我卻往往撈起一尊古代神像的頭顱。

大海如此給予飢餓者一顆石頭。它們的出身大抵來自大海。

當然，人們在它們當中可以找到珍珠——因而它們更像堅硬的介殼軟體動物。在它們身上，我找不到靈魂，卻時常發現帶著鹹味的黏液。

他們也還從大海那裡學到了海的虛浮——難道大海不是孔雀中的孔雀？

就算在所有水牛當中最醜者面前，大海照樣捲起它的長尾，從不會對它的金絲銀扇感到厭倦。

水牛防備地注視著它，在牠的靈魂裡，牠靠近沙地，更接近叢林，卻又最靠近沼澤。

美、海洋與孔雀的華飾於牠算甚麼！我將這個譬喻說給詩人們聽。

確實，他們的精神本身便是孔雀中的孔雀，以及一片虛浮之海！

詩人的精神想要有觀眾——即便是水牛也算觀眾！——

然而，我已厭倦這精神——我看見將來，精神也會對自己厭倦。

我已看見詩人們蛻變，並且將目光投向自己。

我看見精神的懺悔者們將要來臨——他們生長於詩人之中。

查拉圖斯特拉如是說。

論偉大事件

大海之中有座島嶼——與查拉圖斯特拉的幸福島相去不遠——在其上有座火山，持續噴煙；群眾說著這座島嶼的傳說，群眾當中的老嫗尤其喜歡說，島嶼像是被安置在陰間大門前的一個岩塊——越過火山，一條窄路往下延伸，便通往這陰間的大門。

當查拉圖斯特拉在幸福島逗留的時候，發生了一件事，在這噴著煙的火山島嶼邊，一艘船下錨了；它的船員登上陸地，射獵野兔。然而，約莫正午時分的時候，船長與他的手下重新聚在一起，他們忽然看見一名男子飛越空中朝他們而來，一個聲音清楚地說：「是時候了！是最急迫的時候了！」當這身形最接近他們時——它卻像影子般迅即飛過，往火山的方向去——這時，他們極為驚詫地認出，他就是查拉圖斯特拉；因為除了船長之外，他們全都見過他，他們敬愛他，如同群眾的敬愛——如是又愛又懼，兩者同等交集。

「注意看！」老舵手說，「查拉圖斯特拉往地獄去了！」——

在同一時間，當這些水手們登陸火山島之際，謠言已傳開，說查拉圖斯特拉失蹤了；當人們問他的朋友們時，他們則解釋，說他在夜裡乘船離開，沒有說要去往哪裡。

如是產生了一種不安；而三天後，船員們的故事使得這份不安更形加重——如今群眾都說，魔鬼接走了查拉圖斯特拉。儘管他的門徒們嘲笑這番話；其中一位甚至說：「我寧可相信查拉圖斯特拉把魔鬼抓走了。」然而，在心靈深處，他們全都焦急擔憂著——所以，當查拉圖斯特拉在第五天出現在他們當中時，他們是喜不自勝的。

以下的故事是查拉圖斯特拉與火犬的談話——

他說，大地擁有一層皮膚；而這皮膚患有各種疾病。例如其中一種疾病叫做：「人類。」其中的另一種疾病叫做「火犬」——關於它，人類已自欺欺人太甚，並且繼續下去。

為了探索這奧祕，我曾渡過大海——我見過赤裸的真理，確實！從赤腳到頸項。

它與火犬之間的關係，我現在知道了；同樣的，它與所有這些噴出火山渣滓、顛覆推翻的魔鬼們的關係，我也知道了，不只是老嫗害怕他們。

「出來罷，火犬，從你的深處出來！」我喊道，「並且招出那深處有多深！你在那裡氣喘吁吁噴出的東西，是從哪裡來的？

你在海上豪飲——你帶著鹹味的辯才透露了這點！真的，對於深處的一隻狗而言，你從海面取得的養分過甚！

我最多把你視為腹語者——每當我聽見那些噴出火山渣滓、顛覆推翻的魔鬼們說話時，我總以為他們和你一樣——帶鹹味、愛說謊、膚淺。

你們懂得咆哮，用灰塵遮蔽光線！你們是最善於誇誇其談，飽學了使泥濘沸騰的藝術。

你們所在之地，附近必常有泥濘，以及許多海綿般多孔的、被壓迫之物——它們要去往自由。

你們所有人最愛咆哮『自由』——但我已失卻對『偉大事件』的信仰，一旦咆哮聲與煙霧圍繞著它。

在地獄叫囂的朋友，只消相信我！最偉大的事件——並非我們最喧囂的，卻是我們最寂靜的時刻。

世界並不圍繞著發明新的喧囂的人們而轉動——卻是圍繞著發明新價值的人們而轉；它旋轉著，悄然無聲。

只消承認它！當你的喧聲與煙霧消散，往往只有很少的事情會發生。若一座城市變成了木乃伊，一只像柱置身泥濘裡，那又如何！

我還要告訴顛覆推翻像柱的人們這番話。把鹽投入海中，把像柱投進泥濘，這大抵是最大的愚蠢。

像柱處在你們輕蔑的泥濘之中——但這正是它的法則——從輕蔑之中再長出生命與生動之美！

如今它姿態如神地站立起來，痛苦而誘人；確實！它還會向你們道謝，感謝你們顛覆推翻了它，你們這些顛覆者！

我卻要勸告國王、教會、與一切年老衰弱與道德衰弱者——儘管讓你們自己被顛覆推翻罷！如此你們才能重返生命，而道德——也走向你們！」

我在火犬面前如是說——這時，牠怏怏不樂地打斷我，並且問：「教會？那究竟是甚麼？」

「教會？」我答道：「那是國家的一種，而且是最愛撒謊的。但是，保持緘默罷，你這偽善的狗！你一定最認識你的同類！

國家同你一樣，是一隻偽善的犬；它同你一樣，說話喜歡伴著煙霧與咆哮聲——好使人相信它同你一樣，從事物的肚腹裡說出話來。

因為它要藉此成為大地之上最重要的動物——國家；而人們也相信它是。」——

當我說出了這些話，火犬似因嫉妒而顯出荒唐的舉止。「甚麼？」牠吼叫著，「大地之上最重要的動物？人們也相信它是？」自牠的咽喉裡吐出了許多煙霧，並發出可怖的聲音，使我一度以為牠會因氣惱與嫉妒窒息而死。

終於，牠變得靜默些，牠的喘息也已減退；然而只要牠一靜默下來，我便笑著說：

「火犬啊，你氣惱了——關於你，我說的有理！

為了證明我有理，請聽我說另一種火犬——牠真的發自大地的內心說話。

牠的呼吸吐納出黃金與金黃色的雨——牠的內心意欲如此。灰塵、煙霧與灼熱的泥濘，於牠算甚麼！

歡笑自牠振翅而出，猶如一片雲彩飄動；牠對你的咽喉、唾沫與五臟六腑之絞痛，皆充滿嫉惡！

然而，黃金與歡笑——牠取之於大地之心——因為只是要讓你知道——**大地之心是黃金做成的**。」

當火犬獲悉此事，牠再也無法忍受，無法繼續聽我說話。牠羞愧地縮著自己的尾巴，低聲地喊著汪！汪！然後往下爬進了牠的洞裡。——

查拉圖斯特拉如是敘述。但他的門徒們卻幾乎沒有聽他說——他們的熱望是如此強大，渴望著他說船員、野兔與飛行者的故事。

「我該如何設想此事呢！」查拉圖斯特拉說。「難道我是一個鬼魂？不過，那定是我的影子才對。你們大抵已經聽到一些關於漫遊者與他們影子的事了？然而，可以確定的是——我必須將我的影子縮得短些——否則它還會敗壞我的名聲。」

查拉圖斯特拉再次搖頭，並且驚詫。「我該如何設想此事呢！」他再說了一次。

「何以那鬼魂喊：『是時候了！是最急迫的時候了！』最急迫的時候——究竟**為了甚麼**？」

查拉圖斯特拉如是說。

預言者

「——而我看見一個大悲愴臨到人類身上。最傑出的人也已厭倦他們的作品。

一種學說發起了，一種信仰便隨之興起：『萬物皆空，萬物皆同，萬物俱往！』

從每座山丘發出了回聲：『萬物皆空，萬物皆同，萬物俱往！』

我們大抵有所收穫——然而，為甚麼所有果實皆腐爛發黃？昨夜從邪惡的月亮那裡降下了甚麼呢？

所有的工作皆徒勞，我們的美酒變成了毒液，凶惡的目光熨焦了我們的田野與心臟。

我們所有人將變得乾枯；若有火落在我們身上，我們便四散如灰燼——是的，我們使火也厭倦了。

一切泉井皆乾涸，大海也退卻。所有土地將要裂開，但深處不可吞沒！

『啊，哪裡還有一片能溺死人的大海呢？』——我們的怨聲如此——遠遠越過淺灘沼澤。

確實，我們早已厭倦於尋死；如今我們仍然醒著，並且活下去——在墓室之中！」——

查拉圖斯特拉聽見一位預言者如是說；那預言打動了他的心，並且改變了他。他悲傷且疲憊地四處走著；他變得與預言者所說的那些人一樣。

確實，他如此對他的門徒們說，為了一件小事，便來了這漫漫長夜。啊，我該如何挽救我的光！

願我別在這悲傷裡窒息而死！對於遙遠的世界與最遙遠的夜晚來說，它應當是光！

查拉圖斯特拉的內心憂愁，這樣四處走著；三日之久，他未有飲食，未有安寧，並且失語。最後終於，他陷入一場深沉的眠睡。他的門徒們卻圍繞著他坐，守著長夜，帶著擔憂等待，看他是否會醒來、再度說話，並從憂鬱中康復。

這卻是查拉圖斯特拉醒來之際所說的話；他的聲音像從遙遠的遠方而來，臨到他的門徒當中。

「你們這些朋友們，聽我說這場我所夢見過的夢罷，並且幫助我猜測它的意義！

這個夢，於我還是一個謎；它的意義隱在其中，被俘擄著，尚未能夠憑藉自由的雙翅飛出去。

我夢見我拒絕一切生活。我變成了守墓者與守夜人，在那孤寂的死亡之山堡上。

在那上面，我守護著他的棺材——在充滿霉臭味的墓穴中，立滿了這種勝利的標誌。一條被征服的生命，從玻璃棺中注視著我。

我呼吸著那蒙塵的永恆之氣息——我的靈魂也沉悶並且蒙塵地躺著。誰還能夠在那裡宣洩自己的靈魂呢！

午夜的光亮總圍繞著我，孤獨蹲伏在夜光她身旁[7]；而第三人，那死前寂靜掙扎的呼嚕聲，是我女友們當中最壞的一個。

我拿著所有鑰匙當中最鏽蝕的一把；我了解藉此能打開所有大門當中最朽壞而嘎吱作響的。

當大門的門扇被開啟，那聲響猶如狂怒的鴉噪聲，穿越長長的廊道——這隻鳥懷著敵意叫喊，牠不喜歡被驚醒。

然而，更可怕、更使人心驚膽戰的是，當牠復歸沉默，四周一片寂靜，而我獨自坐在這狡詐的沉默裡時。

若還存在著時間，時間便會從我身邊如此溜過——我知道甚麼時間呢！然而，使我驚醒的事情終於發生了。

大門被重重地敲了三下，聲如雷鳴，墓穴也傳來三次回聲與怒號——我於是走到大門邊。

啊呀！我喊道，誰帶著他的骨灰到山上呢？啊呀！啊呀！誰帶著他的骨灰到山上呢？

我插進鑰匙，想盡辦法開門。但門開啟的縫隙還不到一指寬——

一陣怒吼的狂風扯開了門扇——它呼嘯、刺骨、響聲銳利地將一具黑色的棺材向我拋擲——

---

7. 註：此處「光亮」（Helle）為陰性，因此代稱為「她」。

在怒吼、呼嘯與刺骨之中，那棺材爆裂開來，吐出千百種嘲笑。

小孩、天使、貓頭鷹、愚者，與孩子般大的蝴蝶皆嘲笑我，露出千百種鬼臉，他們譏諷我，並且對我怒吼。

我感到無比驚恐——它壓倒了我。我因恐懼而叫喊，從來沒有如此地叫喊過。

然而，那唯一的喊叫聲把我驚醒了——我回過神來——」

查拉圖斯特拉如是敘述他的夢，而後默然——因為他尚不明白那夢的意涵。但是，一位他最喜愛的門徒迅速起身，握住查拉圖斯特拉的手並且說：

「你的生活自身便為我們點明了這夢的意涵，噢，查拉圖斯特拉！

難道你自己不是那銳利呼嘯的狂風，能將死亡堡壘的大門吹開？

難道你自己不是那棺材，裡面充滿光怪陸離之惡狀，與生命天使之鬼臉？

確實，查拉圖斯特拉的表情同千百種兒童的笑，來到所有的墓室當中，他嘲笑著這些守夜人與守墓者，以及帶著陰森鑰匙叮噹作響的人。

你要以你的嘲笑驚嚇並且打倒他們；你的強力會顯示在他們的昏厥與清醒。

即便漫漫長夜到來，人們也已厭倦死亡，你會在我們的天空裡永不陷落，你這生命的擁護者！

你讓我們看見新的星辰與新夜的華美；確實，你展開笑顏，音容如同我們頂上色彩繽紛的布篷。

而今，總是有孩童的歡笑自棺材裡流瀉出來；而今，總是有一陣疾風凱旋而來，壓倒所有死亡之倦；對此，你自身便是我們的擔保者與預言者！

確實，**你自己夢見了他們**，你的仇敵——這是你最沉重的夢！

然而，正如你被他們驚醒，並且回過神來，他們也應當自己甦醒——並且回到你那裡去！」——

那位門徒如此說；所有其他人旋即簇擁著查拉圖斯特拉，握住他的雙手，意欲勸他離開床席與憂愁，並回到他們身邊。查拉圖斯特拉卻端坐在他的床鋪，帶著陌生的目光。如同一個自陌生地久居歸鄉的人，他看著他的門徒，審視他們的臉龐；卻仍然無法認出他們。當他們扶起他，使他以雙足站立時，瞧，他的眼神忽然轉變了；他意會一切發生過的事，撫著鬍鬚，大聲說道：

「好啊！正是時候了；我的徒眾們，儘管備好一頓美好的餐食罷，盡快！我打算以此補償噩夢！

然而，預言者應當在我身邊飲食——確實，我還要給他看一片可以溺死他的大海！」

查拉圖斯特拉如是說。接著他卻看著那位充當解夢者的門徒的臉，一邊搖著頭——

論救贖

有一天，當查拉圖斯特拉走過大橋，殘疾者與乞丐包圍著他，一個駝子如是對他說：

「瞧，查拉圖斯特拉！群眾也向你學習，並且從你的學說當中獲得了信仰——然而，要他們完全信仰你，還需要一件事情——你必須先勸服我們的殘疾者！這裡你有一個美好的選擇，確實，一個大好時機！你可以治癒盲人，使癱瘓者奔跑，身後擁有太多的，你也可以取走一些——我認為，這將是使殘疾者信仰查拉圖斯特拉的正確方式！」

但查拉圖斯特拉如是回應在那說話的人：「若是有人取走了駝子的駝背，那麼便是取走了他的精神——群眾如是教導。而若有人給了盲人他的眼，那麼他便會看見太多大地上的壞事——如是他便詛咒那治癒他的人。然而，那使癱瘓者能奔跑的人，他也帶給他最大的損害——因為他才剛剛學會奔跑，他的罪惡便與他同行——關於殘疾者，群眾如是教導。若是群眾向查拉圖斯特拉學習，何以查拉圖斯特拉不也向群眾學習呢？

這卻是自我置身人群之中所看見最微小的事：『這人少了一隻眼睛，那人少了一隻耳朵，第三人少了一條腿，也有的人失去了舌頭、鼻子或頭。』

我看見且見過更壞的事情，有些如此醜惡，使我不願一一談論，對有些事也不願緘默——也就是，有一些人，他們擁有一樣東西過多，除此之外別無所有——有一些人，他們只剩一隻大眼、一張大嘴，或一個大肚子，或任何大東西——我稱這種人為異常的殘疾人。

當我從我的孤獨中走出來，初次越過這座橋——我不相信我的眼睛，向前望去，復又望去，終於說：『這是一隻耳朵！一隻大得像人的耳朵！』我更清楚地望去——果真，在那耳朵底下還有些東西在搖動，那既小又可憐又瘦削、值得可憐的東西。真的，那巨大的耳朵坐在一根細柄上——這柄卻是一個人！誰拿一只放大鏡在眼前，甚至能夠認出一張小小的嫉妒的臉龐；還有一個浮腫的小靈魂在柄上晃動。群眾卻告訴我，那隻大耳朵不只是一個人，卻是一個偉人，一個天才。然而，當群眾談及偉人的時候，我從不相信他們——而保持著我所信仰的，它是個異常的殘疾人，擁有一樣東西過多，其他一切則太少。」

當查拉圖斯特拉如此向那位駝子，以及那些他所代言擁護的人們說話時，他帶著深深的惱怒轉向他的徒眾，並且說：

「確實，我的朋友們，我在人群中遊走，好似置身人們的殘肢斷體之中！

看見人類像倒臥在戰場或屠場上那般毀壞與凋零，這對我的眼睛來說真是可怕的事。

我的眼光從現在逃往從前——它總是發現一樣的東西——殘肢斷體，與可怕的偶然——但卻沒有人！

人間的現在與從前——啊！我的朋友們——這是**我**最不能忍受的；若我不是一個對將來

之事有先見之明者，那麼我將不知道如何生活。

先見之明者、有意志者、創造者、未來自身，以及通往未來之橋——啊，也還有所謂這座橋邊的殘疾人——凡此皆為查拉圖斯特拉。

你們也時常自問『查拉圖斯特拉於我們是誰呢？我們該如何稱呼他？』同我一樣，你們給自己種種疑問以求答覆。

他是許諾者嗎？或是實踐者？是掠奪者嗎？或是繼承者？是秋收者？或是犁鏵？是醫生？或是病癒者？

他是一名詩人嗎？或是真實者？是解放者？或是馴養者？一個好人？或是壞人？

我在人群中漫遊，如同未來的殘片——那我所看見的未來。

我將那殘片、謎團與可怕的偶然組合創作，合而為一，這全是我的創作與追求。

假如人不也是詩人、解謎者與拯救偶然者的話，我如何忍受成為人！

解救過往，並將一切『曾經如此』改變為『我曾要如此！』——這於我而言才叫拯救！

意志——解放者與帶來歡愉的人如是稱它——我如是教你們，我的朋友！但請學這一點——意志本身仍是一名囚徒。

意欲被解放——然而，那給解放者套上枷鎖的，又叫甚麼呢？

『曾經如此』——這便是意志的咬牙切齒與最孤獨的哀傷。無能為力地對抗那既成之事——它對於一切過往而言，是一名不懷好意的旁觀者。

願望不能有倒退之想；它不能打碎時光，以及時光的貪欲——這便是意志最孤獨的哀傷。

意欲解放——而願望本身要如何，才能解除其哀傷，並嘲笑其禁錮呢？

啊，每個囚徒都變成愚人！被拘囚的意志也愚蠢地自救。

時光不能倒流，這是意志強壓著的忿怒；『那，曾經如此的』——便是意志無法翻動的石頭。

如是，它出於忿恨與惱怒翻開石頭，對於不同它一樣感到憤懣與惱怒的人們報以復仇。

意志，這個解放者，如是成為折磨者——對於一切能受苦者，它施以報復，因為它不能回頭。

意志對時間及其『曾經如此』的憎惡——光是這樣，便叫**復仇**。

確實，巨大的愚昧居住在我們的意志之中；而這愚昧習得了精神，便成為一切人性之詛咒！

復仇的精神——我的朋友們，這是迄今人類最好的思索；哪裡有痛苦，哪裡便有懲罰。

『懲罰』便是復仇自身——用一句謊言佯稱良心。

因為願望者不願回頭，因此他的內心有痛苦——如是，願望本身與一切生命——當成為懲罰！

如今，雲朵層層疊疊，在精神之上翻動——直到瘋狂終於宣教：『一切事物皆消逝，因此一切事物值得消逝！』

『而這便是公義，那時間的法則，時間必會吞噬它的孩子。』——瘋狂如是宣說。

『事物合乎倫常地依公理與懲罰而各安其位。噢，哪裡有救贖，可以使人從事物與「存在」之懲罰的長河中擺脫？』瘋狂如是宣說。

『若有永恆的公理，那麼還能有救贖嗎？啊，「曾經如此」這石頭是無法翻動的，一切懲罰也必須永恆存在！』瘋狂如是宣說。

『沒有任何行為能夠被消滅——它怎麼能透過懲罰而被消解！這便是「存在」之懲罰的恆久性，存在也必定恆久不斷地成為行為與罪過！

除非意志終於拯救自身，而願望變成了非願望——』我的兄弟們，你們是知道那瘋狂的寓言歌曲的！

當我教導你們『意志是一個創造者』時，我便領你們離開那些寓言歌曲了。

一切『曾經如此』是一個殘片、一個謎、一場可怕的偶然——直到創造的意志對此表態：『但我原欲如此！』

——直到創造的意志對此表態：『但我要如此！我將要如此！』

但它已如此說過嗎？甚麼時候發生的？意志已經從它的愚昧當中解脫了嗎？

意志自身是否已成為救贖者與帶來歡愉者？難道它已忘卻復仇的精神與一切咬牙切齒之事？

誰教導過它與時間妥協，以及高過一切妥協之物？

意志必須願望高過一切妥協之物，那便是強力意志——然而這如何在它身上發生呢？誰也還教導過它要回頭呢？」

——然而，他的話說到這裡，發生了如下的事，查拉圖斯特拉突然止住，看起來就像極為吃驚的人那樣。他帶著驚詫的眼神望向他的徒眾；他的眼神如箭一般穿透他們的思想與隱念。然而，片刻之後他又笑了，語帶安慰地說：

「與人類生活是困難的，因為沉默如此困難。尤其是對一個喋喋不休的人來說。」——

查拉圖斯特拉如是說。那駝背者卻掩著面傾聽了這段話；當他卻聽見查拉圖斯特拉發笑，他好奇地抬眼望，並緩緩地說：

「但是，為何查拉圖斯特拉對我們所說的話，不同於對他的徒眾呢？」

查拉圖斯特拉回答：「這有甚麼好大驚小怪！跟彎腰駝背的人當然可以用拐彎抹角的方式說話！」

「很好，」那駝背者說；「而跟學生就可以胡說八道些學校裡的事。

但為甚麼查拉圖斯特拉對他學生說的話——不同於對自己說的呢？」

論人類的睿智

可怕的不是高度——而是陡坡！

在陡坡上，目光**下**墜，手往**上**攀。在那裡，心因其雙重意志而暈眩。

啊，朋友們，你們大抵也猜出了我心中的雙重意志。

這，這是**我的**陡坡與我的危險，我的目光擲向高處，我的手卻想抓牢並且撐托——在深處！

我的意志牢牢抓住、依附著人類，我用鎖鏈將自己綁縛在人類那裡，因為它引我向上，成為超人——因為我的另一個意志要往那裡去。

為此我盲目地生活在人類當中；彷彿我不曾認識他們——以至於我的雙手不致完全失去對它們對於堅固之物的信賴。

我不認識你們人類——這昏暗與安慰時常瀰漫在我周圍。

為了每個無賴漢，我坐大門前的通道上，說——是誰要欺騙我？

我讓自己受欺騙，好讓自己不必提防騙子，這是我的第一種人類的睿智。

啊，若我需要提防人類——那麼人類如何能成為我氣球的錨呢！我太容易被引向高遠之處！

這天意在我的命運之上，以至於我必須沒有謹防。

在人群當中不願受煎熬的人，他必須學會自一切杯中飲水；在人群當中要保持純潔者，必須懂得以髒水洗滌自己。

為求安慰，我時常對自己如是說：「去罷！好罷！古老的心！一種不幸降臨於你——就將它當作你的幸福那般享受罷！」

這卻是我的另一種人類的睿智——我愛護虛浮者勝過愛護高傲者。

難道受創的虛浮不是一切悲劇之母？凡高傲受創之處，那裡大抵會長出一些比高傲更好的東西。

為了使生命更好看，它的戲必須演得好——對此則需要好的演員。

我發現所有的虛浮者都是好演員——他們演，並且喜歡自己被看見——他們所有的精神都在這個意志裡。

他們表演自己、發明自己；我喜愛在他們的附近觀看人生——那樣可以醫治好憂傷。

因此我愛護虛浮者，因為他們是治療我憂傷的醫生，將我緊緊繫在人類那裡，好似緊緊繫在一齣戲當中。

而後——誰衡量出了虛浮者謙遜的深度！因為他的謙遜，我待他好，並且同情。

他要從你們身上學會相信自己；他以你們的目光為滋養，他從你們的手中吞噬喝采。

若你們用謊言讚美他，他還相信你們的謊言——因為他的心在至深處嘆息：「**我是甚麼！**」

假如這就是不自知的真道德——那麼，虛浮者便不知自己的謙遜！——

我不會因為你們懼怕，而敗壞了看見**惡人**的興致，這卻是我的第三種「人類的睿智」。

我很幸福，看見炙熱的太陽所孵育的奇蹟——老虎、棕櫚樹與響尾蛇。

即便在人群當中，也有炙熱太陽的美麗孵育，與惡人之中許多值得驚奇的事。

儘管，一如你們的大智者於我看來並不怎麼智慧——我如是發現，人類的惡也不及其名。

我時常搖頭問——你們響尾蛇，為甚麼還啪啪作響呢？

確實，對於惡，也還存有一個未來！而對於人類，最炎熱的南方尚未被發掘。

就好比有些所謂最壞惡之事，它們不過十二雙鞋寬，三個月那麼長！然而，終有一天，更巨大的龍將橫空出世。

因為超人不能缺少他的龍，那配得上他的超級巨龍——所以還必得有許多炙熱的太陽在潮濕的原始森林中灼燒！

你們的野貓必先變成老虎，你們的毒蟾蜍必先變成鱷魚——因為好的獵人應當擁有好的狩獵！

確實，你們良善者與正義者！你們身上有許多可笑之處，尤其是你們的懼怕，懼怕那至今被稱為「魔鬼」的東西！

你們的靈魂對於偉大者是如此陌生，以至於超人即便顯出良善，對你們也將是**可怕的**。

而你們智者與博學者們，你們將逃離智慧的烈日，而超人則帶著歡愉，裸身沐浴其中！

你們最高尚的人們啊，為我的目光所遇！這是我對你們的懷疑與我隱祕的笑——我猜，你們將會把我的超人——稱為魔鬼！

啊，我已厭倦於這些最高尚與最優秀的人——從他們的「高處」，我要求自己升高，遠離，直到超人那裡！

當我看見這些最優秀者赤身裸體時，一種怖懼襲擊著我——因而我長出了翅膀，向前飄去，到遙遠的未來裡。

到一位塑像者還不曾夢想過的，那更遠的未來，更南的南方——往那裡去，那眾神恥於所有衣裝的地方！

然而，你們這些鄰人與同伴，我要見到**你們**裝扮整潔，體面尊嚴，猶如「良善者與正義者」——

我自己也要裝扮一番，坐在你們當中——使我**錯認**你們與我自己——這就是我最後的人類的睿智。

查拉圖斯特拉如是說。

最寂靜的時刻

我的朋友們，我發生了甚麼事？你們看見我心煩意亂，被趕出去，心不甘情不願地服從著，準備離開——啊，從**你們身邊**離開！

是的，查拉圖斯特拉必須再次走進他的孤獨裡——這回，這隻熊卻意興闌珊地回到牠的洞穴！

我發生了甚麼事！是誰命令這些！——啊，我那發怒的女主人要這麼做，她向我說過；我曾對你們提起她的名字嗎？

昨天傍晚，**我最寂靜的時刻**告訴我——這就是我最可怕的女主人的名字。

事情如此發生——因為我必須告訴你們一切，使你們的心不要對這突然離去的人變得冷酷！

你們知道眠夢者的怖懼嗎？——

他渾身上下感到驚懼，因為他的地面消失而夢境開始。

我告訴你們此事作為譬喻。昨天，在最寂靜的時刻，我的地面消失了——夢境開始了。

指針推移著，我生命的鐘在呼吸——我從未在我身邊聽見過如此這般的靜寂——我的心如是驚懼。

此刻，有個無聲之聲對我說：「**你是知道的，查拉圖斯特拉？**」

在這耳語之際，我因驚嚇而喊叫，我的臉失去血色——但我沉默不語。

這時，無聲之聲再一次對我說：「你是知道的，查拉圖斯特拉，但你卻不說出來！」——

而我終於回答，像一個倔強的人那樣：「是啊，我是知道的，但我不要說出來！」

這時，無聲之聲又對我說：「你不要，查拉圖斯特拉？這也是真的嗎？不要把你自己藏在倔強裡！」——

於是我哭了，像個孩子般發抖，並且說：「啊，我本來願意的，但我怎麼能呢！寬恕我罷！這超過我力量所能及！」

此刻，無聲之聲又對我說：「這有甚麼關係，查拉圖斯特拉！把你的話說出來，大破大立！」——

我回答道：「啊，這是**我的**話嗎？**我**是誰？我等待更加尊貴者；若要為它大破大立，我還配不上。」

這時，無聲之聲再對我說：「這有甚麼關係？對我而言，你還不夠謙遜。謙遜擁有最堅硬的臉。」——

而我回答道：「還有甚麼是我謙遜的臉皮不能忍受的！我居住在我高處的山腳下——我的山巒有多高？還沒有人告訴過我。但是我很了解我的山谷。」

這時，無聲之聲再對我說：「噢，查拉圖斯特拉，誰要移山，誰也要移動山谷與低地。」——

而我回答：「我的話還不能移山，而我所說的，也傳不到人類那裡。我大抵已經走向人群，卻尚未抵達他們。」

這時，無聲之聲再對我說：「你知道些**甚麼**！當夜晚最沉默的時候，露水滴在草地上。」——

而我回答：「當我找到自己的路並且走去，他們便嘲笑我；事實上，當時我的雙腿發抖著。」

他們對我如此說：「你忘了那路，現在你也忘了行走！」

這時，無聲之聲再對我說：「他們嘲笑有甚麼關係！你是一個忘了服從的人——現在你應當命令！

難道你不知道所有人最需要誰？他們需要偉大者發號施令。

成就偉大之事是困難的——然而，更加困難的，是號令做偉大之事。

這是你最不可原諒的事——你擁有權力，卻不要統治。」

我回答道：「我還缺少獅子的聲音以發號施令。」

這時，那聲音如耳語般對我說：「帶來風暴的，往往是最寂靜的話語。如鴿子步履般默默走來的思想，往往駕馭著世界。

噢，查拉圖斯特拉，作為一個必須來到的影子，你應當走去——如此你將發號施令，並且號令著上前去。」——

而我回答道：「我感到羞恥。」

這時，無聲之聲再對我說：「你必須還要成為孩子，而不感羞恥。

你的身上還有青年的驕矜，你的青春來得太遲——然而，要變成孩子的人，還必須要戰勝他的青春。」——

我沉思許久，並且顫抖。終於，我說了我最先說過的：「我不要。」

於是，一陣笑聲響在我的周圍。哀哉，這笑聲是如何撕裂我的五臟六腑，並剪碎我的心！

而這聲音最後一次對我說：「噢，查拉圖斯特拉，你的果實已成熟，然而，對於你的果實，你尚未成熟！

所以你必須再走進你的孤獨——因為你還應當變得熟軟腐爛。」——

它又笑了，並且逃開——而後寂靜包圍著我，如同裹上雙重的寂靜。而我卻躺在地上，軀體汗如雨下。

——現在你們聽見了一切，以及何以我必須回到我的孤獨裡。我不會對你們隱瞞任何事，我的朋友們。

然而，你們也從我這裡聽見了，誰總是所有人類當中最緘默的——是他要這麼做！

啊，我的朋友們！我多想同你們再說些甚麼，我多想再給你們些甚麼！為何我不給呢？難道我是吝嗇的？——

然而，當查拉圖斯特拉說完了這番話，他遭逢劇烈的疼痛，與朋友道別的時刻臨近了，於是他放聲大哭；沒有人知道要安慰他。而他在夜裡，卻獨自前行，離開了他的朋友。

PART 3

1884

出版

｜查拉圖斯特拉｜

當你們渴望高升時，你們向上望。

而我俯視著，因為我已高升。

你們當中有誰可以同時大笑與高升？

誰攀上最高峰，將嘲笑一切悲劇與悲哀之嚴肅。

——〈論閱讀與寫作〉——

漫遊者

時值午夜，查拉圖斯特拉取道海島的山脊，以便在清晨抵達另一岸——因他欲在那裡登船。那裡有個很好的停泊地，外來的船隻也喜歡在此下錨；它們載著一些欲從幸福島渡海而來的人。當查拉圖斯特拉如此攀登上山，他在途中想起從年少時便開始的許多孤獨的漫遊，以及他已攀登過的許多山脈、山脊與頂峰。

我是一名漫遊者與登山者，他對自己的心說，我不愛平原，我似乎無法長久枯坐。

而今，作為命運與經歷而臨到我的——其中包含了漫遊與登山——人們最終只有體驗他自己。

我還能與偶然邂逅的那個時代已經流走；現在還有甚麼不屬於我的東西**能**落到我身上呢！

它回來了，它終於歸返於我——我的自我，以及從其所生、久居異地，並四散於萬物與各種偶然之中者。

還有一事我是知道的——我此刻站在我最後一座頂峰前，它是為我保留最為長久的。啊，我必須走上我最為艱困的路！啊，我開始了我最孤獨的漫遊！

然而，誰與我同類，他就逃脫不了這樣的時刻——這時刻對他說：「現在，先走上你的偉大之路！頂峰與深淵——現在已合而為一！

你走著你的偉大之路——那所謂你最後的危險，如今已成為你最後的庇護！

你走著你的偉大之路——那定是你的至勇，在你身後已沒有了路！

你走著你的偉大之路；這裡應當無人會悄悄尾隨你！你的腳已經踏滅了你身後的道路——那路上寫著——不可能。

若你再也沒有了一切階梯，那麼你就得知道要從你的頭頂上攀登——否則你要如何向上呢？

從你的頭頂上攀登，並且超越你的心！現在，你身上最柔和的，也必成為最剛強的了。

對自己過度愛護的人，最終將在自己的過度愛護之中病弱。值得稱頌的，是那些使人剛強的東西！我不稱頌——那流有奶與蜜之地！

必要學習從自己**望出去**，好盡可能地**多看**——這樣的剛強對每個登山者來說是必要的。

有誰身為眼光銳利的洞察者，除了前方的景象，他該如何看見更多的萬物！

然而，噢，查拉圖斯特拉，你如欲觀望萬物的景象與背景——那麼你就必須攀越你自己——向上，高升，直到你的星星也在你之下！

是的！俯視自己，並且俯視我的星辰——這才是我的**頂峰**，這仍留給我的，我**最後的**頂峰！——」

查拉圖斯特拉在攀登時對自己如是說，他以剛強的小格言安慰自己的心——因為他的心從未如此受傷過。而當他來到山脊的高處時，他看見另一片海在他眼前展開著——他靜靜佇立，沉默良久。然而，在這樣的高處，夜晚卻是一片冰涼清澈、星光燦爛。

我識得自己的命運，終於他憂愁地說。去罷！我已準備好。這才開始了我最後的寂寞。

啊，我下面這片黑色的悲傷的海！啊，這個夜晚有孕育的惱怒！啊，命運與海！現在我必要**下降**於你們！

我站在我最高的山峰前，面對我最長的漫遊——對此我必須下降得更深，超越我曾有過的深度。

——縱身入於痛苦，超越我曾登臨的深度，直到入於它最深黑的洪流！我的命運要如此——去罷！我已準備好。

最高的山從何而來？我曾如此問。而後我學到，它來自海洋。

這證明寫在它的岩石與頂峰的峭壁之上。出於至深，至高者必來到他的高處。——

查拉圖斯特拉身處寒冷的山巔如是說；當他來到海濱，最終獨立在礁石之中，他在途中感到困倦，並且比從前更感到渴望。

此刻一切仍在睡，他說；海洋也在睡。它睡眼矇朧，陌生地看著我。

但我感到它溫暖地呼吸著。我也感到它在作夢。它在堅硬的枕頭上蜷縮著作夢。

聽！聽！它是如何因醜惡的回憶而呻吟！或因醜惡的期待？

啊，你這黑暗的怪物，我因與你一起而悲傷，且因你之故，我還怨恨我自己。

啊，我的手還不夠強而有力！確實，我很樂意將你自噩夢中拯救出來！——

當查拉圖斯特拉如此說，他帶著傷感與酸楚嘲笑自己。怎樣！查拉圖斯特拉！他說，你還要向海洋唱安慰曲嗎？

啊，你這多情的愚者查拉圖斯特拉，你這輕易相信的有福之人！但你總是如此——你總是輕信地走近一切可怖者。

你還想撫摸每個怪物。一息溫暖的呼吸，一些爪掌上柔軟的茸毛——你立即準備好去愛它，引誘它。

愛是最孤獨者的危險，**只要事物活著**，便去愛它！我的愚蠢確實可笑，以及我在愛中的謙虛！——

查拉圖斯特拉如是說，復又發笑——此時他想起他離別的朋友們——又彷彿他以自己的思想冒犯了他們，不由得對自己惱怒起來。隨即，發笑者復又哭泣——因著惱怒與渴望，查拉圖斯特拉悲苦地哭泣。

論面貌與謎

1.

當船員間傳說查拉圖斯特拉在船上——因為有個來自幸福島的人與他一同上船——於是產生了一種巨大的好奇與期待。然而，查拉圖斯特拉沉默了兩天，由於悲傷，他顯得淡漠而無聞問，如是，無論是目光或者提問，他皆不予回應。不過，第二天晚上，他又將自己的耳朵打開來，儘管他仍然沉默——因為有許多稀奇古怪與危險的事情可聽，在這艘從遠方來，還要往遠方去的船上。查拉圖斯特拉卻是這種人的朋友，他們遠行，不喜歡毫無危險地生活。瞧！在傾聽之中，他們的舌頭終於鬆動，而他內心的堅冰也打破了——於是他開始如是說——

你們這些膽大的探尋者與誘惑者撒旦，以及乘著敏捷的帆船航行於可怕海洋的人？你們，沉醉於謎語，歡欣於暮色，靈魂被笛聲引誘至迷亂的深淵。

——因為你們不願用膽怯的手去摸索一條引線；而你們能**猜透**的地方，你們便厭惡去推斷它——

我獨獨向你們訴說我所**見過**的這個謎——那最孤獨者的臉——

近來，我陰鬱地行穿死屍色的薄暮——陰鬱堅忍，雙唇緊閉。對我來說，不是只有一**個**太陽落下。

一條小徑，倔強地穿行於碎石，它凶險、孤獨，野草與灌木不生——一條山徑在我雙足的踩踏之下沙沙作響。

沉默地越過小石子，發出刺耳的叮噹聲，踩踏打滑的石頭——如是，我的腳勉力向上。

向上——抵抗那拉著他往下，拉著他下墜深淵的精神，那沉重的精神，我的魔鬼與死敵。

向上——儘管它坐在我身上，半身侏儒，半身鼴鼠；使人麻木癱瘓；像鉛注入我的耳，鉛點般的思想滴入我的腦。

「噢，查拉圖斯特拉，」它嘲諷地竊竊私語，字字清晰，「你這智慧之石！你將自己高高拋起，但是，每顆被拋起的石頭必將——落下！

噢，查拉圖斯特拉，你這智慧之石，你這投擲之石，你這星辰的毀滅者！你將自己拋得如此高，但每顆被拋起的石頭——必將落下！

它使你定罪、判你石刑——噢，查拉圖斯特拉，你將石子擲得真遠——但它將會歸返，落到**你**身上！」

接著侏儒沉默了；他沉默良久。而他的沉默卻壓迫著我；兩人這樣一起，確實比獨自一人還要孤寂！

我攀登，我攀登，我作夢，我思索——但一切壓迫著我。我如同一個病人，被痛苦折磨得身心俱疲，旋又因一場更痛苦的夢，自沉睡中驚醒。——

然而，有個東西在我心裡，我稱之為勇氣——它殺死了我的一切煩悶。這勇氣終於使我鎮定站立，並且說：「侏儒！是你！還是我！」——

勇氣自是最好的殺手——那進擊的勇氣——因為在每場攻擊中，都是一場鏗鏘的演奏。

人類卻是至勇的動物——因此他征服了所有的動物。以鏗鏘的演奏，他還征服了一切痛苦；但人類的痛苦是最深的痛苦。

勇氣也殺死了臨到深淵的暈眩——人在何處不臨深淵呢！觀看本身，難道不是——觀看深淵？

勇氣是最好的殺手——勇氣也殺死同情。同情卻是最深的深淵——人看生命如此深，他看痛苦也如此深。

勇氣卻是最好的殺手，那進擊的勇氣——它還殺死死神，因為它說：「這就是人生嗎？好罷！再來一回！」

在此種箴言當中，卻有著許多鏗鏘的演奏。誰有耳朵，就會聽見。——

2.

「站住！侏儒！」我說。「是我！或是你！我可是我們兩人中的強者——你不懂我如淵那般深邃的思想！**那**是——你無能擔負的！」

這時發生了使我輕鬆的事情——因為侏儒從我肩上跳下，這好奇的傢夥！他蹲在我面前的一顆石頭上。我們所停留的地方，那裡恰恰是個大門通道。

「侏儒！瞧瞧這大門通道！」我繼續說：「它有兩面。兩條路在此匯聚——還沒有人走到盡頭。

沿這條長長的路退回去——便有一種永恆持續。沿那條長長的路往前去——便是另一種永恆。

這兩條路，它們相互牴觸；它們恰恰在此相接，在這大門的通道上，兩條道路的匯聚地。大門通道的名字，被銘寫在上方：『頃刻』。

然而，誰要沿其中一條繼續走下去——一直走，愈走愈遠——侏儒，你相信這兩條路是永恆相互牴觸的嗎？」——

「一切筆直者皆說謊，」侏儒輕蔑地嘀咕著。「一切真理皆彎曲，時間本身便是一個圓。」

「你這沉重的精神！」我忿怒地說，「別說得太容易！不然我讓你蹲在你現在蹲的地方，你這跛腳鬼——我從前把你舉得太高了！

我繼續說，瞧這個頃刻！從這個大門通道，『頃刻』**倒退**奔向一條長長的永恆的路——在我們身後是一場永恆。

萬物當中**能**奔跑者，莫不是已經走過這條路？萬物當中**能**發生者，莫不是已經發生、已經完成、已經過去了？

若一切已曾有過——你這侏儒怎麼看待這種頃刻？莫不是這個大門通道也——曾經有過？

莫不是萬物以如此的方式緊密相連，乃至於這個頃刻將一**切**將來之物吸引到它自身？**如是**——也將自己吸引了過去？

因為萬物當中**能**奔跑者，也是在這長長的路上向前奔去——它**必定**還會再度奔跑！——

而這隻在月光下緩慢爬行的蜘蛛，與這月光自身，以及在大門通道上的我與你，相互低語著，低語著永恆的事物——莫不是我們全皆曾有過？

——而再復返，並且在那另一條路上奔跑，向前奔去，在我們面前，在這條長長的可怕的路上——莫不是我們必須永恆地復返？——」

我如是說，並且愈加輕聲——因為我懼怕自己的思想與隱念。忽然，我聽見一條狗在附近**狂嗥**。

我曾聽過一條狗如此狂嗥嗎？我的思索倒流著。是的！當我還是小孩的時候，在遙遠的孩提時——

——那時我聽見一隻狗如此狂嗥。且還看見牠豎起毛髮、仰著頭、顫抖著，在寂靜的午夜，那是狗也相信鬼怪的時候——

——如是我為之感到憐惜。那時正當有滿月死寂地越過屋頂，正當它靜止時，一輪月暈靜止在平坦的屋頂上，一如靜靜投射在他人的產業之上。

那時，狗因此而驚嚇了——因為狗相信盜賊與鬼怪。當我再度聽見如此的狂嗥，我又一次為之感到憐惜。

此時侏儒去了哪裡？大門通道呢？蜘蛛呢？一切低語呢？難道我在作夢？我醒了嗎？在野外的礁石之間，我忽然站立起，獨自且荒寂，在最荒寂的月光下。

但那裡躺著一個人！而那裡！那狗跳躍著，豎起毛髮哀鳴著——現在牠看見我來了——牠在那裡復又狂嗥起來，牠在那裡**叫喊著**——我曾聽見過一隻狗如此叫喊著求救嗎？

確實，我眼見之事，過去從不曾見過。我看見一名年輕牧者，蜷縮著、哽咽著、顫抖著、扭曲著面容，一條黝黑而沉重的蛇，懸掛在他的嘴邊。

我曾見過如此多的厭惡與蒼白的恐怖在一張面容嗎？他興許睡著了？於是蛇爬進了他的咽喉——牠緊緊咬住那裡。

我的手一再而再掰開蛇——卻是徒然！雙手無法將蛇拔出咽喉。於是一個聲音自我喊道：「咬罷！咬罷！

咬下頭！咬下！」——那聲音自我喊道，我的恐怖，我的憎恨，我的厭惡，我的憐惜，一切我的好與壞都隨著一**聲**呼喊自我而出。——

在我周圍的你們這些勇者！你們這些探尋者、誘惑者撒旦，在你們當中有誰駕過最靈巧的帆船，駛向未被探尋過的海洋！你們這些歡欣於謎語者！

請為我解開那個我當時眼見之謎，請為我解釋最孤獨者的那皮相！

因為那是一個幻相與一種預見——我當時在譬喻之中所看見的是**甚麼**呢？而那必然還要來的人是**誰**呢？

那位讓蛇爬進咽喉的牧者是**誰**呢？讓一切最沉重、最暗黑者爬進咽喉的人是**誰**呢？

——那牧者卻咬下去了，像我的叫喊所鼓吹的那樣；他狠狠地咬了下去！他遠遠地吐出蛇頭——並且一躍而起。——

再沒有牧者，再沒有人類——一個蛻變者，一個光照四方者，他**笑著**！在人間還未曾有過一個人類像**他**那樣笑過！

噢，我的兄弟們，我聽見一種笑，並不是人類的笑——如今有種焦渴與嚮往吞噬著我，永不停息。

我對這種笑的渴望正吞噬著我——噢，我怎能忍受繼續生活！而我怎能忍受現在死去！

——

查拉圖斯特拉如是說。

論違背意志的幸福

心懷這些謎團與悽苦，查拉圖斯特拉渡過海洋。當他距離幸福島與他的朋友們四天的航程之久時，他便克服了他所有的痛苦——他勝利地以堅定的雙腳，再度立足於他的命運之上。當時，查拉圖斯特拉對他歡欣的良知如是說——

我又是獨自一人了，我願意如此，獨自一人與純淨的天空以及自由的大海為伴；我的周圍又是明亮的午後。

在午後，我曾初次找到我的朋友們，在午後，我也曾再次找到他們——在那一切光線變得更加寧靜的時刻。

因為幸福還在天地間的路途上，它還要尋找一個光明的靈魂以棲身——此刻所有的光都因幸福而變得更加寧靜了。

噢，我生命的午後！**我的**幸福也曾降於山谷，以尋得一個棲身處——於是它在那裡找到了這些敞開且好客的靈魂。

噢，我生命的午後！我沒有拋棄我曾擁有的——我那生機盎然的思想的植栽，以及我那最高希望的曙光！

創造者曾經尋找過伴侶與**他的**希望之子——瞧，他發現他無法找到他們，除非他自己先將他們創造出來。

如是我忙於我的工作，走向我的孩子們，並且從他們那裡轉身——為了他的孩子們，查拉圖斯特拉必須完成他自己。

因為根本上，人們只愛他的孩子與工作；哪裡有偉大的自愛，那裡便有孕育之徵象——我如此發現。

我的孩子們在他們的第一個春天已有盎然生氣，它們就近相互依偎，隨風搖曳，周圍是我的花園與最肥沃土壤中的美樹。

確實！凡此種樹木羅列之處，那裡**便是**幸福之島！

然而，有朝一日，我要將它們連根拔起，並且將每棵樹分別獨立栽種——好讓它們學會孤獨、頑強與謹慎。

它應當盤根錯節，帶著柔韌的堅毅矗立在海濱，作為不可戰勝的生命那充滿生機的燈塔。在風暴墜入海中之處，與群山之喙吸飲海水之處，在那裡，每棵樹應當各自守其日夜，作為**自身的**考驗與認識。

它應當得到認識與考驗，看它是否與我同類且同源——看它是否為一種悠長意志之主宰，即便說話也顯沉默，如是能屈能伸，在給予時**有所得**——

——總有一天，它會成為我的伴侶，以及查拉圖斯特拉的共創者與同慶者——是將我的意志寫在我的牌榜上的這樣一個人——為了萬物圓滿的完成。

因它以及它的同類之故，我必須完成**我自己**——為此我避開幸福，並且為一切不幸效勞——為了**我**最後的考驗與認識。

確實，是時候讓我便貪婪了；漫遊者的陰影、最悠長的片刻與最寂靜的時光——它們全都對我說：「是最迫切的時候了！」

風穿透鑰匙孔而吹向我，說：「來罷！」大門巧妙地為我打開，並且說：「去罷！」

但我被緊緊束縛在對我孩子們的愛——對愛的渴望，那渴望給我罩上套索，使我成為孩子們的俘虜，因他們而失去自己。

渴望對我來說意味著——我已失去自己。**我擁有你們，我的孩子們**！在這樣的「擁有」中，一切應是安定而無有渴望。

然而，我的愛之太陽在我身上烤曬，查拉圖斯特拉在自己的汁液裡煎熬——於是陰影與疑惑皆自我頂上飛離。

霜雪與冬季已使我想望——「噢，但願霜雪與冬季使我又凍得直打哆嗦！」我嘆息道——於是冰冷的霧氣從我身上冉冉升起。

我的過去將它的墳墓撬開，有些活生生被掩埋的痛苦醒來了——它只是熟睡著，躲藏在屍體的長袍之中。

一切如是以徵象對我呼喊：「是時候了！」但我沒有聽見——直到我的深淵終於動搖，我的思想咬住我。

啊，深淵般的思想，你就是**我的**思想！我何時能得到力量，聽見你挖掘而不再顫抖呢？

當我聽見你在挖掘，我的心在擊敲，直上喉頭！你的沉默還要掐住我，你這深淵般的沉默者！

我從來不敢喚你**上來**——我帶著你，便已足夠！我還不夠剛強到足以擁有獅子的傲慢與勇敢意志。

你的沉重往往足以使我惶恐——但總有一天，我還會得到那力量，與能喚你上來的那獅子的聲音！

若我因此而超越了我自己，那麼我便要在更偉大的事情上戰勝自己；而一場**勝利**應當是我完成的印記！——

在這當中，我仍然在不定的海洋上漂泊；那油嘴滑舌的「偶然」對我逢迎諂媚；我瞻前且顧後——我仍然看不見終點。

我最後戰鬥的時刻尚未到來——或者它們正要到來？確實，海洋與生命帶著險惡的美麗環視著我！

噢，我生命的午後！噢，入夜之前的幸福！噢，遙遠海洋的港口！噢，不定中的安寧！我多麼不信任你們這一切！

確實，我不信任你們那險惡的美麗！我如同一個愛著的人，不信任太過柔軟的微笑。
如同那嫉妒者，將他最愛的人從身邊推開，剛強之中仍帶著溫柔——如是我也將這幸福的時刻從我身邊推開。

你，這幸福的時刻，走開罷！隨你來到我身邊的，是違背意志的幸福！甘願接受我最深的痛苦，我站在這裡——你來得不是時候！

你，這幸福的時刻，走開罷！寧可到我的孩子們那裡——尋覓棲身處！快！入夜之前，以**我的**幸運為他們祝福！

於是夜幕已降臨——夕陽西下。去罷——我的幸福！——

查拉圖斯特拉如是說。而他整夜都在等待他的不幸——但他的等待卻是徒勞。夜晚澄明且寂靜，幸福愈來愈接近他。接近早晨的時候，查拉圖斯特拉卻發自內心笑了，並且自嘲地說道：「幸福追逐著我。那是因為我不追逐女人。而幸福卻是一個女人。」

日出之前

噢，我的上蒼，你這純潔者！幽深者！你這光之深淵！我望著你，因神聖的渴望而顫抖。將我拋至你的高處——這便是**我的**深處！將我藏入你的純潔裡——這便是**我的**天真無咎！

上帝的美麗遮蔽了祂自己——如此你也遮蔽了你的星辰。你不說話——**如此**你向我宣告你的智慧。

今日你自洶湧澎湃的海洋沉默升起，你的愛與你的羞慚對我洶湧澎湃的靈魂吐露心聲。你隱藏在你的美麗當中，美妙地向我走來，你沉默地對我說話，顯明在你的智慧裡——噢，我怎麼猜不透你靈魂的一切羞慚！你**先於**太陽，來到我這裡，我這最孤獨的人這裡。

我們打從一開始就是朋友——對我們來說，憂傷、恐怖與根柢是共通的；還有太陽對我們而言也是共通的。

我們並不相互交談，因為我們知道得太多——我們默默相對、不發一語，我們對我們的知識微笑著。

你不是我火焰上的光嗎？你不是我那洞見的姐妹之魂嗎？

我們共同學習一切；我們共同學習超越自我，昇華自我，並且燦爛無雲地微笑——燦爛無雲地向下俯瞰著微笑，自光明的眼裡，從很遠的遠方，當逼迫、目的與罪過在我們之下，像雨一般蒸騰時。

而我獨自漫遊著——在夜裡，在迷途，我的靈魂為誰飢餓著？我攀登上山，在山間，若不是在尋找你，那麼是在尋找誰呢？

一切我的漫遊與攀登——那只是一種迫切之需與無助者之助——我整個意志要獨自飛翔，飛到你裡面！

除了飄流的雲朵與一切玷汙你的東西，我恨誰更甚呢？我還憎恨我的憎恨，因為它玷汙過你！

我深深厭惡飄流的雲朵，這潛行的山貓——它們取走你我之間共通的事物——也就是那漫無邊際地說「是」與「阿們」。

我們深深厭惡中介者與混雜者，這些飄流的雲朵——這些調和中庸者，既未學到祝福，也沒學到發自內心的詛咒。

我還寧可坐在閉鎖天幕下的一個桶中，寧可坐在深谷，不見天日，也不願看見你這被飄流雲朵所玷汙的光明天空！

我時常渴望以鋸齒狀的閃電金線將飄流的雲朵釘住，好讓我如雷一般，在它空心的肚腹

上擊敲

——我是一個忿怒的敲擊手，因為飄流的雲朵從我身邊奪走了**我**對你說的「是」！以及「阿們」！你，我頭頂上的蒼天，你這純潔者！光明者！你，光之深淵！——因為飄流的雲朵從你身邊奪走了我對你說的「是！」以及「阿們！」。

因為我還寧可要巨響、雷聲與暴風雨，也不要這謹慎多疑的貓的靜默；在人類之中，我最恨所有唯唯諾諾者、調和中庸者，與多疑躊躇的飄流雲朵。

「凡不會祝福的人，他應當**學會**詛咒！」——這個明訓從明亮的天空下降於我，這顆明星在暗夜之中，也還在我的天上。

只要你在我周圍，我卻是一個祝福者與一個說「是」的人，你這純潔者！光明者！光之深淵！——我仍帶著幸福的「是」，進入所有深淵。

我已成為祝福者與說「是」的人——為此我已搏鬥多時，成為一名搏鬥者，終有一日，我將能騰空雙手而祝福。

但這是我的祝福——立足於每件事物之上，做它自己的天空，做它的圓頂、它蔚藍的鐘罩與永恆的依靠——誰如是祝福，就有福了！

因為萬物皆在永恆之泉受到洗禮，超乎於善與惡；善與惡皆只是掠影浮光、潮溼的憂傷，以及飄流的雲朵。

確實，這是祝福，而非褻瀆，若我如此教導人：「在一切事物之上，是偶然的蒼天、無咎的蒼天、或然的蒼天、傲慢的蒼天。」

「關於或然」——這是世界最古老的貴族，我將它歸還給萬物，我將萬物從「目的」的奴役之下解救出來。

我將這種自由與蒼天的清朗置於萬物之上，一如蔚藍的鐘罩，當我這麼教導，說在萬物之上與萬物之中，並沒有「永恆意志」——在願望著。

我卻將這種傲慢與這種愚蠢置於那樣的意志所在之處，當我這麼教導：「在一切事物當中，只有一樣東西不可能——那就是理智！」

雖然有一**點點**的理性，一顆智慧的種子，從一個星球散播到另一個星球——這個發酵的麵團混合在萬物之中——為了愚蠢，智慧也混合在萬物之中！

一點點智慧已是可能；但我卻在萬物當中找到這個幸福的倚靠——他們寧可在偶然的足尖上——**跳舞**。

噢，我頭頂上的蒼天，你這純潔者！崇高者！不存在永恆的理性蜘蛛與蜘蛛網，這於我便是你的純潔——

——你於我只是天神偶然的跳舞之地，你於我只是神的骰子與賭局的一張神桌！——

然而你臉紅了嗎？我說了不可說的事嗎？我要祝福你的時候，已經褻瀆了你嗎？

或者是這場我使你臉紅的羞慚，其實是屬於我們兩者的？——你叫我走開，叫我沉默，因為現在——**白天**來了？

這世界是深奧的——而且比白天所想的還要深奧。並非一切都能在白天之前說出來。但白天來了——那麼我們現在分開罷！

噢，我頭頂上的蒼天，你這羞愧者！熾熱者！噢，你是我日出之前的幸福！白天來了——那麼我們現在分開罷！——

查拉圖斯特拉如是說。

論逐漸渺小的道德

1.

當查拉圖斯特拉重新登上陸地，他並沒有動身逕向他的山與洞穴，卻走了許多路，提了許多問題，打聽這些那些，以至於他自我解嘲地說：「看那一條河，它經過了蜿蜒曲折，又流回源頭！」因為他想要體驗，在這段期間人類發生了甚麼變化——是否變得更偉大或者更渺小。有一次，他看見一排新房屋；他感到驚奇，並且說：

「這些房屋有著甚麼意義呢？確實，不會有偉大的靈魂自以為是地拿它們來譬喻！大概是一個蠢孩子將它們從他的玩具箱裡拿出來罷？或許將有另一個孩子會把它們再收進他的箱子裡。

而這些屋舍——**男人們**真能在那裡進進出出嗎？在我看來，它們彷彿是為了絲綢玩偶而建造；或是為了愛吃甜食的貓，那貓也任由別人偷吃自己的東西。」

查拉圖斯特拉佇立且沉思。終於他憂傷地說：「**一切事物**都變得渺小了！

我看見四處皆是低矮的門——與我同類的人大抵還進得去——但他必須彎腰！

噢，我何時重返故鄉，那我不再需要彎腰的地方——不再需要**在渺小的人們**面前彎腰！」

——而查拉圖斯特拉嘆息著，望向遠方。——

然而在同一天，他卻進行了關於逐漸渺小的道德的談話。

2.

我走進這民族裡，持續睜著眼睛看——他們不原諒我，因為我不羨慕他們的道德。

他們咬我，因為我對他們說——對渺小的人們來說，渺小的道德是必要的——因為我難以理解渺小的人們何以**必要**！

在這陌生的農莊裡，我仍像一隻公雞，被母雞們追著啄；然而我並不因此而對這些母雞不好。

我禮貌地對待她們，像對待所有渺小的煩惱；對所有的渺小事物態度尖銳，我認為那不過是一種刺蝟之智。

當他們晚間圍坐在火焰旁邊時，所有人都在談論我——他們談論我，卻無人對我——加以顧念！

這是我學會的新的寂靜——他們在我周圍的喧囂，為我的思想加了一層大衣。

他們彼此喧嚷——「這片烏雲要對我們怎樣呢？我們要留意，別讓它給我們帶來瘟疫！」

近來有個小孩想要走向我，他的母親將他捉了回去，並且喊道：「把孩子們帶開！這種眼神會燒焦孩子的靈魂！」

當我說話時，他們便咳嗽——他們以為咳嗽是對強風的反對——他們對我幸福的呼嘯絲毫無法猜透！

「我們還沒有時間理會查拉圖斯特拉」——他們如此反對我；然而，一個「沒有時間理會」查拉圖斯特拉的時代，又有何干？

即便他們甚至頌揚我，我如何在**他們的**頌揚當中入眠？他們的讚美於我而言是一條刺針腰帶——即便我將它從身上取下，它仍然刮傷我。

在他們當中我也學到——讚美者佯裝客氣，事實上他要的是更多的贈與！

問問我的腳，是否它喜歡他們讚美與引誘的方法！確實，依照這種節拍與滴答聲，它既不喜歡跳舞，也不喜歡靜靜站立。

他們想讚美我，吸引我往渺小的道德裡；他們想說服我的腳往渺小幸福的滴答聲裡。

我走進這民族裡，持續睜著眼睛看——他們逐漸**變得渺小**，且將愈變愈小——**這卻造就了他們關於幸福與道德的學說**。

他們在道德當中自然也是謙卑的——因為他們要的是愜意。而能與愜意相調和的，卻只有謙卑的道德而已。

他們大抵也學會以他們的方式邁步前進——我稱之為蹣跚——若誰急急忙忙，便會撞上它。

他們當中有些人往前走，同時帶著僵直的頸項回望——我喜歡跑過去，撞上他們的身體。足與眼不該說謊，也不該以謊言彼此懲罰。然而，在渺小的人們當中，有著許多欺瞞與謊言。

他們當中有些人心有所願，但是大多數的人只是依從他人之願。他們當中有些人是真誠的，而大多數的人卻是差勁的演員。

他們當中有些違逆知識的演員，以及違逆意志的演員——真誠者總是罕見，真誠的演員尤為罕見。

這裡少有男性——因此他們的女人變得男性化。因為只有男子氣足夠的人，能夠在女人當中**將女人——解救**。

在他們當中，我認為這種虛偽最為惡劣——即便是命令的人，也偽裝成僕從的道德。

「我服侍，你服侍，我們服侍。」——在這裡，統治者的虛偽也如此禱告——假如第一主人只是頭號僕從，豈不哀哉！

啊，我眼睛裡的好奇也在他們的虛偽中迷失了；我善於猜透所有他們如蒼蠅般的幸福，及其在陽光照耀的窗玻璃邊的嗡嗡聲。

我看見這麼多的良善與這麼多的脆弱。這麼多的正義、同情，與這麼多的脆弱。

他們彼此圓融、正直、善意，如同沙粒與沙粒之間，彼此圓融、正直、善意。

謙卑地擁抱一個渺小的幸福——他們稱之為「順服」！同時他們早已開始謙卑地睨視一個嶄新而渺小的幸福。

他們很多時候是發自內心，單純只想要一件事——沒有人傷害他們。所以他們先走向每個人，並且待他好。

而這卻是**懦弱**——儘管它已被稱為「道德」——

當這些渺小的人們，一旦沙啞地說起話來——在其中**我**只聽見沙啞——每有一陣風吹來，自然使他們更沙啞。

他們是聰明的，他們的道德有聰明的手指。但他們缺乏拳頭，他們的手指不知道要躲藏在拳頭後面。

道德之於他們，就是使人謙卑且被馴服——他們以此使狼化為犬，也使人類化為人類當中最優秀的家禽。

他們暗自高興的微笑在對我說：「我們將我們的椅子置於**中間**。」——「它與垂死的搏鬥者之間的距離，就像與心滿意足的豬隻距離一樣遠。」

這卻是——**凡庸**——儘管它已被稱為節制。

3.

我走進這民族裡，讓有些話說出口——但他們既不知領受，也不會記得。

他們驚訝於我來並不是為了咒罵貪欲與惡習；確實，我的來意並不是要警告人們謹防扒手！

他們驚訝於，我沒有準備好要將他們的聰明才智馴服並且磨銳——好似他們還沒有足夠的聰明人，說話聲如石筆，在我耳邊嚓響！

而當我呼喊：「詛咒你們當中一切陰險的魔鬼，他們善於哀泣，喜歡合掌並且禱告。」他們便喊：「查拉圖斯特拉是目中無神的。」

特別他們順服的教師這麼喊；——但我剛好喜愛在他們耳際呼喊——沒錯！我是查拉圖斯特拉，目中無神者！

這些順服的教師！哪裡有渺小、病痛與疥癬，他們便像蝨子般無所不在地爬去；只是我的噁心阻止我掐破它們。

好罷！這是我對**他們**耳朵的布道——我是查拉圖斯特拉，目中無神者，在那裡說：「究竟有誰比我更目中無神，好讓我樂於向他求教？」

我是查拉圖斯特拉，目中無神者——我在何處尋得我的同道？凡給自己意志而將一切順服從自身摘除者，皆是我的同道。

我是查拉圖斯特拉，目中無神者——我還將每個偶然放在**我的**鍋中烹煮。當它在那裡被煮熟了，我才歡迎它作**我的**菜餚。

確實，有許多「偶然」以君主專橫之姿來到我這裡——而我的**意志**卻更為專橫地對它說話——而它早已下跪求饒——

它乞求能在我這裡得到棲身與熱心，它諂媚地勸說：「瞧啊，噢，查拉圖斯特拉，朋友是如何看顧朋友！」——

若無人有**我那般**的耳朵，那我還能說甚麼呢？所以我要出去，對所有的風大喊——

你們將愈來愈渺小，你們這些渺小的人們！你們這些愜意的人，你們將碎裂！我看你們還將毀滅——

——毀滅於你們許多渺小的道德，毀滅於你們許多渺小的放棄，毀滅於你們許多渺小的順服！

太多的愛護，太多的屈從——這就是你們的土壤！但是若一棵樹要**長大**，它就要把頑強的根扎在堅硬的山崖上！

你們所放棄的，將在人類未來的織錦上繼續編織；而你們的虛無，也是一張蜘蛛網，與一隻憑藉未來之血而活的蜘蛛。

你們這些渺小的道德者，若你們去取，那樣就像偷盜；然而即便與無賴為伍，**榮譽**也在說：「凡不能搶劫之處，人們只能偷盜。」

「給出自己。」——這也是順服的一種教義。但惬意的人們啊，我告訴你們——**一切只會奪取**，並且還會從你們身上奪取更多！

啊，只要你們將一切**半心半意**自身上摘除，並且像決心行動那樣下定決心懶惰！

啊，只要你們懂得我的話：「做你們想做的事——但要先成為**能夠想望**的人！」

「無論如何，要愛你們的鄰人，像愛你們自己一樣——但我認為，你們首先要成為**愛自己的人**——

——懷著大愛去愛，懷著大輕蔑去愛！」這目中無神者，查拉圖斯特拉如是說。

在無人有**我那般**的耳朵的地方，我還能說甚麼！這裡對我來說還早了一個鐘頭。

在這個民族中，我是我自己的先驅，我是穿越暗巷的自己的雞啼。

但**他們的**時刻到了！而我的也到了！他們將時時刻刻逐漸渺小，逐漸貧弱，逐漸不再繁衍——貧瘠的雜草！貧瘠的土壤！

很快地他們將站在那裡，猶如枯草與荒原，確實！你們對自身厭倦——渴望**火**，更甚於水！

噢，閃電的幸福時刻！噢，正午前的祕密！——有一天我還要使它們化為流火，以及伸出火舌的宣告者——

——它們有一天還會伸出火舌宣告——它來了，它臨近了，**那偉大的正午！**

查拉圖斯特拉如是說。

在橄欖山上

冬日這個惡客，陪我坐在家中；我的雙手因他的友誼之握而發青。

我尊敬他這位惡客，但卻喜歡讓他獨坐。我喜歡從他身邊跑開；誰跑得好，便躲開了他！

用溫暖的雙腳與溫暖的思想，我跑向那風止之處，跑向我的橄欖山[1]上向陽一隅。

在那裡我嘲笑我肅穆的賓客，我對他仍懷善意，因為他在家中為我除掉蒼蠅，平息了許多小小的喧鬧。

若有一隻蚊子要飛，甚或兩隻，他自然不感到痛苦；他還使街巷變得寂寥，讓月光在那裡夜裡也感到害怕。

他是一名嚴苛的賓客——但我尊敬他，而不像那些懦弱者面向大肚火神那般祈禱。

寧可有些咬牙切齒，也不要膜拜偶像！——我的本性便要如此。我尤其對所有熱烈的、蒸騰的、發霉的火之神祇感到憎惡。

我若愛誰，我在冬天比夏天更愛他；自從冬天光臨我的寒舍，此刻我更能嘲笑我的仇敵且更盡興。

確實盡興，就算我匍伏到床上——那裡有我的躲藏起來的幸福仍在嬉笑戲弄；便是我的謊言幻夢也在嬉笑。

我是一個——匍伏者嗎？我平生從未在權勢者面前卑屈匍伏；若我曾經說謊，那麼也是出於愛而說謊。因此我就算在冬日的床上也感到快樂。

一張簡陋的床，比一張華美的床更使我溫暖，因為我嫉妒我的清貧。而在冬天，清貧對我是最忠實的。

我以一種惡行開始每一天，我以冷水浴來嘲笑冬天——因此我那嚴苛的家中賓客咕噥埋怨。

我也喜歡以一支小蠟燭撩撥他——使他終於讓天光自灰燼般的昏暗中顯現出來。

我尤其在早晨的時候顯出惡意——天剛破曉，水桶在井邊喀啦作響，駿馬穿越灰色的街巷，熱情地嘶鳴——

那時我便焦急等待明亮的天光終於展露開來，那雪鬢般的冬日天光，那髮色斑白的年邁者——

——那緘默的冬日天光，時常還隱蔽他的太陽！

1. 橄欖山（Der Ölberg，英文 Mount of Olives）為耶路撒冷老城東部的一座山，該地種有滿山的橄欖，為《聖經》上許多事件的發生地。耶穌時常與門徒在此聚會，度過許多時光，教導門徒並且預言。

我大抵從他那裡學得了深長且光明的緘默？或是他從我這裡學的？或者我們各自發明了它？

一切美好事物的起源有各種各樣——一切美好的戲弄之事皆因歡愉而躍入此在——它們怎麼能夠總是——只做一次！

一個深長的沉默也是一樁美好的戲弄之事，如同冬日天光，從光明且睜著圓眼的臉孔向外望——

——像他一樣，隱蔽他的太陽，與他不屈不撓的太陽意志——確實，這門藝術與這場冬日的戲弄，我都**學到**了！

我最愛的惡意與藝術便是，我的緘默學會不以緘默而洩漏自己。

以言語與骰子的啪啦聲，我矇騙過莊嚴的侍者——我的意志與目的應當躲過所有這些嚴格的監視者。

為了不讓任何人往下窺見我的深處與最後的意志——對此我發明了深長光明的緘默。

我發現某些如此聰明的人——他蒙著臉龐，攪渾他的水，好讓無人能往下窺視而看透。

然而，剛剛來了更聰明的懷疑者與破殼者——剛剛人們才在我面前釣出了他最隱蔽的魚！

尤其那些光明者、正直者、透視者——於我而言是最聰明的緘默者——由於他們如此深不見底，因而最明澈的水也不會將之——洩漏。

你這雪鬢般沉默的冬日天光，我頭頂上那睜著圓眼的髮色斑白者！噢，你是我靈魂及其戲法的天堂譬喻！

難道我不**必**像一個吞金子的人那般隱蔽自己——好讓人們無法剖開我的靈魂？

難道我不**必**踩高蹺，好讓他們——所有這些圍繞著我的善妒者與好毀人者——對我的長腿**視而不見**？

這些煙燻的、烤熱的、耗損的、慘綠的、愁苦的靈魂——他們的嫉妒怎麼**能**忍受我的幸福！

於是我只有把我頂峰上的寒冰與冬日展現給他們——而**非**——我的山峰仍被一切日光的腰帶所繫繞！

他們只聽見我冬日風暴的呼嘯——而**非**——我也如同那渴望的、沉重的、炎熱的南風，**飄越溫暖的海洋**。

他們還為我的災禍與偶然感到憐惜——但**我的**話卻是：「讓偶然臨到我罷——它天真無辜，像個小孩！」

若我沒有將災禍、冬日苦難、北極熊皮帽與冰天雪地的包覆加諸在我的幸福之上，他們怎麼**能夠**忍受我的幸福！

——若我不對他們的**同情**感到憐憫——這些善妒者與好毀人者的同情！

——若我不在他們面前嘆息，冷得直打哆嗦，耐心地**讓**自己裹在他們的同情裡！

這便是我靈魂聰明的把戲與善意，它們**不隱匿**它們的冬日與冰風暴；它們也不隱匿它們的凍瘡。

一個人的孤獨是病者的遁逃；另一人的孤獨是**對**病者的遁逃。

所有圍繞我的這些可憐、猜忌的無賴，但願他們**聽見**我因嚴寒而打的哆嗦與嘆息！儘管這般嘆息與冷顫，我還是要逃離他們生著火的暖房。

但願他們對我同情，因著我的凍瘡與我同哀嘆：「在洞察的寒冰之中，他還要**凍傷**！」他們如此抱怨。

在這當中，我以溫暖的雙足在我的橄欖山上四處奔跑——在我的橄欖山上的日光一隅，我歌唱，並且嘲笑一切同情。

查拉圖斯特拉如是歌唱。

論路過

如是，緩緩走過許多民族與許多城市，查拉圖斯特拉繞道走回他的山與洞穴。瞧，這時他不覺已來到偉大之城的城門邊——這裡卻有一個嘴上有涎沫的傻子，伸開雙手，跳到他跟前，擋住他的去路。這便是那位人稱「查拉圖斯特拉之猴」的傻子——因為他記下了他說話的句子與語調，並且大抵喜歡援引他的智慧寶藏。這位傻子卻向查拉圖斯特拉如是說：

「噢，查拉圖斯特拉，這裡是大城市——在這裡你將尋不出甚麼，並且失去一切。」

你為甚麼要在這泥濘裡跋涉？還是憐惜你的腳罷！寧可在城門上吐唾沫——然後掉頭！

這裡是隱士思想的地獄——偉大思想在此將被活活烹煮，乃至糜爛。

所有偉大感情在此將會腐爛——這裡只有瘦骨嶙峋的微小情感在格格作響！

你不是已嗅到精神的屠場與庖廚之味了？這城市不是蒸騰著被殺戮精神之霧氣？

難道你沒有看見靈魂懸掛著，如同已然鬆弛骯髒的破布？——而他們還從這破布當中製造新聞呢！

難道你沒有聽見精神在此如何化為文字遊戲？他吐出了令人厭惡的文字的髒水！——他

們還從這些文字的髒水當中製造新聞。

他們相互追逐，卻不知何往；他們相互激怒，卻不知何故。他們以鐵皮敲響，以黃金叮噹。

他們寒冷，便在沸水當中尋找溫暖；他們發熱，便在冰凍的精神當中尋找清涼；他們全皆久病衰弱，並且酷嗜公眾意見。

一切淫樂與罪惡皆以此為家；但這裡也有道德者，有許多機伶且受雇於人的道德。——許多機伶的道德擁有寫字的手指與坐著堅毅等待的臀，他們受到賜福，獲得小星星胸章與豐滿而無臀的女兒。

這裡也有許多虔敬，在萬軍之神面前，有許多虔信的、垂涎的美食與諂媚的糕點。星星與慈悲的涎沫「自上方」落下；每個沒有配戴星星的胸脯便渴望著上方。

月亮有其宮廷，宮廷有其月之蠢犢——然而，凡一切來自宮廷的，乞丐民眾與所有機伶的乞討道德都祈禱求之。

「我服侍，你服侍，我們皆服侍。」——所有機伶的道德皆如此向上面的王侯祈禱——使那應得的星星勳章終於繫在狹窄的胸脯上！

然而，月亮依舊圍繞著一切塵世之物而轉——王侯也如此圍繞最塵世之物而轉——而那就是小商販的黃金。

萬軍之神不是黃金之神；王侯思索著，而小商販卻——操縱著！

噢，查拉圖斯特拉！以你心中的光明、強大與良善，唾棄這座小商販的城市，掉頭罷！

這裡有一切腐朽、蒼涼、泡沫般的血液流穿所有血管——唾棄這座大城市，這一切浮渣匯聚的巨大汙物！

唾棄這座城市，它屬於被壓碎的靈魂、狹隘的胸膛、尖銳的眼睛、與黏人的手指——

——這座城，它屬於糾纏不休者、厚顏無恥者、賣弄文字者與狂熱的野心者。

——這是一切開始腐爛的、聲名狼藉的、縱欲的、陰暗的、熟爛的、潰瘍的與陰謀策反者一起化膿之處。

——唾棄這座大城，掉頭罷！——

說到這裡，查拉圖斯特拉卻打斷這口沫橫飛的傻子說話，並摀住他的嘴。

「住嘴罷！」查拉圖斯特拉喊道，「你的話跟你這類人早已使我厭惡！

何以你住在沼澤裡這麼久，以至於你必得變成青蛙與蟾蜍呢？

難道你的血管不是流著一種腐朽的泡沫般的沼澤之血，使你如是學會了咒罵與呱呱叫？

何以你不到森林裡去？或是去犁田？難道海洋之中沒有星羅密布的綠色島嶼？

我蔑視你的蔑視；若你警告我——何以你不警告你自己？

我的蔑視與我的警告之鳥應當只從愛裡飛起——卻不是從沼澤！

人們稱你為我的猴子，你這流著唾沫的傻子——但我稱你為我咕嚕叫的豬——透過咕嚕叫，你還毀壞了我對愚蠢的讚美。

究竟是甚麼使你第一次發出咕嚕的叫聲呢？因為無人對你有足夠的奉承嗎——對此，你坐到這垃圾之上，好讓自己理由充分地咕嚕叫——

——好讓你有理由進行許多**報復**！你這虛浮的傻子，報復便是你發洩怒氣的所有方式，我猜透你了！

然而，你的傻話損傷了我，即便它們有理！**即使**查拉圖斯特拉的話甚且有理百倍，你將永遠——**冤枉**我的話！」

查拉圖斯特拉如是說；他凝望這座偉大之城，嘆息且久久沉默著。終於他如是說道——

我不只厭惡這傻子，也厭惡這座大城。此處彼處，不可救藥，不值動怒。

哀哉，這偉大之城！——願我已看見火柱將它焚燒！

因為這種火柱必要顯於偉大的正午之前。而它自有其時，與自身命運。

而你這傻子，我卻要給你這個教誨以道別——凡是人們無法再愛的地方，人們就該——**路過**它！——

查拉圖斯特拉如是說，並且路過了傻子與偉大之城。

論叛逆者

1.

啊，一切皆已凋零灰黃，它們近來在這草地上還一片蔥鬱、色彩斑斕！而我從這裡帶走多少希望之蜜，收進我的蜂房！

這些年少的心，全皆已衰老——甚至並非衰老！只是疲憊、凡庸、安適——他們稱之為「我們又變得虔誠了。」

近來我還看見他們在清晨踩著勇敢的腳步向外奔出——但他們洞察的雙足已然疲倦，如今他們也詆毀他們早晨的勇敢！

確實，他們當中有些人曾像一名舞者那般抬起雙腿，我智慧的笑容在向他招手示意——他於是陷入沉思。剛剛我才見他們彎著身，爬向十字架。

他們曾像蒼蠅與青年詩人那般，圍繞著光明與自由振翅飛翔。年紀稍長，便顯稍冷——

他們已成為黑暗者、謠傳者與守爐者。

莫非是他們的寂寞像鯨魚那般吞噬了我，因而心生氣餒？莫非他們的耳朵長久殷切期盼細聽我，以及我那如號角般呼喊的諭令而**未果**？

——啊！他們當中總是只有少數人，心中有持久的勇氣與狂狷；這種人的精神也常保堅忍。其餘的人卻是**懦弱的**。

其餘的人——他們總是大多數，凡夫、過贍者、多餘再多餘者，他們全皆是懦弱者！

——

誰與我同類，他將經歷與我同類之事——如是，他最初的友伴必是死屍與丑角。

他的第二批友伴卻是——將自稱為其信徒的人——活生生的一群，許多愛、許多愚蠢、許多毛頭小子的崇拜。

誰在人群當中與我同類，就不應把自己的心繫在這些信徒身上；誰識得懦弱易逃的這類人，就不應相信這種青春與色彩斑斕的草地！

若他們另有所**能**，那麼他們將另有所**欲**。半心半意毀壞所有整體。而樹葉凋零——又有何怨！

讓他們去罷，讓他們落下罷，噢，查拉圖斯特拉，不必哀怨！寧可在他們底下以疾風勁吹——

——在這些樹葉底下吹，噢，查拉圖斯特拉——好讓所有凋零者更快地離開你！——

2.

「我們再度變得虔誠了。」——這些叛逆者如此坦承；他們當中有些人還太懦弱，不敢如是坦承。

我直視他們的眼睛——我當著他們的面，當著他們頰上的羞紅直說——你們便是那些再度**祈禱**的人！

然而，祈禱卻是一種恥辱！不是對於所有人，卻是對你與我，以及腦中有良知的人。於**你**，祈禱是一種恥辱！

你大概知道——你體內那懦弱的魔鬼，它喜歡雙手合十放在腿上，想更悠閒自適——這懦弱的魔鬼對你說：「**存在**一位上帝！」

因而你屬於怕光的一類，光從不使他們安寧；而今你必得每天將頭更深地埋進黑暗與霧氣之中！

確實，你選對了時刻——因為夜鳥剛剛才又飛了出來。這個時刻向著所有怕光的群眾而來，這無人「歡慶」的晚間歡慶的時刻。

我聽到並且嗅到——他們狩獵與遷徙的時刻到來，但卻不是為了一場野蠻的狩獵，而是為了一次馴服、跛足、嗅聞、輕步與默禱的狩獵。

——為了獵捕充滿情感的膽小怕事者——此刻所有心之捕鼠器已重新設置！我在哪裡拉開一層帷幕，那裡便有一隻小飛蛾忽然飛出。

大抵牠是與另一隻夜蛾蹲伏在一起？因為我四處嗅聞到藏匿起來的小會所；哪裡有斗室，那裡就有新的祈禱僧侶與他們的氣息。

他們長夜並坐，說：「讓我們再度變成小孩，且說『親愛的上帝』！」——口味與腸胃皆因虔誠的糖糕而敗壞。

或者他們長夜凝視一隻狡猾窺伺的十字鬼蛛，牠向蜘蛛們宣揚自己的聰明，如是宣說：「在十字架底下多好結網！」

或者他們終日攜釣竿，坐在沼澤邊，同時自以為深；然而，誰在無魚之處垂釣，我就不能只說他淺薄了！

或者，他們虔誠快樂地向一位詩歌作曲者學習彈奏豎琴，他喜愛彈奏至年輕少婦的心坎裡——因為他已厭倦老嫗及她們的讚美。

或者，他們從一個博學的半瘋之人身上學會使人驚懼，他在暗黑的房間等待精靈降臨——而精靈卻跑開了！

或者，他們細聽古老而被驅趕的古怪笛聲，那聲調之哀傷是從憂鬱的風那裡習得；如今他依風聲吹奏，以憂鬱的聲調宣揚哀傷。

而他們當中有些人甚至變成守夜者——他們現在懂得吹奏號角，在夜裡四處巡行，並喚醒早已沉睡許久的舊事物。

昨夜我在花園牆邊聽見關於舊事物的五句話——這些話語來自那些老邁、乾癟且憂鬱的守夜者。

「作為一位父親，他對孩子們的關心並不夠——人類的父輩做得更好些！」——

「他太老了！他已完全不再關心他的孩子。」——另一個守夜者如是回答。

「他真有孩子嗎？若他自己都無法證明，那麼便無人能夠證明！我早就希望他能澈底證明此事。」

「證明？彷彿**他**已證明了些甚麼！證明對他來說是困難的；他將人們對他的**相信**視為要事。」

「沒錯！沒錯！對他的相信，那種相信使他幸福。這便是老年人的特性！在我們這裡也一樣！」

——兩個守夜且怕光的老者對彼此如是說，從而哀傷地吹奏起他們的號角——這便是昨夜在花園牆邊發生的事。

然而，我的心卻因發笑而糾結，它想衝出來，卻不知道往哪裡去？於是便沉入橫膈膜中。

確實，當我看見驢子酒醉，聽見守夜者如是懷疑上帝，我因發笑而窒息，這也算是我的下場了。

對於所有這類懷疑，不也**早已**過去了嗎？誰還敢將這種年邁、沉睡的、怕光的東西喚醒？

古老諸神早已走向終結——確實，祂們得到了一個快樂美好的諸神結局！當那目中無神之語從一位神的口中說了出來，那句話是：「只有一位上帝，除了我，你不應有別的神。」——一件事情於焉發生。

祂們並非自己「昏」死——那是人們在說謊！相反地，祂們一度是自己——笑死的！——一位長滿鬍鬚的年邁之神，一位嫉妒者，祂如是忘卻自己——

那時所有的神皆大笑，在祂們的椅子上東搖西晃，並且喊道：「存在著眾神，卻無上帝，這不正是神之道嗎？」

誰擁有耳朵，他便聽——

查拉圖斯特拉在城裡如是說，這城為他所愛，別號「彩牛」。從這裡出發，他只要再行走兩天，便能回到他的洞穴與他的動物身邊；他的靈魂卻因他歸期已近而持續歡呼著。——

歸鄉

噢，孤獨！孤獨，你是我的**故鄉**！我在蠻荒異地已狂恣地生活太久，以至於無法含淚回到你身邊！

如今，只要用手指威嚇我，就像母親們的威嚇，對我微笑，如同母親們那樣微笑，如今只要說：「那像一陣暴風從我這裡吹出去的，是誰呢？——

——那人在離別時喊道：我在孤獨裡坐得太久，因而我荒廢了沉默！**這個**——你現在大概學會了？

噢，查拉圖斯特拉，我知道一切——你在這許多人當中，比待在我的身邊更加**蕭索**，你這孤獨者！

蕭索是一回事，孤獨是另一回事；**這**——你現在學到了！你在人群之中將永遠感到蠻荒與陌生——

——假如他們愛你，也還是蠻荒與陌生——因為他們首先想要被愛護！

然而在此，你在自己家中；在此，你可以暢所欲言，吐露一切原委；在此，隱匿的執拗情感全都毋須羞慚。

在此，萬物親暱地來到你的話語當中，對你諂媚——因為它們要騎在你的背上。在此，你騎著每個譬喻，朝向每個真理。

在此，你可以正直真誠地向萬物說話——確實，當有個人正與萬物說話，那話語好似讚美之聲響在耳畔！

蕭索卻是另一回事。因為，噢，查拉圖斯特拉，你還記得嗎？當你站在森林裡猶疑不定，不知所往，你一無所知，像個死屍，那時你的鳥在頭頂上喊叫——

——當你說——但願我的動物指引我！我認為在人群當中比在動物中更加危險——這便是蕭索！

噢，查拉圖斯特拉，你還記得嗎？當你坐在你的島上，身為許多空桶當中的一束酒泉，你給予、斟酌，在焦渴的人群當中贈與、分贈——

——直到你獨自坐在酒醉者當中，自己也終至焦渴，在夜裡悲嘆『拿取不是比給予更為幸福嗎？偷竊不是比拿取更為幸福嗎？』——這便是蕭索！

噢，查拉圖斯特拉，你還記得嗎？當你最寂靜的時刻來臨，將你從你自身驅走，當那時刻惡意地耳語：『說罷，毀滅罷！』

——當那時刻使你的一切等待與沉默變得痛苦，使你謙卑的勇氣變得氣餒——這便是蕭索！」——

噢，孤獨！孤獨，你是我的故鄉！你的聲音是如此幸福迷人地向我訴說！

我們彼此互不詰問，我們彼此互不相怨，我們一起大方地穿過敞開的門。

因為在你那裡，一切是光明正大的；在此，便是時光的步履也輕快得多。在黑暗之中，人們所背負的時間要比在光明之中沉重得多。

在此，一切存在之言語與言語的寶盒都為我開啟——在此，一切存在皆欲成為言語；在此，一切演變皆欲向我學習說話。

然而，在下面那邊——一切言語皆是徒勞！在那裡，遺忘與路過是最好的智慧——這，我現在學到了！

誰想領會一切人類之事，他就必須對一切著手。然而，對此我的手卻太過潔淨。

我已不喜吸入他們的氣息；啊，我竟在他們的喧鬧聲與噁心的氣息裡生活了那麼久！

噢，圍繞我的幸福的寂靜！噢，圍繞我的純淨氣息！噢，這寂靜好似從胸脯深處迎出了純淨的呼吸！噢，它們是如何地諦聽，這幸福的寂靜！

然而，在下面那邊——一切都在說話，一切皆無人理睬。人們會以搖鈴宣布他的智慧——而集市上的小商販將以芬尼銅板的聲音淹沒那聲音！

在他們那裡，一切皆言語，卻不再有人理解。一切落入水中，再也沒有甚麼落入深井裡。

在他們那裡，一切皆言語，卻不再有甚麼導向終點。一切咯咯響，但誰還要靜坐在巢中孵蛋？

在他們那裡，一切皆言語，一切被說得支離破碎。昨日對於時代自身及其牙齒還顯得太硬的——今日則被時下之人掛在嘴邊，刮淨嚼碎。

在他們那裡，一切皆言語，一切皆被揭露。曾經稱為祕密與靈魂深處的隱祕，今日皆屬於街巷的鼓吹者與其他的輕佻者。

噢，人類，你這奇異的東西！你這暗巷中的喧鬧！如今你又在我的身後——我最大的危險在我的身後！

我最大的危險，存在愛護與同情之中；所有人類都想被愛護、被包容。

帶著被抑制的真理、愚人的手、痴迷的心與富有同情的小謊言——我總是在人群中如是生活。

我喬裝自己，坐在他們當中，準備好錯認**自己**，好讓我能容忍**他們**，並且樂於勸告自己「你這傻子，你不懂得人類！」

生活在人群當中，便會荒廢識人的能力——每個人有太多的表面工夫，一如舞臺前景——**那麼**，高瞻遠矚的眼睛該如何是好！

若他們將我錯認——我這傻子將會愛護他們，勝過愛護自己——我已習慣對自己尖刻，為這樣的愛護，我還時常對自己報復。

被毒蠅所螫，如同石頭一般，被許多惡之水滴所鑿穿，我如此坐在他們當中，仍對自己說：「一切渺小事物皆因其渺小而無罪咎！」

尤其是那些自稱「善人」者，我認為是他們可比毒蠅——他們無有罪咎地刺人，無有罪咎地說謊；他們如何**有能力**對我——保持公正！

誰生活在善人之中，同情便教他說謊，同情為所有自由的靈魂製造沉悶的空氣。因為善人的愚蠢深不可測。

將我自己與我的財富隱蔽起來——這是我在那下面學到的——因為我發現每個人的精神皆仍貧弱。這便是我同情的謊言，乃從每個人身上習得，

——我從每個人身上看見並且聞見，甚麼東西對他的精神是**足夠的**，甚麼東西對他的精神已**太多**！

那些呆板的智者——我稱他們有智慧卻不呆板——如此我學會嚥下話語。他們的掘墓人——我稱他們為研究者與檢驗者——如此我學會混淆話語。

掘墓者為自己掘出了疾病。惡臭在古老的廢墟裡安息著。人們不應攪動那汙泥。人們應生活在山上。

我用幸福的鼻孔再度呼吸到山間的自由！我的鼻子終於從所有人類的氣味當中解放出來！

被凜冽的空氣所撩撥，就像飲著氣泡酒，我的靈魂打了噴嚏——**打噴嚏**並且歡呼著——祝你健康！

查拉圖斯特拉如是說。

論三種惡行

1.

在夢中，在最後的晨夢之中，今日我站在世界彼岸的一個海角——手持一個天秤，稱量這世界。

噢，朝霞於我而言來得太早——它將我熱醒，這嫉妒者！它總是嫉妒我晨夢的光暈。

它對於有時間的人而言是可測度的；它對於好的估量者而言是可稱量的；它對於羽翼強勁者而言是可飛抵的；它對於神一般的怪人而言是可猜透的——我的夢如是發現這世界。

我的夢是勇敢的帆船，一半是船，一半是風暴，同蝴蝶般沉默，同高貴的老鷹般性急——今天它怎麼會有耐性與餘暇來稱量世界！

大抵是我的智慧，我那堆滿笑容、清醒的、嘲諷一切「無盡世界」的日間智慧，偷偷地告訴了它？因為它說：「哪裡有力量，數字也會成為那裡的首領——它擁有更多力量。」

我的夢定定望向這有限世界，不好奇，不好古，無懼無求——

——好似一顆豐潤的蘋果呈上我手，一顆成熟的金蘋果，有著涼軟光滑的皮膚——世界如此呈現在我的眼前。

——好似一棵樹向我招手，一棵枝繁葉茂、意志堅定、彎曲而可憑靠的樹，甚至作為疲倦的行路人的腳踏板。世界如此地在我的山麓上展現。

——好似纖柔的雙手為我捧來一只寶盒——一只寶盒，為了害羞且崇敬的陶醉眼神而開——世界在今日如是向我呈現。

——它不是足可嚇走人類之愛的謎題，不是足可使人類智慧入眠的解答——人們惡語毀謗的世界，在今日於我是一件人類的好事！

我多麼感謝我的晨夢，使我在今朝稱量這世界！這場夢與安慰心靈者，它就像一件人類的好事來到我這裡！

於是我在日間做同它一樣的事，補學並學會它最好的部分——現在我要將三種至惡之事置於天秤之上，以符合人類情理的方式好好衡量。——

誰教人祝福，他也教人詛咒——世上三種最受詛咒的事情是甚麼呢？我要將之置於天秤之上。

淫欲，統治欲，自私——此三者乃迄今最被詛咒、最被誑騙稱說的——我要將此三者以符合人類情理的方式好好衡量。

好罷！這裡是我的海角，那裡是海洋——它朝著我向前翻湧，頭髮蓬亂，模樣諂媚，那是我所愛的犬怪，它忠心、年邁、有一百個腦袋。

好罷！在此我要提著天秤，越過翻騰的海洋——我也要選出一位旁觀的見證者——你，你這香氣撲鼻、枝葉扶疏的隱者之樹，乃我所愛！——

現在，走上哪一座橋可以通往將來？透過哪些威脅能迫使高尚變為卑下？又是甚麼使至高之物更加——往上生長？——

如今，天秤靜止平衡了——我將三個沉重的問題擲了進去，另一邊的稱盤上載有三個沉重的答覆。

2.

淫欲——對於所有身穿懺悔服的蔑視肉軀者，這是他們的眼中釘、肉中刺，好比所有信仰背後世界者詛咒「世界」一樣——因為他們譏諷並捉弄所有困惑錯亂的教師。

淫欲——對於流氓而言是一把緩慢燃燒的火焰，他們在火焰之中被焚燒殆盡；對一切蟲蛀之木，對一切發臭的破布而言，它是蒸騰燃燒的大火爐。

淫欲——對自由的心而言，它是無辜且自由的，它是大地的幸福花園，是每個將來對於現在的滿溢的感謝。

淫欲——它只對凋零者而言是種甜蜜的毒藥，對於獅子般的雄心壯志者，卻是偉大的強心劑，以及令人敬愛珍惜的酒中醇酒。

淫欲——對於更高的幸福與至高的希望而言，它是偉大的譬喻式的幸福。對許多人來說，婚姻的行為是好的，且超越了婚姻的形式本身，——

——對許多人而言，彼此感到陌生，更甚於男人與女人之間的陌生——誰能全然知道男人與女人之間**有多陌生**！

淫欲——但我要在我的思想，也還有我的語言周圍樹立藩籬——好讓那些豬與狂熱者不要闖入我的花園！

統治欲——是最鐵石心腸者熾熱的鞭子；它是留給最殘酷者的可怕刑訊；它是活活焚燒異教徒柴堆上的陰暗火苗。

統治欲——是加諸於最虛浮的民族身上那壞惡的制軔；是所有不確定的道德的譏諷者；它騎在每匹駿馬與每個驕傲之上。

統治欲——是將一切腐朽與中空之物撬開並打碎的地震；是粉飾的墳墓上隆隆滾動、好懲罰的女破壞者；是提前的答覆旁邊，那閃電一般的問號。

統治欲——在它的目光下，人類匍匐前進、卑躬屈膝、盡心盡力，比蛇與豬還要卑微——直到大輕蔑從人的內心呼喊出來——

統治欲——屬於大輕蔑的可怕女教師，她當著城市與王國的面宣揚：「滾開**我這裡**！」

統治欲——它也受著誘惑，朝向純潔者、孤獨者，以及自我滿足的高處攀登，熾熱得如同一種愛，那愛受著誘惑，在人間天堂塗上紫色的至福。

統治欲——然而，若「崇高」向下渴望著「權力」，誰會稱它為「**欲**」呢！確實，在這樣的渴望與向下當中，並沒有久病不癒與癖好成癮者！

孤獨的高處並不會永遠孤獨與自足；高山會臨到溪谷，高處的風會吹往低地——

噢，誰能給這種渴望找到一個受洗禮與道德的名字！查拉圖斯特拉曾經為這無可名之的東西如此命名——「餽贈的道德」。

當時也還發生了一件事——確實，那是頭一次發生！——他的話語快樂地稱頌**自私**，那從強大靈魂泉湧出來、健康完好的自私——

——來自那高尚美好、勝利舒爽的肉軀所屬的強大靈魂，好讓周圍每個事物成為明鏡。

——那柔韌且具說服力的肉軀，那舞者，他的譬喻與精華便是自我享樂的靈魂。這種肉軀與靈魂的自我享樂，則自稱為「道德」。

這種自我享樂用好與壞的言語來庇護自己，如同以神聖的樹林來庇蔭；它以幸福之名將所有可鄙之事從自身驅逐。

它將一切懦弱者從自身驅走；它說：低劣者——**便是**懦弱！那些喜歡擔憂、嘆息、訴苦，以及最小利益都不放棄的人，在它看來總是可鄙。

它也蔑視一切以苦為樂的智慧——因為確實也有在黑暗中盛開的智慧，那是夜影之智慧

——它總是嘆息：「萬事皆空！」

在它看來，那膽怯懷疑的，以及每個寧願發誓也不用雙眼注視、雙手觸摸的人，都是微不足道的——它也還藐視一切過度懷疑的智慧，因為這正是懦弱靈魂的性情。

在它看來更微不足道的，是那些愛獻殷勤、像狗一樣、立刻傾倒在地者與謙卑屈從的人；也存在這樣的智慧，是那謙卑屈從，狗性的，馴服的，與愛獻殷勤的。

從不想自我防衛的人、吞下有毒唾液與凶惡目光的人、過度忍耐的人、忍受一切的人、太過知足的人，他們被它憎恨，且成為一種厭惡之物——那便是奴性。

無論諸神之其一以及諸神的腳踢當中，無論在人類面前與愚蠢的人類想法當中是否有奴性——總之，這幸福的自私，它唾棄一切奴隸性格！

它稱一切被摧殘、奴性再奴性的東西為——低劣的——眼睛不自由地眨，心被壓抑，每個錯誤的讓步姿態都以寬而懦弱的嘴唇親吻著。

它稱一切由奴隸、老者、疲倦者插科打諢的玩笑話為——偽智慧——尤其是那所有惡劣荒唐、過度滑稽的宣教者的愚蠢！

擁有偽智慧的人卻是所有宣教者、厭世者，與靈魂具有女性與奴性者——噢，一直以來，自私在他們的演出裡顯得多糟糕！

而這人們演壞了的自私，恰恰該是道德，且該被稱為道德！而「無我」——所有這些厭世的懦夫與十字鬼蛛如此期望自己，且還理直氣壯！

而今，這一天臨到了所有人，轉變、行刑刀、**偉大的正午**——那麼，應當有許多事物將被顯明！

說「自我」是健康且神聖的，說「自私」是快樂的人，確實，這預言者，他也將說他所知道的：「**瞧，它來了，它近了，那偉大的正午！**」

查拉圖斯特拉如是說。

論沉重的精神

1.

我的口——是屬於群眾的——對於絲綢做的兔子來說，我說的話太粗魯且真誠。對所有的墨魚與毛皮狐狸而言，我說的話更顯得陌生。

我的手——是傻子的手。哀哉！所有的桌子與牆壁，以及還留位置給傻子塗鴉裝飾的地方！

我的腳——是馬的腳；以它噠噠的跑馬步越過種種障礙，在田野之中馳騁縱橫，在一切疾馳之中，我感到著魔似的快樂。

我的胃——大抵是老鷹的胃？因為它最愛的是羊肉。想當然耳，那是一種鳥類的胃。

以無辜少數的東西為食，隨時準備好不耐地飛走，從那裡飛走——這就是我的特性——怎麼能說它不是鳥類的特性呢！

特別是我仇視沉重的精神，這是鳥類的特性——確實，是天敵、死敵、不共戴天之敵！噢，難道我的敵意不是四處飛翔，迷亂飛翔！

從中我已能唱一首歌——且我**要**唱它——即便我很快便獨守空屋，且得唱給我的耳朵聽。

當然也有其他歌者，唯有屋子滿座，才能使他們的喉嚨宛轉、手勢活潑、眼神靈動、心靈清醒——我卻不同於他們。——

2.

誰一旦教人類飛翔，他便挪開了所有的界碑；於他而言，所有界碑將會飛到空中，他將給大地一個新的受洗名——名為「輕盈者」。

鴕鳥這一種鳥類跑得比最疾馳的馬還要快，然而即便是牠，也還將沉重的頭埋入沉重的泥土裡——還不會飛翔的人類，亦復如是。

於他而言，大地與生命皆沉重；而沉重的精神便要如此！而誰要變輕盈，成為一隻鳥，他就必須愛自己——**我**如是教導。

當然不是以久病不癒者與癖好成癮者的愛——因為在這些人當中，利己之愛也在發臭！

人們必須學習愛自己——我如是教導——以一種健康完好之愛——好讓人們堅定自持，不致四處流離。

這種「四處流離」替自己命名為「利他之愛」——藉這個字眼，迄今有著最好的矇騙與偽裝，尤其是在那些讓全世界皆沉重的人身上。

確實，學習自愛，這並非今日與明日的律令。相反，在一切技藝當中，這是最精細、最巧妙、最重要且最有耐心的。

一切所有物對其擁有者而言，自然是完好地藏匿著；一切寶藏之中，自有物將最晚才被挖掘出來——沉重的精神如是造成這些。

幾乎在搖籃之中，人們就已經給了我們沉重的詞語與價值——「善」與「惡」——這份被賦予的嫁妝如此自稱。因為這種種緣故，我們的生存才被寬恕。

因此，人們讓小孩到他們那裡去，並且及時禁止孩子們去愛自己——沉重的精神如是創造這些。

而我們——我們老實地將人們一路所賦予的東西扛在肩上，越過崎嶇的山！我們流汗了，人們便對我們說：「是的，人生是沉重而難擔負的！」

然而，只有人類是沉重而難擔負的！之所以如此，是因為他將太多陌生之物扛在他的肩上。他像駱駝一樣地跪下，並且讓自己好好地裝載貨物。

尤其是那強壯、能荷重且心懷敬畏的人類——他將太多陌生而沉重的詞語與價值擔在自己身上——而今，人生於他彷彿是一片沙漠！

確實！即便是某些自己的東西也難以擔負！人類的許多內裡有如牡蠣，噁心、濕滑、難以捉摸，——

——所以只得依靠高貴的殼與華麗的裝飾來說情了。然而，即便是這種藝術，人們也必須學習——**擁有**外殼、美麗的外表與聰明的盲目！

某些殼非常微小、悲傷，僅只是一個殼，在人類那裡卻矇騙了許多事情。許多被隱蔽的良善與力量從未被猜透；最美味的佳餚找不到一位饕客！

女人懂得，那最美味的——微肥一些，微瘦一些——噢，有多少命運繫於這如此的些微！人類是難於發現的，最難的還是發現自己；時常，精神矇騙著靈魂。沉重的精神如是造成這些。

然而，那人卻發現了自己，他說——這是**我的**善與惡——藉此，他使說著「於一切皆善，於一切皆惡」的鼴鼠與侏儒沉默了。

確實，我也不喜歡那種「言每事皆善，而這世界更是至善」的人。這種人，我稱他們為「萬事滿足之人」。

「萬事滿足」，它懂得品味萬物之甘美——那卻不是最上乘的品味！我尊崇那難以駕馭、挑剔苛求的舌與胃，他們學會了說「我」以及「是」與「否」。

何況將萬物咀嚼並消化——這是一種真正的豬的性情！老是說著「咿——呀——」，唯有驢子以及精神與之相近的人才學會如此！

深黃與火紅——**我的**品味正欲如此——那品味將鮮血調入一切色彩。然而，誰將他的房屋粉刷成白色，他便向我表露了一個刷得粉白的靈魂。

一些人愛戀木乃伊，另一些人愛戀鬼魅；此兩者對於所有血與肉，皆為仇敵——噢，此兩者是如何與**我的**品味相悖！因為我愛戀鮮血。

而在那裡，那人人唾棄作嘔之地，我不要居住與停留——如今我的品味是——我還寧可生活在盜賊與作偽證者當中。無人嘴裡含金，我何必留。

然而，還更令我反感的，是那所有垂涎他人唾沫者；而我發現了人類當中最令人反感的禽獸，並將之命名為「寄生蟲」——牠不願意愛，卻要以愛為生。

誰只擁有一種選擇，我稱之為不幸——不是成為惡獸，就是成為壞惡的馴獸者——在這種人當中，我將不會築耙任何小屋。

誰必須永遠**等待**，我也稱他們為不幸——他們與我的品味相悖——所有這些稅吏、商販、國王，以及其他的土地守護者與商店主人。

確實，我也學過等待，並且非常澈底——但只是等待我**自己**。最重要的是，我學會了站立、行走、奔跑、跳躍、攀爬以及跳舞。

這卻是我的學說——誰一旦要學會飛翔，他必須先學會站立、行走、奔跑、跳躍、攀爬以及跳舞——人不是一飛就能飛翔的！

藉著繩梯，我學會爬上某些窗戶，憑著敏捷的雙腿，我攀登上高高的桅杆——坐在高高的洞察之桅杆上，那於我而言彷彿並非太小的幸福，——

——如同小小的火光在高高的桅杆上閃爍——雖然是一束微光，但是對於漂泊的水手與船沉者，卻是種巨大的安慰！——

用了許多的方法與路徑，我來到我的真理——我並非以一**把**梯子登上高處，到那我的目光可投至遠方之處。

而我往往就是不喜歡問路——這總是與我的品味相悖！我寧可對「道路」本身探問並且嘗試。

一種嘗試與探問，便是我所有的行走——確實，對於這樣的探問，人們也必須**學習**答覆！而這卻是——**我的**品味——

——不是好的，不是壞的，卻是**我的**品味，對此我既不害羞，也不隱諱。

「如今——這是**我的**路——你們的道路在哪裡？」我如此答覆那些向我「問路」的人。那條路自是——**它**不存在！

查拉圖斯特拉如是說。

論新舊牌匾

1.

我坐在這裡並且等待，在我周圍有老舊破裂的牌匾，也有嶄新的、字寫了一半的牌匾。我的時刻何時到來？

——我墜落與毀滅的時刻——因為我還要再一次走向人類。

而今我等待它——因為，必須先有徵象臨到我，表明我的時刻來了——也就是那伴著鴿群的大笑的獅子。

其間，我儼然是一位擁有時間的人，對我自己說話。沒有人告訴我新事物——我如此對我述說著我自己——

2.

當我來到人群當中，我發現他們安坐一種古老的狂妄之上——所有人彷彿早已知道，甚麼之於人類是好與壞。

一切關於道德的討論，之於他們彷彿是件老舊且令人厭倦的事；誰想要好好睡覺，他在入睡之前還要說起「善」與「惡」。

何謂善惡？除了創造者之外，**還無人知曉！**——當我如此教導，同時也驚擾了這場睡夢。——這卻是那為人類創造目標，給大地意義及其未來的人——這樣的人才**創造出**某些善與惡。

我教他們推翻他們的古老講席，以及那只有古老的狂妄存在之處；我教他們嘲笑他們偉大的道德大師、聖者、詩人與救世者。

我教他們嘲笑他們那陰鬱的智者，以及像黑色稻草人那般警告地坐在生命之樹上的人。

我坐在他們偉大的墓道上，挨在動物腐屍與老鷹身旁——我嘲笑所有他們的曾經，及其腐朽衰頹的壯美。

確實，如同傻子與勸人懺悔的教士，我對所有他們的偉大者與渺小者怒斥並且呼救——他們的至善甚且何其小！他們的至惡甚且何其小！——我如是嘲笑。

我智慧的渴望吶喊著，並且自我內心如是大笑，生在山裡的，確實是一種野性的智慧！——我騰飛呼嘯的偉大渴望！

它時常將我拖曳向前、向上、向遠方，到笑聲中央——因而我大抵渾身顫動，如一隻箭飛越沉醉在陽光下的狂喜。

——飛入遙遠的將來，夢所未見之處；飛入炎熱的南方，雕刻家也不曾夢見那裡——去往諸神舞蹈且羞於衣裝之地——

——我自然是以譬喻說話，如詩人那般跛行、結巴——確實，我對於自己還得當詩人而感到羞愧！

在那裡，一切的轉變於我彷彿是諸神之舞，與諸神之戲弄，而世界則被遺棄，逃回自身之中——

——作為眾神的一場永恆逃離與重新尋找，作為眾神幸福的自我矛盾、重聽自我、重新歸屬自身——

在那裡，一切時光於我彷彿是對「頃刻」幸福的嘲諷；在那裡，自由本身即為必要，這份必要幸福地與自由的芒刺一同玩耍——

在那裡，我也重新找到我的魔鬼與死敵，那沉重的精神，以及它所創造的一切——強迫、規章、必要、後果、目的、意志、善與惡——

難道不是必要跳**過去**，跳到遠方去？難道鼴鼠與沉重的侏儒不是必要為了輕盈者與最輕盈者的緣故而存在？——

3.

那裡也是我讓「超人」這個詞從路上升起的地方，而人類便是某些必須被超越的東西。

——人類是一座橋梁，而非目的——為它的正午與晚間幸福地自我頌揚，好似那是通往嶄新的朝霞之路——

——查拉圖斯特拉關於偉大正午的話語，以及我額外懸於人類之上的東西，就像紫紅色的第二度落日餘暉。

確實，我也讓他們看嶄新的星星以及嶄新的夜晚；在雲朵之上、日日夜夜，我還張著一片笑容，猶如一張彩色的天幕。

我教導他們所有我的創作與追求——凡在人類那裡是碎片、是謎與可怕偶然的，皆化為一體以創造並且匯聚，——

——身為詩人、解謎者與偶然的拯救者，我教導他們在未來創造，而一切曾經，則以創造來拯救。

拯救人類的過去，並且改變一切「曾經」，直到「意志」說：「但我正欲如此！我將要如此！」

——我稱之為拯救，唯有這些，我教導他們稱之為拯救。——

如今我等待**我的**救贖——以便最後一次見他們。

因為我還要再一次去到人群中——在他們**當中**我要墜落，垂死的時候，我要給他們我最豐富的贈禮！

這是我從太陽那裡學來的，這豐饒者，當它落下——在那裡，它從取之不盡的寶藏當中，將黃金傾注於海裡，——

——如是，最貧窮的漁夫也划著**金色的**槳！我自是曾經見過，並且在觀看之中，眼淚無可遏抑地流——

查拉圖斯特拉也要像太陽一樣墜落——現在他坐在這裡並且等待，古老破碎的牌匾圍繞著他，而也有嶄新的牌匾——字寫了一半。

4.

瞧啊，這裡有一個嶄新的牌匾。然而，我那些和我一起將它搬入山谷與血肉做的心臟的兄弟們在哪裡？

我對最遠處的巨大熱愛如是強烈要求——**不要愛護你的鄰人！**人類是那必須被超越的東西。

有許多超越的路徑與方法——**你**瞧瞧那裡！但卻只有一位丑角想著：「人也可以被**跳躍過去**。」

在你的鄰人之中，你還是要超越自己——這一種你可以為自己奪得的權利，你不應讓它給出去！

凡你所做的事，沒有人能為你再做。瞧，原來並沒有報償。

凡不能命令自己的人，他應該要服從。有些人**能夠**命令自己，但要服從自己，卻還差得遠！

5.

高貴靈魂的類屬如是願望——他們不願**白白**獲得，至少是生命。

凡是烏合之眾，他就願意白白活著；我們卻是另一種人，被給予生命——我們總思索著，**甚麼**是我們最好的**相對的**回報！

確實，這是一番故作高尚的話，它說：「生命應允**我們**的東西，**我們**便要——為生命守住！」

當人們對享受無有付出的時候，人們便不應願望享受。並且——人們不應**願望**享受！

享受與天真無咎，自是最可恥之物——兩者皆不願被尋求。人們固然應當**擁有**它們——

卻仍應**尋求**罪咎與痛苦！——

6.

噢，我的兄弟們，誰是初生子，往往會被犧牲。如今我們卻都是初生子。

我們所有人皆在祕密的祭壇上流血犧牲，我們所有人皆為尊崇古老的神像而焚燒炙烤。

我們最好的優點是年輕——這刺激起古老的味覺。我們的肉鮮嫩，我們的皮僅是羊皮——我們如何不該刺激古老的神祇祭師呢？

他依舊住在**我們當中**，那古老的神祇祭司，他將我們最好的優點炙烤成筵席。啊，我的兄弟們，初生子如何不成為犧牲的祭品呢？

然而，我們這類人意欲如此；我愛那些不願維護自身的人。我以我完全的愛，去愛那墜落者——因為他們正在跨越。——

7.

存真——少有人**能**！能存真者，其猶不願！最不能存真者，卻是善人！

噢，這些善人！**善人從不說真理**；對於精神而言，如此這般的善，是一種疾病。

這些善人，他們屈從，他們聽命，他們的心複述別人的話，他們的內心深處是聽話的，**但卻不聽自己的話！**

一切善人稱為惡的，必須匯聚在一起，好讓一**種**真理誕生——噢，我的兄弟們，之於這樣的真理，你們也足夠惡嗎？

魯莽的冒險、長久的懷疑、殘忍的否定、厭倦、對活生生者的切割——**這些**是如何罕見地匯聚一起！然而，從這樣的種子當中——將孕育出真理！

迄今，一切**知識**皆生長在壞惡的良心身旁！你們這些洞察者，打碎罷，為我打碎這古舊的牌匾！

8.

若水中有梁，若木橋與欄杆躍過河流——確實，那裡便沒有人找得到信仰，信仰在那裡說：「一切皆在河流裡。」

而是，便是蠢蛋也反駁他。「怎麼？」蠢蛋說，「一切真在河流裡？梁與欄杆明明在河**上面**！」

「在河流**之上**一切皆**固著**，一切事物的價值、橋梁、概念、一切『好』與『壞』——一切全皆固著！」

若來了嚴寒的冬天，那河流的馴獸師——那麼最機智的人也學會了懷疑；而且，確實，不只是蠢蛋將說：「難道一切不該——**保持靜止**？」

「在萬物的根本，一切皆保持靜止。」——這是一個正當的冬日學說，無法開花結果的時代裡的一個好東西，是冬眠者與守爐不動者的一個好安慰。

「在萬物的根本，一切皆寂靜。」——而春風卻宣揚**相反的**事！

春風，這公牛，不是耕田的牛——一隻忿怒的公牛，一個毀滅者，以忿怒的牛角破冰！冰卻又——**毀壞**木橋！

噢，我的兄弟們，此刻不是一切都**如水常變**嗎？不是一切欄杆與木橋皆落至水中嗎？誰**還堅守著**「善」與「惡」呢？

「我們多不幸！我們多福氣！春風吹著！」——噢，我的兄弟們，穿越所有街巷，為我如是宣揚罷！

9.

有一種古老的妄想，名叫善與惡。在預言者與星相家周圍，迄今旋轉著這妄想之輪。

人們曾經**信仰**預言者與星相家——**於是**人們相信：「一切皆命運——你應該，因為你必須！」

然後，人們復又不信一切預言者與星相家——**於是**人們相信：「一切皆自由——你能夠，因為你想要！」

噢，我的兄弟們，關於星相與未來，迄今只是妄加臆測，卻未被知曉——**因而**善與惡迄今只被妄加臆測過，卻未被知曉！

10.

「你不應搶劫！你不應殺戮！」——這樣的話語人們曾經稱它神聖；在它面前，人們脫下鞋子，俯首跪拜。

但我問你們——世上哪裡有過比這種神聖話語更好的強盜與殺戮者？

在一切生活自身當中，難道不是——搶劫與殺戮？若這種話語叫做神聖，那麼不也同時將**真理**自身——殺戮了？

或者那是一種死亡的宣教——凡對一切生命提出反駁與勸阻的，都叫做神聖？——噢，我的兄弟們，打碎罷，為我打碎這古舊的牌匾！

11.

這是我對一切往者的同情，我看見——它已被拋棄，——

——每一代人的慈悲、精神、瘋狂都被拋棄，而一切往者，皆重新詮釋了那代人的橋梁！一個大暴君，一個機巧的惡魔可能來臨，以他的仁慈與不仁，對一切往者脅迫再脅迫——直到往者在他面前變成了橋梁、徵兆、諭令與雞鳴。

而這卻是另一種危險，以及我的另一種同情——誰屬於烏合之眾，他的思想便回溯到祖父——然而，直到祖父，時代便斷絕了。

如是，所有往者皆被拋棄——因為，可能也有這麼一天，一名烏合之眾當上主人，而一切時代淹沒在淺水之中。

所以，噢，我的兄弟們，需要一派**嶄新的貴族**，既是所有烏合之眾與所有暴君的敵手，並且在嶄新的牌匾上重新寫下「高貴」這個詞。

自然需要許多高貴者，以及各種高貴者，**好讓高貴存在**！或者，如我曾經以譬喻所說：「存在著眾神，卻無上帝，這正是神之道！」

12.

噢，我的兄弟們，我授予你們以聖職，指示你們成為嶄新的貴族——你們應該成為未來的生產者、培育者與播種者——

——確實，不是成為一名你們可以購得的貴族，如同小商販用他的黃金購得那般——因為一切擁有定價之物，皆少有價值。

給你們今後帶來光榮的，並不是你們從何而來，而是你們向何處去！你們的意志與你們的腳，決意跨越你們自身而去——這帶給你們嶄新的光榮！

確實，你們曾經侍奉過一位王侯，這並不會帶來光榮——王侯又有何干！——或者，成為立者之堡壘，使其更加固著，同樣不會帶來光榮！

給你們帶來光榮的，並非——你們的族裔在宮廷之中變得彬彬有禮，你們學到了色彩妍麗，貌似一隻紅鶴，久久佇立於淺淺的池塘中。

——因為**能夠**站立，是廷臣之中的一項功績；所有廷臣皆相信——**被允許**坐下——屬於死後的極樂！——

帶來光榮的，也並非是——一種他們稱為神聖的精神，帶領你們的祖先來到被頌讚的應許之地——我並不頌讚，因為，所有樹木當中最壞的，那十字架所生長之處——在這樣的土地上無可頌讚！——

——而且確實，無論這「神聖的精神」帶領他的騎士去往何處，總是這樣長長一列地疾奔——有山羊、鵝、十字架、固執者作為**前導**！——

噢，我的兄弟們，你們貴族不應回頭望，卻應**向前**！你們應當，從所有父輩與先輩的國度中被驅逐出來！

你們應當愛你們**孩子們的土地**——這份愛是你們嶄新的高貴——它未經發現，在最遠的海中！我要你們的帆向著它，尋找再尋找！

因為你們是你們父親的孩子，在你們的孩子身上，你們應當**做出彌補**——你們應當**如此**拯救一切往者！這嶄新的牌匾，我掛在你們上方！

13.

「為何生活？一切皆空虛！生活——是為麥穗去穀；生活——是焚燒自己卻不得溫暖。」

——這種古代的嘮叨往往仍被視為「智慧」；因它雖然古老並且散發霉味，卻也**因此**更受推崇。便是腐朽也顯高貴了。——

孩子們曾被允許這麼說——他們**怕**火，因為火曾灼傷他們！在智慧的古書裡，有著許多的兒戲。

而總是「為麥穗去穀」的人，他怎麼會詆毀打穀的工作呢！這種傻子，人們真得封住他的嘴！

這種人坐到桌旁，甚麼也沒帶，就連美好的飢餓也沒有——如今他們詆毀道：「一切皆空虛！」

然而，我的兄弟們，吃好喝好，確實不是空虛的藝術！打碎罷，為我打碎這永不快樂的牌匾！

14.

「於純潔者而言，一切皆純潔。」——群眾如此說。我卻告訴你們——於豬而言，一切皆是豬！

因此，宗教狂與心也垂頭的喪氣者如此宣教：「世界本身是一個汙穢的怪物。」

因為這些人全有著不潔淨的精神；尤其是那些既無安寧也無歇息的人，除了信仰背後世界者——他們**從背後**看世界！

我當面**對這些人**說，儘管那聽來不甚可愛——世界同人類一樣，它也有後臀——**凡此種種皆為真**！

世界上有許多汙穢——凡此種種皆為真！然而，世界本身卻還不因此成為汙穢的怪物！

許多東西在這世上發出惡臭，在這當中有智慧——厭惡本身創造了羽翼與預知泉源的力量！

在最優越的事物裡，也有些許可厭之處；而最優越者，也還是那必須被超越的！——

噢，我的兄弟們，在這世上有許多汙穢，在這當中有智慧！——

15.

我聽見虔誠的信仰背後世界者對他們的良心說著這種格言；確實，了無惡意與虛偽——儘管在世上已無比這更虛偽、更可惡的事了。

「就讓這世界繼續當它的世界罷！也不用舉起一根手指反對！」

「讓它去罷，誰要掐住人們的脖子，刺傷、宰割、剁碎他們——也不用舉起一根手指反對！那麼他們還學到了拒絕這世界。」

「而你自己的理智——你應該自行漱去並且扼殺；因為那是這世界的理智——那麼你自己便學會拒絕這世界。」——

——打碎罷，噢，我的兄弟們，為我打碎這些虔敬者的老舊牌匾罷！為我打碎這詆毀世界者的格言！

16.

「誰學得多，就荒疏了一切強烈的欲望。」——今日人們在所有黑暗的街巷之中耳語。

「智慧使人疲倦，它一點也——不值；你應當無欲！」——我發現這**嶄新的**牌匾懸掛在公共市集上。

打碎罷，噢，我的兄弟們，也為我打碎這嶄新的牌匾！將它掛上去的，是厭世者、死亡的宣教者，還有獄吏——因為，瞧，這也是一種奴役的宣說！——

因為他們學得差，不學最好的，一切都過早，一切都過快——他們**吃**得差，因而有了敗壞的胃，——

——一個敗壞的胃，也就是他們的精神——**它**勸人赴死！因為確實，我的兄弟們，精神**便**是一個胃！

生命是一道歡樂之泉——然而，敗壞的胃從悲傷之父那裡說出話來，一切源流於它皆已毒化。

洞察——這對於獅子意志而言是**歡樂**！然而，有誰疲倦了的，他只是曾經「被願望」，讓一切波浪與之戲耍。

如此往往是弱者人類的性情——他們在自己的道路上迷失。最後，他們的疲憊還問：「當初我們為何要走路！一切都一樣！」

對於**這些人**，有些宣說之語聽來可愛：「甚麼都不值得！你們應當無欲求！」然而，這卻是一種奴役的宣說。

噢，我的兄弟們，查拉圖斯特拉如一陣清新呼嘯的風，臨到所有厭倦路途的人；他還會讓許多鼻子打起噴嚏！

而我自由的呼吸也吹透了牆垣，並且進入囚牢與被俘的精神！

意欲被解放——因為意欲就是創造——我**如此**教導。而**僅僅**為了創造，你們應當學習！

即便是學習，你們應當先向我**學習**，那善學之道！——有耳朵的人，聽啊！

17.

那裡停泊著一艘小船——從那裡渡越過去，它也許就走進了偉大的空無——然而，誰要登上這個「也許」呢？

你們當中沒有人要登上死亡的小船！你們怎麼會想成為**厭世者**！

厭世者！你們從來不曾脫離人間！我發現你們始終仍貪戀塵世，還愛戀著自身在塵世的疲倦！

你們的嘴唇並非白白下垂——一個小小的塵世的願望還坐在上面！在眼中——那裡不是

漂游著一小片難忘的塵世歡快之雲朵？

在人間有許多好的發明——有的有益，有的可人——因此之故，人間是可愛的。那裡有各種各樣多好的發明，猶如女人的胸——有益同時可人。

然而，你們這些厭世者！你們這些人間的怠惰者！人們應該用荊條鞭打你們！以荊條鞭打，將使你們的雙腿再度振作起來。

因為——你們若不是對塵世厭倦的病人與頹靡惡棍，那麼便是狡獪的懶蟲，或者嗜愛甜食、囁嚅爬行且貪歡的貓。若你們不願重新歡樂地**奔跑**，那麼你們便該——獻出生命！

對於無藥可救者，人們應當不要成為其醫生——查拉圖斯特拉如是教導——如此你們應當獻出生命！

然而，做一個了結比作一首詩還需要更多的**勇氣**——所有醫生與詩人都知道。

18.

噢，我的兄弟們，有厭倦造成的牌匾，以及懶惰造成的牌匾，那腐壞的——儘管他們說的話大致相同，但他們所欲聽取的卻不一致。——

瞧此處這位受煎熬的人！他距離他的目標僅一步之遙，然而，因為厭倦，他倔強地就地躺在塵土之中——這勇者！

因為厭倦，他對著路途、人間、目標與他自己打呵欠——他再也不要繼續往前一步——這勇者！

如今太陽灼燒著他，狗兒舔著他的汗水——但他仍固執地躺在那裡，寧願受煎熬——

——在距離他的目標僅一步之遙的地方受煎熬！確實，你們還得揪住他的頭髮，將他往天上拉——這英雄！

更好的是，你們讓他躺在他所躺的地方，讓睡眠——那安慰者——帶著涼爽、淅瀝瀝的雨水臨到他——

讓他躺著，直到他自己醒來——直到他自行撤銷一切厭倦，以及厭倦從他身上給出的教導！

我的兄弟們，只要你們將狗從他身邊嚇退，還有那些懶惰的偽君子，以及所有成群遊蕩的害蟲——

——所有「有教養的」成群遊蕩的害蟲，對每個英雄的汗水——都津津有味地吸！——

19.

我在我的周圍畫出圓圈與神聖的邊界；山勢愈高，與我一同攀登的人就愈少——我用愈來愈神聖的山，建造了一座山脈。——

然而，你們無論要與我往哪裡攀登，噢，我的兄弟們——注意啊，別讓一隻寄生蟲同你們一起攀登！

寄生蟲——那是一種緊貼著、爬行的害蟲，它會在你們患病受傷的隱蔽處變肥。

它能猜透攀登的靈魂在何處會感到疲勞，這便是它的技藝——在你們的憂傷與惱怒裡，在你們敏感的羞愧中，它築起它那令人厭惡的巢。

在強者變弱，高貴者變得過於溫和之處——它便在那裡面建造它那令人厭惡的巢——寄生蟲居住在，偉大者擁有渺小的創傷的隱蔽之處。

一切存在者當中，哪一類最高尚，而哪一類最卑微？寄生蟲是最卑微的一類；然而，誰屬於最高尚的一類，他便餵養最多的寄生蟲。

靈魂自是那擁有最長的梯子，而能降到至深者——這樣如何不被最多數的寄生蟲所附？

——最淵博的靈魂，能在自身當中奔跑、迷失、漫遊得最遠；它最為必要，由於興致而墜入偶然——

——是投入轉變中的、存在的靈魂；是要意欲與渴望的、擁有的靈魂——

——是那逃開自身，又在最遠的圓圈裡趕上自己的；是愚蠢以蜜語甜言勸說的那最智慧的靈魂——

——是最愛自己的，在其心，萬物有它們的順流、逆流，漲潮、退潮——噢，這最高尚的靈魂，怎能不擁有最壞的寄生蟲呢？

20.

噢，我的兄弟們，我究竟殘酷嗎？然而，我說——誰倒下了，人們也應該再推倒他！今天的一切——倒下了，頹敗了——誰想要維持它！但我——我還要推倒它！

你們識得那石頭滾入陡峭深谷的狂喜嗎？——今天的這些人——瞧瞧他們，他們是如何滾入我的深谷！

我是較優的演奏者的一場序曲，噢，我的兄弟們！一個榜樣！依照我的榜樣去**做**！

你們不教導飛翔的人，那麼為我教他——**更快地落下！**——

21.

我愛勇者——然而，當個揮劍騎士是不夠的——人們也必須知道向**誰**揮劍！

在這當中時常有更大之勇——某人忍耐自持，然後走經過，**以便**為更可敬的敵人保留精力！

你們應當擁有可供憎恨的仇敵，卻不要可供輕蔑的仇敵——你們務必為你們的仇敵而驕傲——我已如是教導過一回。

噢，我的朋友們，你們應當為更可敬的仇敵儲備精力——因此你們務必從許多人身邊走經過，——

——尤其是要經過許多在你們耳邊喧嚷著人民與各民族的暴民。

讓你們的眼睛保持純潔，不看他們的贊成與反對！那裡有許多公正，許多不公正——誰在那裡觀看，便會發怒。

眼觀進去，劍揮進去——在那裡，此兩者是一件事——因此，走開，去到森林裡，讓你們的劍躺臥而眠！

走**你們的路**！讓民眾與各民族走他們自己的路！——路途確實黑暗，其上再無一**線**希望，自遠處發出無聲之閃電！

一切仍發光的、小商販的黃金之地，就讓小商販統治罷！已經不再是國王的時代了——今天自稱為人民的人，不配得有國王。

瞧啊，現在這些民族是如何像小商販那般行事——他們還從每個垃圾堆當中撿拾最小的利益！

他們彼此埋伏，他們彼此截獲某些東西——他們稱之為「睦鄰」。噢，幸福的遠古時代，那時有個民族對自己說：「我要成為各民族的——**主人**[2]！」

因為，我的兄弟們——最優越者應該統治，最優越者也**意欲**統治！哪裡有與此相異的學說，那裡就——**缺少**最優越者。

22.

當**他們**——白白擁有麵包，哀哉！那**他們**將往哪裡喊叫！他們的生計——便是他們的正當娛樂；而他們應當難以獲得！

他們是猛獸——在他們的「工作」裡，那裡也還有掠奪；在他們的「報酬」裡，那裡也仍有計謀智勝！而他們應當難以獲得！

他們如是應當成為更好的猛獸，更細膩、更機智、更像人類——人類當然是最好的猛獸。

人類已經從所有動物那裡奪走了它們的道德——這使人類在所有動物當中最為艱難。

只還有鳥兒高於他。哀哉！要是人類還學會飛翔，他的掠奪欲將**飛升往哪個方向**去！

23.

所以我要男人與女人——一個善於戰鬥，另一個善於生育，兩者卻善於以頭與雙足跳舞。

---

2. 此處的「主人」（Herr）同時有「男人」、「統治者」、「上帝」之意。

我們一天不跳舞，就會失去一天！而若真理當中沒有一聲歡笑，那每一個真理於我們皆是虛假！

24.

你們的締結婚姻——當心，別讓它成為不良的**締結**！你們締結得太快——**後果**便是——婚姻破裂！

婚姻破裂還好過於屈就婚姻、謊言婚姻！——一名婦人對我如此說：「我的確破壞了婚姻，然而，是婚姻先破壞了——我！」

我發現，怨偶們往往是怨念最深的尋仇者——他們再也不能獨自奔跑，於是要全世界補償他們。

因為這個緣故，我要真誠的人們對彼此說：「我們相愛——讓我們**觀望**，能否保持相愛！或者，難道我們的承諾是場誤會？

——給我們一個期限與一個小小婚約，讓我們觀望，能否適宜於偉大的婚姻！兩人永遠相伴，這是一件偉大之事！」

我如是勸告所有真誠的人；若我說話與勸人皆以另種說法，那麼我對超人的愛，以及對一切將來者的愛，究竟將變成甚麼呢！

不僅要將你們繁衍下去，而且還要**向上**——對此，噢，我的兄弟們，願婚姻的花園幫助你們！

25.

追溯古老根源而變得智慧的人，瞧，他最終將尋找未來的泉水與新的根源。——噢，我的兄弟們，不會經歷太久，那裡將會有**新的各民族**發源起來，新的泉水潺潺流入新的深谷。

由於地震——掩埋了許多泉井，造成許多焦渴的煎熬——這也掘出了內在的力量與隱祕，使其曝於光明。

地震使新的泉水顯明。在古老諸民族的地震裡，嶄新的泉水噴發出來。

誰在那裡喊：「瞧瞧這裡，為許多乾渴者而設的一口泉井，給許多渴望者的一**顆**心，為許多工具而備的一**種**意志。」——在他周圍，聚集了一個**民族**，那就是——許多嘗試者。

誰能夠命令，誰必須服從——**在這裡將被試驗！**啊，用多少長期的尋求、猜測、失算、學習與新的嘗試！

人類社會——它是一種嘗試，我如此教導——一種長久的尋求——他們尋求的卻是命令者！

這種詞！——一種嘗試，噢，我的兄弟們！而**不是「契約」**！打碎罷，為我打碎心軟與半心半意

26.

噢，我的兄弟們！一切人類未來最大的危險究竟位在何處？難道不是在良善者與正義者那裡嗎？——

——在這些人當中，他們發自內心這麼感覺並且說：「我們已經知道甚麼是良善與正義，我們也擁有這些；哀哉，那些還在這裡尋求的人！」

無論惡人可能做出怎樣的損害——良善者所做的損害，為最有害之害！

無論世界的毀謗者可能做出怎樣的損害——良善者所做的損害，為最有害之害。

噢，我的兄弟們，有人曾經看透良善者與正義者的內心，於是他說：「他們都是道貌岸然的偽君子[3]。」但是人們不理解他的話。

良善者與正義者不被允許理解他——他們的精神被禁錮在他們的良心裡。良善者的愚昧是深不可測的聰明。

然而這卻是真理——良善者**必定是**偽君子——他們別無選擇！

良善者**必定**將自己發明道德的人釘死在十字架上！這便**是**真理！

第二種人卻是，他發現了他們的國土，良善者與正義者的國土、心靈與土壤——他便是在那裡提問的人：「他們最憎恨誰呢？」

他們最憎恨**創造者**——那打破古老價值與牌匾的人，那激浪——他們稱他為罪犯。

因為良善者——他們無**能**創造——他們永遠是終結的開始——

——他們把在新牌匾上書寫新價值的人釘死在十字架，他們**為了自己**犧牲未來——他們將所有人類的未來釘死在十字架上！

良善者——他們永遠是終結的開始——

27.

噢，我的兄弟們，你們也理解這個詞嗎？我曾有一回說過的「末人」？——

一切人類未來最大的危險究竟位在何處？難道不是在良善者與正義者那裡嗎？

打碎罷，為我打碎這些良善者與正義者！——噢，我的兄弟們，你們也理解了這個詞嗎？

---

3. 此處原文「法利賽人」（Pharisäer），同時有道貌岸然的偽君子、偽善者之意。

28.

你們要逃離我？你們驚恐了？你們因為這話而顫抖？

噢，我的兄弟們，當我教你們打碎良善者與良善者的牌匾時——我才正要把人類裝載入船，航向高遠的大海。

這時，大驚恐、大環顧、大疾病、大嘔吐與大暈船才臨到他。

良善者曾教導你們虛假的海岸與虛假的安全；你們在良善者的謊言中出生且受保護。一切皆澈底受到良善者的說謊與隱瞞。

然而，誰發現「人類」這塊陸地，必也發現了「人類未來」的陸地。而今你們應當為我成為航海者，勇敢且堅毅！

噢，我的兄弟們，及時昂首闊步，學會昂首闊步！海洋波濤洶湧——許多人要仰仗你們重新振作。

海洋波濤洶湧——一切皆在海裡。好罷！去罷！你們這些老水手的心靈！

甚麼祖國！我們的舵要**前往**我們**子孫國度**之所在！**往那裡去**，比海洋更加波濤洶湧，我們偉大的渴望在翻騰！——

29.

「為何如此剛強！」——廚房裡的煤炭有次對金剛石說；「難道我們不是近親嗎？」——

為何如此柔軟？噢，我的兄弟們，**我**如是問你們——難道你們不是——我的兄弟？

為何如此柔軟、如此屈服與退讓？為何在你們心中有如此多的否定與否認？為何在你們的目光中有如此少的命運？

若你們不願成為命運與不肯退讓者——那麼你們如何能與我一同——戰勝？

而若你們的剛強不願發出閃光、切割與碎裂——那麼有朝一日，你們如何能夠與我一同——創造？

創造者自是剛強的。把你們的手壓在數千年的時代之上，如同印在蠟上，這必然使你們感到極樂，——

——極樂，在數千年的意志上書寫，猶如寫在青銅之上——比青銅更剛強，比青銅更高貴。唯有最高貴者是完全的剛強。

噢，我的兄弟們，這新的牌匾，我置於你們之上——**變剛強罷！**

30.

噢你，我的意志！你是一切苦厄的轉折，你是**我的**必需！保護我，使我免除一切渺小的勝利！

你是我靈魂的旨意，我稱之為命運！你在我之內！在我之上！保護我，將我留待一**個**偉大的命運！

而我的意志啊，將你最後的偉大留到最後——使你在你的勝利**之中**毫不退讓！啊，有誰不被自己的勝利所戰勝！

啊，誰的眼睛不在這醉人的黃昏裡黯淡！啊，誰的腳不在勝利中蹣跚，而忘了——站立！

——有天我會準備好，成熟著，在偉大的正午——準備好，成熟著，如同灼燒的青銅，孕育閃電的雲朵，與膨脹飽滿的乳房——

——準備好，迎向我自己，以及我藏得最深的意志——像一把弓熱望著它的箭，一隻箭熱望著它的星星——

——一顆星星在它的正午準備好、成熟著，它灼燒、穿透，因毀滅的太陽之箭而幸福

——一個太陽本身，與一個不退讓的太陽意志，準備好在勝利之中毀滅！

噢，意志，一切苦厄之轉折，你是**我的**必需！將我留待一**個**偉大的勝利！——

查拉圖斯特拉如是說。

病癒者

1.

一個早晨，在他返回洞穴不久後，查拉圖斯特拉從他的臥榻上跳起來，像個瘋子那般，以可怖的聲音喊叫，作勢彷彿還有個人躺在臥榻之上，不願起身；查拉圖斯特拉的聲音如是響徹雲霄，使他的動物們驚嚇地前來，從查拉圖斯特拉鄰近的所有洞穴與隱蔽之處，所有的小動物倏忽離開——飛翔、振翅、爬行、跳躍，彷彿牠們只是有腳與翅膀的一類。查拉圖斯特拉卻說了這些話——

起來，深邃的思想，從我的深處起來！沉睡的蟲啊，我是你的拂曉與雞啼——起來！起來！我的聲音應該已經將你啼醒了！

解開你耳朵的鎖鏈——聽！因為我要聽你說話！起來！起來！這裡的雷聲足以讓墳墓也學會聽見！

抹去你眼睛裡的睡意，以及一切愚痴與盲目！且用你的眼睛聽我說話——我的聲音對天生的盲人而言還是一種解藥。

若你剛醒，你應當永遠保持清醒。把曾祖母喚醒，復又叫她——繼續睡，這不是**我的**性情！

你活動著，伸展著，氣喘吁吁？起來！起來！不要氣喘吁吁——你應當跟我說話！查拉圖斯特拉——那目中無神者——在呼喚你！

我，查拉圖斯特拉，生命的辯護者，苦痛的辯護者，輪迴的辯護者——我在呼喚你，我最深邃的思想！

祝福我！你來了——我聽見你了！我的深淵在**說話**，我將我最後的深處翻到光明之處！

祝福我！來罷！伸出你的手——哈！這樣罷！哈哈！——可厭，可厭，可厭——我好可悲！

2.

然而，查拉圖斯特拉才剛說完這些話，他便馬上如死人般倒下來，如死人久久不動。當他的意識復又清醒時，他的面目蒼白、全身顫抖，依然躺著，久久不願飲食。這種情況在他身上持續了七日；然而，除了那隻老鷹飛出去取食之外，他的動物們卻日夜不離開他。老鷹取來與掠奪來的食物，牠都放在查拉圖斯特拉的臥榻上——查拉圖斯特拉如是終於躺在黃色與紅色的漿果、葡萄、玫瑰色的蘋果、氣味芬芳的草本植物與松果之中。在他的腳邊鋪著兩隻羔羊，是老鷹努力從牠們的牧羊人那裡劫來的。

終於，七天後，查拉圖斯特拉從他的臥榻上坐起來，取了一顆玫瑰色的蘋果在手中，聞著它，並且發覺它的氣味可人。於是他的動物們相信，與他說話的時候到了。

「噢，查拉圖斯特拉，」牠們說，「你已經這麼眼皮沉重地躺了七天——難道你不想再重新站起來嗎？

步出你的洞穴——世界如同一座花園等待你。風帶著意欲朝向你的濃重芬芳與你嬉戲；而所有的小溪都想隨著你流。

萬物渴盼你，因為你獨居了七日——步出你的洞穴！萬物皆欲成為你的醫生！

大抵有一種嶄新的洞察來到你這裡，一種酸楚的、沉重的洞察？你如同發酵的麵團一般躺著，你的靈魂上升、膨脹，超越一切範圍。——」

——噢，我的動物們，查拉圖斯特拉答道，繼續閒聊下去，讓我傾聽！你們的閒談使我如此神清氣爽——哪裡有閒談，那裡的世界於我便像一座花園。

那裡有話語與聲調，多麼可愛——難道話語與聲調不是介於永恆分離者之間的彩虹與幻象之橋？

屬於每個靈魂的，是另一個世界；對每個靈魂而言，每個其他的靈魂都是一個背後世界。在最相似者之間，止是表象最能完美地說謊；因為最小的裂隙最難越過。

對於我——怎麼會有一個我外之我呢？沒有外在！然而，我們在所有聲調當中遺忘了這點；我們遺忘，這多可愛！

難道不是事物被賦與了名號與聲調，乃至於人類對於事物感到神清氣爽？說話，這是一件美麗的蠢事——藉此，人們舞蹈於萬物之上。

一切言說與聲調的一切謊言是多麼可愛！我們的愛伴隨著聲調，舞蹈於七色彩虹之上。

——

——「噢，查拉圖斯特拉，」動物們接著說，「對於如我們這樣想的這種人而言，萬物皆自己舞蹈——它來，伸出手，笑著，逃開——又回來。

一切走過，一切回來；存在之輪永恆轉動。一切死去，一切復又盛開，存在之年永恆流轉。

一切碎裂，一切將被重新砌上；存在的同一屋宇永恆自我構建。一切分離，一切復又歡聚；存在之環永恆忠於自己。

存在開始於每個瞬間；圍繞著每個『這裡』，轉動著『那裡』的球。遍處皆是中心。永恆的小徑是曲折的。」——

——噢，你們這些愛開玩笑的傻子與彈七弦琴的人！查拉圖斯特拉回答，並且再次莞爾一笑，你們哪裡明白在七天當中必須完成甚麼——

——還有那怪物怎樣爬進我的咽喉，讓我窒息！但我咬下了他的頭，並且吐向一邊。

而你們——你們已經把它作成一支七弦琴曲嗎？現在我卻躺在這裡，還因為這番咬下與吐掉而疲倦，也還因為自我拯救而患病而疲倦。

而你們就坐視這一切嗎？噢，我的動物們，你們也很殘忍嗎？你們也像人類所做的那樣，只想觀看我的大痛苦嗎？人類就是最殘忍的動物。

悲劇、鬥牛與十字架釘刑，是迄今於他而言人間最幸福的事；當他發明了地獄，瞧，那便是他的人間天堂。

當大人物喊叫了——小人物便飛奔過去；因為貪欲，他的舌頭垂到頸外。他卻稱之為他的「同情」。

小人物，尤其是詩人——他多麼熱切地以文字控訴生命！聽他，卻不要漏聽那所有控訴當中的欲望！

這種生命的控訴者——生命用一個眨眼就征服他們了。「你愛我嗎？」狂妄無禮的人說；「再等一下，我還沒有時間陪你。」

人類是對付自己最殘忍的動物；在所有自稱「罪人」、「背負十字架者」與「懺悔者」的人當中，別漏聽了這悲苦與控訴當中的欲樂！

而我自己——我要藉此成為人類的控訴者嗎？啊，我的動物們，迄今我只學會這一點

——人類的至惡乃不可或缺，以臻其至善，——

——因為一切至惡是他最好的力量，是臻於最高創造的最剛強的石頭；而人類必須變得更良善與更壞惡——

我知道——人類是惡的——但我並未被釘在這刑訊的木頭上，卻是大喊著，彷彿還沒有人如此喊過那般——

「啊，他的至惡竟如此渺小！啊，他的至善竟如此渺小！」

人類當中的大嫌惡——它勒住了我，爬進了我的咽喉——預言者曾預言過：「一切皆相同，一切都不值，知識扼殺人。」

一個漫長的黃昏在我面前跛行，一種疲倦欲死、沉醉欲死的悲哀，以呵欠的嘴巴說話。

「那你所厭倦的人，那小人，他永遠會回來。」——我的悲哀呵欠著，拖著腿，無法入睡。

人類的塵世於我變成了洞穴，它的雙乳垂陷，一切生者於我皆是人類的腐朽殘骨與衰敗的過去。

我的嘆息坐在所有人類的墳墓當中，再也無法起身；我的嘆息與疑問，日日夜夜說著不祥的話，哽噎著，啃蝕著，哀訴著——

——「啊，人類永遠會回來！小人物永遠會回來！」

我曾見過最偉大的人與最渺小的人，兩者赤身裸體——彼此太相似——便是最偉大的人，也都太人性了！

最偉大者太渺小了！——這便是我對人類的嫌惡！而最渺小者也永恆歸返！——這便是我對一切存在的嫌惡！

啊，可厭！可厭！可厭！——查拉圖斯特拉如是說，嘆息並且發抖；因為他想起他的病痛。但他的動物們沒有讓他繼續說下去。

「別說下去了，你這病癒者！」——他的動物們如此回答他，「你卻要走出去，去到世界像一座花園那般等待你的地方。

走出去，到玫瑰、蜜蜂與鴿群那裡！尤其要到歌唱的鳥兒那裡——以便你向牠們學來**歌唱**。

歌唱當然對病癒者合適了；健康的人喜歡說話。即便健康的人也要唱歌，他卻要唱與病癒者相異的歌曲。」

「噢，你們這些愛開玩笑的傻子與彈七弦琴的人，閉嘴罷！」——查拉圖斯特拉回答，並取笑他的動物們。「你們怎麼知道，我在這七天當中為自己發明了怎樣的安慰！

由於我必須再度歌唱——因此我為自己發明了**這份**安慰與**這場**病癒——你們也要把它再作成一支七弦琴曲嗎？」

——「別說下去了，」他的動物們又一次回答他；「你這個病癒者，寧可先為你自己好好做一把七弦琴，一把嶄新的七弦琴！

因為，瞧啊，噢，查拉圖斯特拉！為了你的歌曲，還需要一把新的七弦琴。

歌唱並且呼嘯罷，噢，查拉圖斯特拉，用新的歌曲治療你的靈魂——好讓你承擔你的偉大命運，還無人有過的命運！

噢，查拉圖斯特拉，因為你的動物們大抵知道你是誰，以及你必將成為誰——瞧，**你是永恆歸返的導師**——這便是**你的**命運！

由於你必得成為第一個教導這個學說的人——這偉大的命運怎能不成為你最大的危險與疾病！

瞧，我們知道你所教導的——萬物永恆歸返，我們同在其中，而且我們已永恆存在過無數次，萬物同我們一起。

你教導說，存在著一個偉大的轉變之年，一個偉大年代的怪物——它必須像沙漏時計，總是不斷重新翻轉，好讓它重新流下、流出——

——乃至於所有這些年彼此皆相同，最偉大與最渺小之處都一樣，乃至於我們自己在每個偉大之年當中，自我皆相同，最偉大與最渺小之處都一樣。

若你現在要死去，噢，查拉圖斯特拉——瞧，我們也知道，在那裡你將如何對自己說——但你的動物們請求你，還不要死去！

你將說話，無所畏懼，反而因為幸福感而舒了一口氣——因為一個巨大的沉重與窒悶將從你身邊摘除，你這最堅忍的人！——

『而今我死去並且消失，』你將這麼說，『在一瞬間，我成為一個空無。靈魂就像肉軀一般，是會死去的。

然而因果的紐結歸返了，我纏繞在其中——它將再創造我！我自己屬於永恆歸返的因果。

我重新再來，與這太陽、這大地、這老鷹與這條蛇一起——並非為了一個嶄新的生命，或者更好的生命，或者相似的生命——

——我永恆重新再來，到這相同且自我的生命，最偉大與最渺小之處都一樣，好讓我重新教導萬物永恆歸返之理，——

——我再度說出偉大的人間與人類的正午這樣的話，我再度向人類宣告超人。

我說出我的話，我在我的話當中粉身碎骨——我永恆的命運要如此——作為一名宣告者，我走向毀滅！

而今，墜落者為自己祝福的時刻來臨。如是——查拉圖斯特拉的墜落就此終結。』」——

當動物們說完了這些話，牠們沉默並且等待，查拉圖斯特拉或將對牠們說些甚麼——然而，查拉圖斯特拉並未聽見牠們沉默著。反而，他靜靜躺著不動，雙眼緊閉，好似一個睡夢中的人，儘管他並沒有睡——因為他正與他的靈魂商談。然而，老鷹與蛇，牠們發覺他如此這般地靜默，便崇仰著在他周圍的偉大寂靜，並且謹小慎微地溜走了。

論偉大的渴求

噢，我的靈魂，我教你們說「今天」，如同「將來」與「從前」，並且教你跳輪舞，超越所有這裡、那裡與那邊，遠遠地跳過去。

噢，我的靈魂，我將你從所有角落拯救出來，我將灰塵、蜘蛛網與昏暗的光線從你身上掃除。

噢，我的靈魂，我從你身上拭去微小的恥辱與居於一角的道德，並且勸你，赤裸地站立於太陽的眼睛之前。

藉著名叫「精神」的狂風，我吹過你波濤洶湧的海；我吹散一切浮雲，我親手扼殺了名為「罪惡」的扼殺者。

噢，我的靈魂，我給你權利，像狂風一般說「不」，並且像開闊的天空說「是」那般說「是」——你像光一般靜靜站立，而今你行穿否定的狂風。

噢，我的靈魂，我還給你超越創造者與被創造者的自由——誰知道將來者的欲樂，如你所知道的那樣？

噢，我的靈魂，我教你輕蔑，它並不像蟲咬一般而來，那偉大的、有愛的輕蔑，它最愛那最受輕蔑之處。

噢，我的靈魂，我教你們如此勸說，以至於你自己也勸服了深淵——正如太陽，將大海勸至它的高處。

噢，我的靈魂，我從你那裡取走一切服從、屈膝與言必稱上主；我親自給你們「苦厄之轉折」與「命運」這些名字。

噢，我的靈魂，我給你嶄新的名字與五彩的玩具，我稱你「命運」、「邊際的邊際」、「時間的臍帶」與「蒼穹之鐘」。

噢，我的靈魂，我給你的土壤一切智慧以供飲用，以及一切新酒，一切太古陳年、智慧的烈酒。

噢，我的靈魂，我將每個太陽傾注於你，以及每個夜晚，每個沉默與每種渴望——於是你為我生長起來，如一株葡萄藤。

噢，我的靈魂，如今你豐饒且沉甸甸地站在那裡，一株葡萄藤，結實累累，帶著豐美、簇擁的紫金色葡萄——

——因你的幸福而簇擁、擠迫，在豐盈之前等待著，且還因為你的等待而羞赧。

噢，我的靈魂，如今在任何地方都不存在一個更可愛、更著邊際、更寬廣的靈魂！未來與過去將在哪裡更緊密地匯聚，如同在你這裡一樣？

噢，我的靈魂，我給你一切，我的雙手因為你而變得空空如也——而今！而今你滿懷憂傷，微笑地對我說：「我們當中，誰該感謝呢？——

——難道給予者不該感謝收受者的收受？難道贈與不是一種生活的必需？難道收受不是一種憐憫？」——

噢，我的靈魂，我懂得你憂傷的微笑——現在，你的過度豐裕自身，伸出了渴望之手！

你的充盈望向波濤洶湧的海洋，尋找並且等待；過度充盈的渴望，從你微笑的眼睛天堂望出去！

而確實，噢，我的靈魂！有誰看見你的微笑，卻不在淚水裡融化呢？因為你的微笑過度的好，天使自身也在淚水裡融化了。

你的好與過度的好便是，不欲悲訴與哭泣——然而，噢，我的靈魂，你的微笑卻渴望眼淚，你顫動的嘴卻渴望著啜泣。

「難道一切哭泣不是一種悲訴？而一切悲訴不是一種控訴？」你如是對你自己說，因此你要，噢，我的靈魂，寧可微笑，也不要傾倒你的苦痛。

——在湧流的眼淚當中傾倒所有你的苦痛，關於你的充盈，關於所有葡萄藤的催逼，向著摘採葡萄者與他們的剪子！

但若你不願意哭，不願將你紫色的憂傷痛哭出來，那麼你將必須**歌唱**，噢，我的靈魂！

——瞧，我自己也微笑，我向你預告這樣的事——

——歌唱，帶著呼嘯的歌聲，直到所有的海洋平靜，傾聽你的渴望，——

——直到小船漂流在平靜卻充滿渴望的海洋，這金黃色的奇蹟；在這片金色的周圍，一切良善、壞惡、奇異之物皆在跳躍——

——也有許多大大小小的動物，以及一切擁有輕巧、奇異的腳，而能在青紫色小徑上奔跑的，——

——去往金黃色的奇蹟，去往自由意志的小船，去往它的主人那裡——但那卻是摘採葡萄者，他帶著金剛石的剪子等待著，——

——你偉大的解救者，噢，我的靈魂，那無名者——只有在將來的歌聲之中，才能找到名字！而確實，你的呼吸已經散發出將來的歌聲，——

——你已熾熱並且眠夢，你已焦渴地飲下一切幽深潺潺的安慰之泉，你的憂傷已在將來歌聲的幸福中安息！——

噢，我的靈魂，現在我甚麼都給你，還有我最後的贈與，而我的雙手因為你而變得空空如也——**我教你歌唱**，瞧，這是我最後的贈與！

我教你歌唱，如今你說，你說——現在我們當中，誰該——感謝？——然而，最好還是——為我歌唱，歌唱罷，噢，我的靈魂！讓我感謝！——

查拉圖斯特拉如是說。

另一首舞歌

1.

「噢，生命，近來我望進你的眼睛——我看見黃金在你夜的眼睛裡閃爍——我的心因為這場欲樂而停止了跳動——

——我看見一隻金色扁舟在夜的水面上閃爍，一隻下沉的、啜飲的、復又招手的金色搖蕩的扁舟！

你向我狂舞的腳瞥了一眼，那歡笑的、疑惑的、懷疑冰釋的搖蕩的一眼——

你以小手拍掌僅僅兩回——我的腳早已因舞蹈之狂熱而開始搖蕩。——我的腳後跟騰越起來，我的腳趾在傾聽，以便理解你——舞者難道不是將他的耳朵托在——他的腳趾之上！

我朝你躍去——於是你因為我的一躍而向後退避；面對著我，你那逃開、退避的頭髮如舌那般閃爍飛舞！

我從你身邊跳開，從你的蛇群中跳開——這時你已站立，半轉身，眼裡充滿渴望。

以曲折的目光——你教導我曲折的路道；在曲折的路道之上，我的雙腳教導我——詭詐！

我害怕你靠近，我喜愛你遙遠；你的遁逃吸引著我，你的追尋使我留步——我受苦著，然而，有甚麼苦是我不能歡喜為你承受的！

其寒冷在點燃，其憎恨在誘惑，其遁逃在羈束，其譏諷——在觸動——

——誰不恨你呢，你這偉大的束縛者、纏繞者、誘惑者、探尋者、發現者！誰不愛你呢，你這天真無咎、急躁不安、急驚風、有童稚眼神的女罪人！

你現在要把我引向何方，你這極其不尋常者與不可遏抑者！現在你又逃開我，你這惹人愛的野孩子與忘恩負義者！

我隨你起舞，我也追隨你微小的足跡。你在哪裡？伸出手給我！或者僅僅一根手指！

此地皆是洞穴與灌木叢——我們將要迷路！——停住！站著別動！難道你沒看見貓頭鷹與蝙蝠在飛鳴？

你這貓頭鷹！你這蝙蝠！你要愚弄我嗎？我們在哪裡？從狗那裡，你學會嚎叫與狂吠。

你可愛地對著我呲牙裂嘴，露出小白牙，你凶惡的眼神從捲鬈毛裡對著我躍出來！

這是一場越過重重障礙的舞蹈——我是那獵人——你要當我的獵犬，或是我的山羚羊？

現在，到我身邊！快，你這凶惡的跳躍者！現在，跳上去！現在，躍過去！——哀哉！

我自己在跳躍中跌倒了！

噢，看我躺下並乞求憐憫，你這狂妄自負者！我真想和你——走在更可愛的小徑之上！——愛的小徑，穿越寂靜且色彩繽紛的叢林！或是在那裡，沿著湖的小徑——那裡有金魚游泳並且跳舞！

你現在疲倦了嗎？那邊有羊群與晚霞——在牧羊人吹笛的時候睡去，那不是很美好嗎？

你疲倦至極嗎？我背你過去，只要讓手臂垂下！若你口渴——我大抵還有些飲料，但你的嘴不要喝下它！——

——噢，這被詛咒的靈活敏捷的蛇與鑽出來的女巫！你要去哪裡？然而，在臉上，我感到有兩個斑點與紅色掌印，乃因你的手所造成！

總是當你溫順的牧羊人，我對此確實疲倦了！你這女巫，我為你歌唱迄今，現在你應當為我——呼喊！

隨著我鞭子的節拍，你應當為我舞蹈與呼喊！莫不是我忘了鞭子？——不！」——

2.

生命如是回答我，同時摀住秀麗的耳朵——

「噢，查拉圖斯特拉！別如此可怕地用你的鞭子拍響！你是知道的——喧嚷謀殺了思想

——而如此溫柔的思想正向著我來。

我們雙方是兩個絕不為善與絕不為惡者。在善與惡的彼岸，我們發現了我們的島嶼與我們的綠草地——單單我們倆！所以我們必須善待彼此！

而我們也並不發自內心愛著彼此——若人們不發自內心彼此相愛，難道人們就得彼此怨恨嗎？

由於我待你好，並且時常太好，你知道的——那原因在於，我嫉妒你的智慧。啊，智慧這瘋狂的老愚婦！

若你的智慧有朝一日逃開你，啊！那麼我的愛也還急速地逃開。」——

於是，生命若有所思地望向後方與四周，輕聲地說：「噢，查拉圖斯特拉，你對我不夠忠實！

你早已不像你所說的那麼愛我；我知道，你在想著，不久你要離開我。

有一口古老的、重之又重的洪鐘——它洪亮的聲音在夜裡響徹你的洞穴——

——你聽見這口鐘在午夜報時，你便在一點鐘與十二點鐘之間思索著——

——你思索著，噢，查拉圖斯特拉，我知道，你不久要離開我！」——

「是的，」我遲疑地答，「但你也知道——」我在他的耳畔說了一些話，直入他的耳，介於散亂、愚蠢、黃色的髮鬢之間。

「你知道嗎，噢，查拉圖斯特拉？這無人知曉。——」

我們注視彼此，望向綠草地，涼冷的夜晚正掠過它，並且相視而泣。——然而當時，生命卻比所有我的智慧更加可愛。——

查拉圖斯特拉如是說。

3.

一點鐘！

噢，人啊！注意！

兩點鐘！

這深沉的午夜在說甚麼？

三點鐘！

「我睡了，我睡了——

四點鐘！

從深沉的夢裡，我醒來了——

五點鐘！

世界是深沉的，

六點鐘！

且比白日所想的更深沉。

七點鐘！

它的痛是深沉的——，

八點鐘！

歡樂——還比內心的苦痛更深沉——

九點鐘！

疼痛說——過去罷！

十點鐘！

然而，一切歡樂皆欲永恆——

十一點鐘！

——意欲深沉的、深沉的永恆！」

十二點鐘！

七封印

（或：「是」與「阿們」之歌）

1.

若我是一個預言者，充滿那預言的精神，在兩海之間高高的山麓上漫遊——

如濃重的雲，漫遊於過去與未來之間——與濕熱的低地為敵，以及一切厭倦的、無法死也無法活的——

在黑暗的胸襟中，準備釋放閃電與拯救的光束，孕育著說「是！」與嘲笑「是！」的閃電，準備那預言式的閃光——

——然而，幸福如是，那孕育者！確實，誰一旦想要點燃未來之光，就必要如濃密的風雲久久懸於山邊！——

噢，我如何不去熱望永恆，以及指環中的婚禮之環——那歸返之環！

我還從未找到我願與其生子的婦人，除了我愛的這婦人——**因為我愛你，噢，永恆！**

因為我愛你，噢，永恆！

2.

若我的忿怒打破了墳墓，挪開了界碑，將古舊的牌匾打碎，讓它們滾入陡峭的深淵——

若我的嘲諷曾吹散了腐朽的話語，如一把掃帚來到十字鬼蛛那裡，如疾風掃過古老發霉的墓穴——

若我曾歡呼地坐在古老眾神的葬身之處，為世界祝福著，對世界熱愛著，坐在古老的世界毀謗著的紀念碑旁——

——因為我愛教堂與神墓，假使天堂以純淨之眼望穿它們殘破的屋頂；我喜歡坐在殘破的教堂裡，如同青草與紅罌粟——

噢，我如何不去熱望永恆，與指環中的婚禮之環——那歸返之環？

我還從未找到我願與其生子的婦人，除了我愛的這婦人——因為我愛你，噢，永恆！

因為我愛你，噢，永恆！

3.

若曾有一陣微風臨到我，來自創造性的氣息與那上天的迫切需要，那份需要還強迫著「偶然」跳起星形輪舞——

若我曾以創造性閃電的歡笑而歡笑，行動之長雷轟隆隆地響，那笑聲卻服從地跟隨——

若我曾在大地的眾神之桌上，與眾神們玩骰子，使大地震動、裂開、噴出火流——

——因為大地是一張眾神之桌，並且因創造性的新詞語與眾神的擲骰而顫抖——

噢，我如何不去熱望永恆，與指環中的婚禮之環——那歸返之環？

我還從未找到我願與其生子的婦人，除了我愛的這婦人——因為我愛你，噢，永恆！

因為我愛你，噢，永恆！

4.

若我曾飲下滿滿的一口，從那起泡沫的、萬物在其中均被調和的香料罐——

若我的手曾把至遠者澆注於近處，把火澆注於精神，把歡樂澆注於苦痛，把極惡澆注於至善——

若我自己是那解救之鹽的其中一個顆粒，能將萬物在調和罐中好好調和——
——因為有一種鹽，能結合善與惡；即便是至惡，也配得上做香料，成為最後的錦上添花——
噢，我如何不去熱望永恆，與指環中的婚禮之環——那歸返之環？
我還從未找到我願與其生子的婦人，除了我愛的這婦人——因為我愛你，噢，永恆！
因為我愛你，噢，永恆！

5.

若我喜愛海洋，與一切海洋之類屬，那麼，當它們忿怒地反駁我時，我便最是喜愛——
若那尋求的興致在我之中，船帆向著未被發現之物漂流，若在我的興致當中，還包含一名航海者的興致——
若我的歡呼喊著：「海岸消失了——如今最後的鎖鏈從我身上落下——
——無邊際的海在我周圍咆哮，空間與時間遠遠地向著我閃耀，好罷！去罷！古老的心！」——
噢，我如何不去熱望永恆，與指環中的婚禮之環——那歸返之環？
我還從未找到我願與其生子的婦人，除了我愛的這婦人——因為我愛你，噢，永恆！

6.

因為我愛你，噢，永恆！

若我的道德是一名舞蹈者的道德，而我時常以雙足在金色與祖母綠色的狂喜中跳躍——
若我的邪惡是一種歡笑的邪惡，在玫瑰花海與百合花叢之中安居——
——在歡笑之中，所有的惡皆一個個緊挨著並存，但卻透過它自身的幸福而被宣告為聖徒並被赦免——
而若這是我的始與末，使一切沉重化為輕，一切肉軀化成舞者，一切精神化成飛鳥——
確實，這是我的始與末！
噢，我如何不去熱望永恆，與指環中的婚禮之環——那歸返之環？
我還從未找到我願與其生子的婦人，除了我愛的這婦人——因為我愛你，噢，永恆！
因為我愛你，噢，永恆！

7.

若我曾在我的頭頂上張開寂靜的天幕，以自己的翅膀在自己的天幕中飛翔——

若我在光之遠方嬉遊，而我自由的飛鳥之智慧臨到了我——

——飛鳥的智慧卻如此說：「瞧，沒有上面，沒有下面！將自己往四面擲出去，拋出，拋回，你這輕盈者！別再說話！」

——難道一切話語並非為沉重者而設？難道一切言語沒有欺騙輕盈者！歌唱！別再說話！」

噢，我如何不去熱望永恆，與指環中的婚禮之環——那歸返之環？

我還從未找到我願與其生子的婦人，除了我愛的這婦人——因為我愛你，噢，永恆！

因為我愛你，噢，永恆！

PART 4

1884
出版

| 查拉圖斯特拉 |

啊，在世上，除了在同情者那裡，
哪裡有更大的愚蠢呢？
而在世上，有甚麼比同情者的愚蠢
造成更多的苦痛呢？
所有愛人者是痛苦的，
他們還沒有達到一種超越同情的高度！
曾有一回，魔鬼對我如是說：
「即便上帝也有祂的地獄——
那便是祂對人類的愛。」
近來我聽見魔鬼說出這話：
「上帝死了；因為對人類的同情，上帝死了。」

——〈論同情者〉——

蜜之祭禮

——又是月月年年，流過查拉圖斯特拉的靈魂，而他未曾注意；他的髮卻已發白。有一天，當他坐在他洞穴前的一塊石頭上，靜靜地望出去——在那裡，人們竟可以遠遠越過蜿蜒曲折的深谷而眺望大海——這時，他的動物們若有所思地在他周圍徘徊，最後在他面前停了下來。

「噢，查拉圖斯特拉，」牠們說，「你大抵是在找尋你的幸福罷？」——「幸福又有何干！」他回答，「我早已不再追求幸福，我追求我的志業。」——「噢，查拉圖斯特拉，」動物們又說了，「你說得好像自己是一個擁有過多良善的人。你不是躺在一座天藍色的幸福湖水中嗎？」——「你們這些愛開玩笑的人，」查拉圖斯特拉回答，並且微笑，「你們選的這個譬喻多好！但你們也知道，我的幸福是沉重的，並不像一座潺潺流動的泉水——它逼迫著我，不願離開我，舉止如同融化的瀝青那般。」——

於是，動物們再度若有所思地在他周圍徘徊，然後再度在他面前停了下來。「噢，查拉圖斯特拉，」牠們說，「**因為如此**，所以你才會愈來愈黃，愈變愈黑，縱使你的頭髮意欲發白，並且看起來像亞麻？瞧啊，你正陷於如瀝青之厄運泥沼中！」——「你們在那裡說些甚麼啊，我的動物們，」查拉圖斯特拉笑著說，「確實，當我說起瀝青之災厄時，我是在褻瀆它。在我身上發生的，也同樣發生在所有將要成熟的水果之上。使我的血更濃，也讓我的靈魂更靜定的，是我血管裡的蜂蜜。」——「將會如此的，噢，查拉圖斯特拉。」動物們答道，並且擠向他；「但你今天不登上一座高山嗎？空氣是純淨的，人們在今天所看見的世界，比任何時候來得更多。」——「是啊，我的動物們，」他回答，「你們猜測得對極了，正合我的心意——今天我要登上一座高山！但是，留心啊，那邊要備好蜂蜜供我拿取，黃的、白的、優質的、冰涼新鮮的蜂房金蜜。因為，你們知道，我要在那山頭獻上蜜之祭禮。」——

然而，當查拉圖斯特拉登上高處，他將一路陪伴著他的動物們遣回家去，並且發現，從現在起他是獨自一人了——這時，他開懷大笑，環顧了四周，並且如是說——

我說起獻祭與蜜之祭禮，那不過是我話裡的詭計，確實，是一件有用的蠢事！在這山上，我已經可以比在隱者的洞穴及其家禽面前，更加自由地說話。

獻祭甚麼！凡被贈與我的，我將揮霍，我是擁有千隻手的揮霍者——我怎麼還能——將之稱為獻祭！

當我渴求蜂蜜，我不過是在渴求誘餌、甜味的蜜汁與黏液，渴求那即便是愛嘮叨者與快快不樂、奇異的惡鳥，也都要伸出舌頭來舔的東西——

——渴求那最好的誘餌，就像它之於獵人與捕魚者那般不可或缺。因為，若世界像一座

黑暗的野獸森林，與所有野蠻獵人的遊樂花園，那麼它於我則彷彿更像，且毋寧是一片幽深豐饒的海，

——一片滿是色彩斑斕的魚蟹之海，眾神也想欲望它，好讓祂們在其上成為垂釣者與撒網者——世界如此豐饒，有這些大大小小的奇異之物！

尤其是人類世界，這人類之海——向著**它**，我現在擲出我的金色釣竿，並且說——打開罷，你這人類的深淵！

打開罷，並且將你的魚與發著閃光的蟹擲給我！用你最好的誘餌，我今天誘使那最奇異的人魚上鉤了！

——我將我的幸福擲向所有遼闊的遠方，在日出、正午與日落之間，看是否有許多人魚學會在我的幸福之上煩躁拉扯。

直到牠們非得升到**我的**高度，咬下我那隱藏的尖鉤，最斑斕的潛於深淵者才來到最險惡的人類捕捉者那裡。

從根本上、從一開始，**那人**自然是我了，吸引著、引過來、引上來、拉起來，一名拖曳者、培育者與培育專家，他當時並沒有白白對自己說：「成為你自己！」

如是，但願人類此後**升到**我這裡來——因為我仍等待那徵象，表明我的衰亡是時候了；我仍不往下墜，墜於人群之中，如我必須的那樣。

因此我在這裡等待，在高山上狡詐且嘲諷地，非不能忍耐者，也非忍耐者，相反地卻是

一個連忍耐的能力都荒廢了的人——因他不再「容忍」。

我的命運自是給我時間——它大抵忘了我？或者它坐在一顆大星星後面的陰影中，捕捉著蒼蠅？

而確實，我因此善待我永恆的命運，以至於它不追獵我、不催逼我，讓我有時間惡作劇與做壞事——以至於今日我如是登上這座高山，進行一場垂釣。

大抵有人在高山上釣過魚？我在這山上所想所做的，就算是一件蠢事——都還是比我在那底下因等待而變得嚴肅，臉色變得青黃來得好——

——一個趾高氣昂、因等待而暴怒的人，一陣神聖的、從山上吹來的呼嘯的暴風，一個不能忍耐的人，往山谷下大喊：「聽啊，否則我用上帝的苦難鞭打你們！」

我並不因此怨恨這種發怒者——他們足以使我發笑！他們必已不能忍耐，這些喧鬧的大鼓，今天若不發言，日後將永不發言！

然而，我與我的命運——我們今天不說，我們也不會永遠不說——對於說話，我們已有耐性、有時間與過多的時間。因為，有朝一日他還必須到來，而不許走經過。

誰有朝一日必須到來，而不許走經過呢？我們偉大的可薩[1]，那是我們偉大而遙遠的人類王國，那查拉圖斯特拉的千年王國——

這種「遙遠」該有多遠呢？這與我何干！然而，那並不因此減損我的穩定——我以雙腳穩穩立於這塊土地上，

——在一片永恆之地，在剛硬的原始之石上，在這座最高最剛強的原始山脈，所有的風來到這裡，一如在天氣的分界線上，並且探詢著何處？何來？何往？

在這裡笑罷，笑罷，我那明亮康健的邪惡！從高山擲下你閃爍的嘲笑！以你的閃亮為我誘捕最美的人魚！

在一切海中屬於**我**的，在萬物中靠向我的——我將之釣上來，我將之引上來——我這所有捕魚者當中最壞的，為此等待著。

出去罷，出去罷，我的釣鉤！進去罷，下去罷，我的幸運誘餌！我心之蜂蜜，滴下你最甜美的甘露！咬罷，我的釣鉤，咬進所有黑色悲傷的肚腹！

望出去，望出去，我的眼睛！噢，何其多的海洋環繞我，何其朦朧的人類未來！而在我之上——是何等緋紅的靜寂！何等晴朗無雲的沉默！

---

1. 可薩（Khasar）指的是西遷到高加索地區的一支突厥部族，西元七至九世紀，可薩人在伏爾加河中下游建立可薩汗國，極為強盛。

呼救

翌日，查拉圖斯特拉又坐回洞穴前自己的石頭上，動物們則在外面的世界四處漫遊，好帶回新的食物與新的蜂蜜——因為查拉圖斯特拉將舊有的蜂蜜揮霍殆盡、一滴不剩。然而，當他如此這般地坐在那裡，手持一根棒子，並且若有所思地在地上描繪自己的形影，確實！他並不是因為他自己的身影而忽然嚇了一跳——而是因為他看見，在他的影子旁邊還有另一個影子。而他是多麼快速地環顧四周，並站起來，瞧，這時預言者站在他身旁，是曾在他的桌上與他同食共飲的同一個人，那大疲倦的宣告者，他教導著：「一切皆相同，一切都不值，世界無意義，知識扼殺人。」然而，他的容顏在這當中轉變著；當查拉圖斯特拉望進他的眼睛，他的心再一次驚嚇著——如此多惡劣的宣告與灰燼般的閃光劃過這張臉龐。

那預言者，他察覺到查拉圖斯特拉的靈魂裡發生了甚麼，於是以手拂過他的容顏，彷彿要將那同樣的東西拭去一般；查拉圖斯特拉也做了一樣的舉動。當兩人沉默地鎮靜自持，復又恢復活力的時候，他們便相互握手，以表示他們意欲重新認出彼此。

「歡迎你來，」查拉圖斯特拉說，「你這個大疲倦的預言者，你可別枉費自己曾經是我同桌的賓客朋友啊。今天也要在我這裡吃喝一番，並且原諒我這個快活的老翁跟你同坐一桌！」——「一個快活的老翁？」預言者搖著頭回答：「可是，無論你是誰，或是你要成為誰，噢，查拉圖斯特拉，你待在這山頭已經太久了——你的小船不應再停在乾枯之地！」——「難道我是坐在乾枯之地？」——查拉圖斯特拉笑著問。——「圍繞你山頭的波浪，」預言者回答，「正升高再升高，那大困厄與大悲傷的波浪——它們很快地將把你的小船舉起來，並且把你載走。」——查拉圖斯特拉遂沉默，同時感到驚異。——「你甚麼都還沒聽見嗎？」預言者繼續說：「從深處不是傳來呼嘯與咆哮嗎？」——查拉圖斯特拉再度沉默並且傾聽——這時，他聽見一陣長長的呼喊，擊向了深淵又繼續傳送，因為無人欲留住它——它聽來如此凶惡。

「你這惡劣的宣告者，」查拉圖斯特拉終於說，「這是一場呼救與一個人的喊叫；它大抵來自一片黑色海洋。但是，人類的困厄與我何干！那留給我的最後的罪惡，你大抵知道它叫甚麼？」

——「同情！」預言者發自激昂的內心答道，並且高高舉起雙手——「噢，查拉圖斯特拉，我前來是為了引誘你走向最後的罪惡！」——

這番話一說完，呼喊便再度響起，比此前更久且更可怖，且還更近。「你聽見了嗎？你聽見了嗎，噢，查拉圖斯特拉？」預言者喊，「呼喊是針對你的，他對著你喊——來來來，是時候了，正是時候！」——

查拉圖斯特拉遂沉默、煩亂且震驚；終於，他像個自我懷疑的人那樣問：「在那裡喊我的人是誰呢？」

「但你是知道的呀，」預言者激動地回答，「你在隱藏甚麼？那個向著你呼喊的，是**更高等的人**！」

「更高等的人？」查拉圖斯特拉感到一陣驚懼地喊道：「**他**要甚麼？**他**要甚麼？那更高等的人？他在這裡要甚麼？」——而他的皮膚滿是汗水。

然而，預言者不回應查拉圖斯特拉的恐懼，卻是聆聽再聆聽那深處。當那裡久久一片寂靜的時候，他的目光才收回來，並且看見查拉圖斯特拉站著發抖。

「噢，查拉圖斯特拉，」他開始以悲傷的語調說，「你別站在那裡，像個被自己的幸福弄得暈頭轉向的人——你將必得跳舞，才不致昏厥！

然而，若你也意欲在我面前跳舞，並且躍過所有你的愚蠢荒唐——那麼便無人能夠對我說：『瞧，最後一個快樂的人在這裡跳舞！』

若從這高處來了一個人，他在此尋找**那快樂者**而未果——他大抵發現了洞穴與後面的洞穴，隱藏者的藏身處，卻沒有發現幸福的礦井、寶庫與嶄新的幸福金脈。

幸福——在這種被埋藏之物與隱居者當中，人們大抵能如何找到幸福！難道我還必得在幸福島上，以及遙遠的、被遺忘的海洋之間尋找最後的幸福？

然而，一切皆相同，一切都不值，尋找無濟於事，幸福島再也不存在了！」——

預言者如是嘆息；在他的最後一聲嘆息中，查拉圖斯特拉卻復又明亮且自信，如同一個人從深深的溝壑當中走向光明。「不！不！三聲不！」他以強烈的聲調喊道，並撫摸鬍子，「這我知道得更清楚！幸福島還存在著。保持鎮靜，**別**悲了，你這哀嘆的人！

你這上午的雨雲，停止罷，**別**滴滴答答！我不是已經站在這裡，因你的悲傷而濕漉漉，像一隻狗被淋濕？

現在，我抖抖身子，從你身邊跑開，好讓自己變乾——你不許詫異！我在你面前似乎顯得無禮？但這裡是**我的**庭院。

至於你所謂更高等的人——好罷！我立即在那森林裡尋找他——**從那裡**傳來了他的呼喊。也許是一隻惡獸在那裡催逼著他。

他在**我的**領域裡——在其中，他應當不會受害！而確實，在我這裡存在許多惡獸。」

———

伴著這番話，查拉圖斯特拉轉身離去。這時，預言者說：「噢，查拉圖斯特拉，你真是個無賴！

我已經知道——你要擺脫我！你還寧可在森林裡奔跑，並且追逐惡獸！

然而，那對你有甚麼幫助？到了晚上，你會再需要我；在你自己的洞穴裡，我將坐在那裡，饒有耐心，像個木頭人那般沉重——並且等待著你！」

「這樣罷！」查拉圖斯特拉在前進之中回頭喊：「在我洞穴裡的我的東西，也屬於你，我的賓客朋友！

在裡面，若你還找到蜂蜜，去罷！你這怒吠的熊，只要這樣把它舔乾淨，讓你的靈魂嘗嘗甜頭！到了晚上，我們倆自然想要歡暢一番，

——歡暢並且高興，因為這天走向了終點！而你自己應當隨我的歌曲起舞，作為我舞蹈的熊。

你不相信我？你搖頭？去罷！好罷！老熊！然而我也——是個預言者。」

查拉圖斯特拉如是說。

與國王們的談話

1.

查拉圖斯特拉在他的山間與森林裡行路，未及一小時，他忽然看見一幕罕見的景象。就在他欲下山的路上，走來兩位國王，戴著皇冠，飾以紫色腰帶，顏色斑斕如紅鶴——他們的前面驅趕著一匹載有貨物的驢子。「這兩位國王要在我的領域當中做甚麼呢？」查拉圖斯特拉驚訝地對自己的心說，並且飛快地躲藏在一棵樹叢後。然而，當國王們臨近他時，他狀似一個自言自語的人，低聲地說：「奇了！奇了！這怎麼對得上！我看見兩個國王——而只有一匹驢！」

這使兩位國王止步了，他們微笑著，望向聲音傳來的地方，然後面面相覷。「在我們當中，大概也有人是這麼想的，」右邊的國王說，「但卻不會說出來。」

左邊的國王說卻聳聳肩，回答道：

「那大概是一個牧羊人。或是一名在岩石與樹叢中生活太久的隱居者。全然離群索居，自然也會荒疏良好的禮俗。」

「良好的禮俗？」另一個國王不情願地厲聲駁斥：「我們是在避開誰呢？難道不是那『良好的禮俗』？我們『良好的社會』？

確實，寧可在隱者與牧羊人當中生活，也不要在我們鍍金的、虛偽的、粉飾的烏合之眾當中——儘管他們早已自稱為『良好的社會』，

——儘管他們早已自稱為『貴族』。然而那裡一切皆虛偽、腐敗，特別是血液，這要歸功於古老壞惡的疾病與更壞惡的巫醫。

於我而言，今日最優秀與最可愛的，仍是一名健康的農夫，粗野、狡詐、頑強、堅忍——這是今日最高貴的類屬。

農夫是今日最優秀者；農人之類應當成為主人！然而，這是烏合之眾的王國——我不讓自己再受欺騙。然而，烏合之眾便叫做——大雜燴。

烏合之眾的大雜燴——在這當中，一切皆混雜，聖者與無賴，貴族與猶太人，以及所有從諾亞方舟來的牲畜。

良好的禮俗！一切在我們當中皆虛偽、腐敗。不再有人懂得崇敬——這正是我們要避開的。那是一群諂媚、纏人的狗，牠們為棕櫚的樹葉鍍金。

這樣的憎惡使我窒息，以至於我們國王自身也變得虛偽，被古老發黃的先祖庇蔭，被最

愚蠢與最狡猾者的紀念幣所覆蓋、偽裝，誰在今日以權力進行唯利是圖的骯髒交易！

我們不**是**第一等人——這必定**意味著**——我們終於滿足並且厭惡這場欺騙了。

我們避開了痞徒，所有這些喊叫的喉嚨、抄寫的蒼蠅、小商販的惡臭、野心勃勃的扭動與噁心的氣息——呸，在痞徒當中生活！

——呸，在痞徒當中意味著第一等人！啊，可憎！可憎！可憎！我們的國王又有何干！」

——

「你的舊病復發，」左邊的國王在此說，「憎惡在你身上復發，我可憐的兄弟。但你明知有個人在聽我們說話。」

對這場談話皆耳聞眼見的查拉圖斯特拉，立刻從他藏匿的隱蔽處跳出來，走到國王面前，開始說：

「你們這兩位國王啊，那傾聽你們的、喜歡傾聽你們的那人，名叫查拉圖斯特拉。

我是曾經說過『我們的國王又有何干！』的查拉圖斯特拉。原諒我，當你們對彼此說『我們的國王又有何干！』的時候，我很高興。

然而，這裡卻是**我的**王國與我的統治——你們大抵要在我的王國尋找甚麼呢？也許你們卻是在途中**找到**了**我**所尋找的——也就是更高等的人。」

當兩位國王聽見了這話，他們搥胸且同聲說道：「我們被認出來了！

用這話語的利劍，你擊碎了我們內心最濃的幽暗。你發現了我們的困厄，因為，瞧！我們在覓得更高等的人的途中——

——那比我們更高等的人——儘管我們是國王。我們將這匹驢引到他那裡去。最高等的人自然應當也是人間最高的主宰。

當人間之掌權者並不同時是第一等人的時候，一切人類命運中最為艱苦的不幸，便莫過於此。因此一切事物將變得虛偽、扭曲、可怖。

即便他們是最末最劣者，獸性多於人性——那麼烏合之眾則日日哄抬其價，終於那烏合之眾的道德甚且說：『瞧，唯獨我是道德！』」

「剛才我聽見了甚麼？」查拉圖斯特拉回答；何等的國王之智！我多麼陶醉，確實，這已使我心悅，並為此賦詩——

——它可能是一首不見得合於眾人之耳的詩。我早已荒廢了迎合眾人之耳的能力。好罷！去罷！

（在此卻發生一事，驢子也說話了——牠卻帶著壞惡的意志，清晰地說著咿——呀。）

從前——我曾相信，在救世元年——

女預言家曾不飲而醉地說：

「哀哉，如今事情皆走偏！

衰落！衰落！世界從未如此深深沉淪！

羅馬淪落為妓女與妓院，
羅馬的凱撒淪落為牲畜，上帝自身則——淪為猶太人！」

2.

查拉圖斯特拉的這首詩讓兩位國王頗為欣賞；右邊的國王卻說：「噢，查拉圖斯特拉，我們出來見你，這行為多麼棒！

你的仇敵自是在他們的鏡中向我們展示你的影像——在那裡，你以魔鬼的鬼臉注視，並且幸災樂禍地譏笑著——如是我們害怕你。

然而，那有何用！你總是不斷地用你的格言刺進我們的耳與心。於是我們終於說——他外表如何，又有何干！

我們必須聽他，他教導著：『你們應當愛和平，將之視為新戰爭的工具，愛短暫的和平甚於長期的！』

從來無人說過如此戰鬥性的話語：『甚麼是好的？勇敢是好的。好的戰爭就是，使每件事情神聖化。』

噢，查拉圖斯特拉，在我們的肉軀之內，我們父輩的血液因這樣的話語而活躍起來——這好比春天的言語之於老舊的酒罈。

假如利箭亂射，如同血跡斑斑的蛇，那麼，我們的父輩便是善待了人生；一切和平的太陽，於他們皆顯得軟弱無力且溫冷，而長久的和平卻使人蒙羞。

我們的父輩，他們是如何地嘆息，若他們在牆上看見了光潔明亮、乾枯的刀劍！如同刀劍一般，他們渴盼著戰爭。一把劍自是要飲血，並且因著貪欲而閃閃發光。」——

——當國王們如此這般帶著熱切，談論閒話著他們父輩的幸福，查拉圖斯特拉絲毫沒有興趣去嘲諷他們的熱切——因為他眼前所見的，顯然是非常溫和、帶著老邁與文雅神色的國王。但他克制了自己。「好罷！」他說，「這條路通往上面那裡，查拉圖斯特拉的洞穴就在那裡；而這一天，應當有個長夜！然而，此刻卻有一聲呼救，急切地喚我離開你們往前走。

若國王們意欲在我的洞穴之中坐下並且等待，那便是我洞穴的榮幸——然而，你們自是必將長久地等待！

怎樣！那又如何！今日人們在哪裡可以學到更耐心的等待，更甚於在宮廷之中？而那國王所剩的全部道德——難道今日不是叫做——**能夠**等待？」

查拉圖斯特拉如是說。

血蛭

而查拉圖斯特拉若有所思地繼續走，愈往深處，穿越森林，經過沼澤之地；就像每個思索沉重事物的人會發生的那樣，他無意間踩到了一個人。瞧，那裡忽然有一聲疼痛的呼喊、兩句詛咒與二十次糟糕的怒罵，噴進了他的臉——如是使他在驚嚇之中舉起了手杖，還往踩踏他的人身上打下去。緊接著他卻恢復了神智；他的心嘲笑著他剛剛做下的蠢事。

「請原諒，」他向那位忿忿然坐起的踩踏者說，「請原諒，並務必聽取一則譬喻。

如同一位夢想遙遠事物的漫遊者，無意間在一條寂寞的街上撞上了一隻沉睡的狗，一條躺臥在太陽底下的狗——

——他們兩者是如何驚跳起來，相互訓斥，有如死敵，這兩個驚駭至死的——我們的情況亦如是。

可是！可是——他們何其缺乏關愛撫慰，這隻狗與這個寂寞者！他們兩者不都是——孤獨者嗎！」

——「無論你是誰，」被踩踏者仍忿忿然說道，「你不只用你的腳踐踏我，並且還用了你的譬喻！

瞧啊，難道我是一隻狗嗎？」——同時，坐著的人起身，從沼澤當中抽出他赤裸的手臂。起先他自是平躺在地，隱蔽著、難被識出，如同那埋伏著等待沼澤野獸的人一般。

「但你這是在做甚麼！」查拉圖斯特拉驚叫著，因為他看見，在那赤裸的手臂上，有許多鮮血汩汩流下——「你碰上了甚麼？是一隻惡獸咬了你嗎，你這不幸者？」

流血者笑著，仍舊在發怒。「這與你何干！」他說著，且想繼續上路。「我以此為家，以此地為我的領域。誰想要的話，就問我罷——但我可是幾乎無法給一個蠢蛋答話。」

「你弄錯了，」查拉圖斯特拉同情地說，並且抓住他，「你弄錯了——在此你並非身在你家，卻是身在我的領土，在此地，不應有人受到損傷。

不過，隨便你怎麼給我命名——我反正就是我必須是的人。我稱我自己為查拉圖斯特拉。

好罷！那裡是通往查拉圖斯特拉的洞穴的路——那洞穴並不遠——你不想在我那裡養傷嗎？

你這不幸者，你在此生處境堪憐——先是有野獸咬你，然後——人類又踐踏你！」——

然而，當那位被踩踏者聽見了查拉圖斯特拉的名字，他便轉變了。「我這是發生了甚麼事！」他大喊，「除了這個人，查拉圖斯特拉，以及那以血維生的動物——血蛭之外，在此生究竟還有誰關照我？

因血蛭之故，在此如同一名漁夫，躺在這片沼澤當中，我伸出的手臂已經被咬了十次，那裡還有一條更美麗的水蛭在吸我的血，那是查拉圖斯特拉本人！

噢，幸運！噢，奇蹟！要讚頌引誘我到這片沼澤的這一天！要讚頌這最好、最活潑、至今仍活著的拔火罐，要讚頌這偉大的良知之血蛭——查拉圖斯特拉！」——

被踩踏者如是說；而查拉圖斯特拉為他的話語與他文雅恭敬的本質感到高興。「你是誰？」他問，並且向他伸出手，「在我們之間，還有許多事情有待查明、撥雲見日——但我想，那應該會是個純淨明亮的一日。」

「我是**精神的嚴謹之人**，」被問者答道，「在精神的事務裡，不容易有人比我更加嚴厲、縝密、剛硬地對待，我所師從的查拉圖斯特拉本人除外。

寧可一無所知，也不要許多事情一知半解！寧可做個獨當一面的傻子，也不要做一個讓陌生人引以為傲的智者！我——追根究柢——

——它是大是小，又有何干？它名叫沼澤或是天堂，又有何干？一個巴掌大的根柢於我便足——只要它是實實在在的根柢與立足點！

——一個巴掌大的根柢——在其上，人們可以站立。在真正的真知灼見裡，事物沒有大小之分。」

「所以，也許你是血蛭的洞察者？」查拉圖斯特拉問；「而你探究血蛭直到最後的根柢，你這嚴謹之人？」

「噢，查拉圖斯特拉，」被踐踏者答道，「那可能是件動輒得咎的大事，我怎麼敢擅自去做！

我是哪個領域的大師專門呢？血蛭的腦——這是**我的**世界！

而這也是一個世界！但請原諒，在此我的驕傲表現出來，因為在此尚無人與我並駕齊驅。所以我說『我的看家本領在此』。

我已經探究血蛭之腦多麼久，以至於滑溜的真理在此不再溜開！此地是**我的**王國！

——因此，我拋開一切他者，因此一切他者於我皆相同；而我黑色的無知，緊挨在我的知識旁。

我精神的良知要我如此，只知一事而不知其他——一切精神的半面、一切煙霧蒸騰、虛無飄渺、醉心狂熱的，都使我感到厭惡。

我的真誠終止之處，在那裡我便盲目也意欲盲目。然而，我要求知之處，在那裡我也要真誠，也就是剛硬、嚴厲、縝密、殘忍、不退讓。

噢，查拉圖斯特拉，**你**曾說過：『精神乃是自剖生命的生命。』這引導並且誘惑我朝向你的學說。而確實，用一己之血，我增加了一己的知識！」

——「如同眼下目睹親聞所教導的那樣，」查拉圖斯特拉插話道；因為，仍舊一直有血從這位嚴謹者赤裸的手臂上流下來。一共有十條血蛭咬進了該處。

「噢，你這奇特的小夥子，在此，我眼下目睹親聞所教給我的，有多麼多，我目睹的就是你自己！而也許我不敢事事皆灌注在你嚴厲的耳朵裡了！

好罷！那麼我們在此分別！但我很想再找到你。那裡是通往我的洞穴的路——今夜在那裡，你應當成為我親愛的嘉賓！

查拉圖斯特拉以雙腳踐踏了你，因此我也很想再補償你的肉軀——對此我正思慮。然而，現在卻有一聲呼救喚著我，要我趕緊離你而去。」

查拉圖斯特拉如是說。

魔法師

1.

當查拉圖斯特拉繞過一塊岩石的時候，那時他看見一個人，在他下面不遠的同一條路上，像個癲狂症患者手舞足蹈，終於撲倒在地。「停住！」查拉圖斯特拉這時對自己的心說，「那裡大抵必有更高等的人，那聲悲慘的呼救從他發出——我要看看，是否那裡有甚麼可幫忙的。」然而，當他跑到那人所躺的地方時，他發現那是一個目光呆滯、渾身顫抖的老人；無論查拉圖斯特拉多麼努力想將他扶起，使他再度以雙腳站立，都是白費工夫。便是這位不幸的人，也彷彿沒有發覺有人正在他身旁；相反地，他總是以激動的神情四處張望，如同一位被全世界遺棄的孤獨者。然而到最後，在許多顫抖、抽搐與蜷縮之後，他開始如是悲訴——

誰還溫暖我，誰還愛我？

給出熱呼呼的雙手！
給出心之炭盆！
我橫躺在地，全身戰慄，
同半個死人，雙足被人們溫暖著——
啊！不知名的高熱，使我撼動！
因銳利的冰霜之箭，我顫抖著！
思想啊，我被你追獵！
那無可名者！被隱匿者！那可怕者！
你這躲在雲朵背後的獵人！
我被你向下射出的閃電擊中，
你嘲諷的眼，從黑暗中注視我——
——我如此躺著，
屈著身體，吊起，折磨
被所有永恆的刑訊者，
被你
射中，最殘忍的獵人，
你這不知名的——上帝！

射得更深些！
再射中**一回**！
射穿、打碎這心房！
這場刑訊
究竟要用鈍牙般的箭做甚麼？
你以幸災樂禍的諸神閃電之眼
又在看些甚麼，
難道不厭倦人類的痛苦嗎？
你不願殺戮，
只要刑訊，刑訊？
為何——刑訊**我**，
你這幸災樂禍、不知名的上帝？——

哈哈！你溜進來了？
在這樣的午夜
你要甚麼？說！

你催逼我，壓迫我——
哈！已經太過逼近！
走開！走開！
你聽我呼吸，
你細聽我的心，
你這嫉妒者——
究竟嫉妒甚麼？
走開！走開！要梯子做甚麼？
你要**進入**
進入心房，
爬進，爬進我
最隱祕的思想？
無恥的人！不知名的——小偷！
你要偷甚麼？
你要探聽甚麼？
你要拷問甚麼？
你這拷問者！

你——劊子手之神！
或者我該像狗一般，
在你面前翻滾？
渾然忘我，全身奉獻，
對你——對愛搖尾乞憐？

徒勞！
繼續刺罷，
最殘忍的刺針！不，
我不是狗——我只是你的野獸，
最殘忍的獵人！
你最高傲的俘虜，
你這躲在雲朵背後的強盜！
終於說罷！
擋路者，你從**我身上**要些甚麼？
你這閃電的隱匿者！不知名者！說，
你**要**甚麼，不知名的——上帝？——

甚麼？
贖金？
你要贖金多少？
要求多些——我的驕傲勸你這樣！
並且少說——我的另一個驕傲勸你這樣！

哈哈！
我——你要？我？
整個——我？

哈哈！
傻子如你，刑訊我，
使我的驕傲飽受煎熬？
給我愛——誰還溫暖我？
誰還愛我？——給出燙熱的雙手，
給出心之炭盆，

給我這最寂寞的人
啊，給我冰！那七層堅冰
教人渴望，
渴望仇敵，
是的，獻身於
最殘忍的敵人，
給我——**你自己**！——

逃離！
他自己逃走了，
我最後、唯一的戰友，
我的大仇敵，
我的不知名者，
我的劊子手上帝！——
——不！
回來，
帶著所有你的刑訊！

回到所有孤獨者的最後一人
噢，回來！
所有我的眼淚湧流，
向你湧流成河！
我最後的心之火焰——
它為**你**燃燒！
噢，回來罷，
我不知名的上帝！我的痛苦！
我最後的——幸福！

2.

——然而，查拉圖斯特拉這時再也忍耐不住，他拿起手杖，用全部的氣力砸向那位悲嘆者。「住口！」他向著他喊，笑中帶有壓抑的忿怒，「住口，你這戲子！你這偽造假幣者！你這澈底的說謊者！我已認出你！

我要讓你的雙腿溫暖，你這惡劣的魔法師，我很懂得怎樣使你這種人——溫暖！」

——「住手，」老人說著，從地上跳起來，「別再打了，噢，查拉圖斯特拉！我這樣做不過只是玩玩！

這種種行徑皆是我的把戲；當我給你這份考驗的時候，我就是要考驗你自己！而確實，你看清了我！

然而，便是你也給了我不小的考驗——你是**剛硬的**，你這智慧的查拉圖斯特拉！你剛硬地以你的『真理』捶打，你的棍棒從我身上逼迫出——這真理！」

「別諂媚，」查拉圖斯特拉回答，他激動依舊，眼神陰森地注視，「你這徹頭徹尾的戲子！你是虛假的——還說甚麼——真理！

你這孔雀之中的孔雀，這虛浮的海洋，你這劣等的魔法師，在我面前表演**甚麼**，當你以這種身形悲嘆，我該相信你是**甚麼人**呢？」

「**精神的懺悔者**，」那老人說，「我所表演的就是**他**——你自己還曾發明這個詞——

——那詩人，與反對自己、終至轉變精神的魔法師，那因自己惡的知識良知而凍死的轉變者。

只要承認——噢，查拉圖斯特拉，直到你識破我的藝術與謊言，那日子還長得很！當你用雙手托住我的頭，你相信著我的困厄——

——我聽見你嘆息道：『人們對他愛得太少，愛得太少！』我能夠欺騙你至此，我的惡意深深感到歡喜。」

「你也許騙過比我更加邃密之人，」查拉圖斯特拉剛硬地說。「我並不提防騙子，我**必**

得無有戒心——我的命運要如此。

你卻——**必得**欺騙——我是知道你的！你必得永遠有二、三、四、五重意義！便是你現在所坦承的，於我早已不夠真實也不夠虛偽！

你這糟糕的造偽幣者，你還能怎麼樣呢！若你赤身裸體地在你的醫生面前，你還將粉飾自己的疾病。

所以，當你說：『我這樣做不過**只是**玩玩！』你正是在我面前粉飾你的謊言。其中也有**嚴肅**，你**有**些許精神的懺悔者之風！

我大抵猜透了你——你是個惑眾者，對自己卻沒有留下謊言與巧計——你給你自己除了魅！

你收穫了憎惡，作為你唯一的真理——已沒有話語對你而言是真的，但你的嘴——也就是黏在你嘴上的那憎惡，卻是真的。」——

——「你到底是誰！」老魔法師在此以一種執拗的聲音喊道，「誰敢對**我**——當今最偉大的人——這麼說？」——一道綠色的閃電從他的眼睛射向查拉圖斯特拉。但他隨即轉變，且悲傷地說：

「噢，查拉圖斯特拉，我對此厭倦了，我對我的藝術感到憎惡，我並不**偉大**，我佯裝甚麼呢！但是，你大抵知道——我尋求著偉大！

我欲想像出一個偉大的人，並且勸服許多人——但這種謊言不是我的力量所能及。我以此而破敗。

噢，查拉圖斯特拉，一切於我皆謊言；但我破敗——我的破敗是**真的**！」

「這使你光榮，」查拉圖斯特拉陰沉地說，並且低頭注視旁側，「你尋求偉大，這使你光榮，但這也暴露了你自己。你並不偉大。

你這惡劣的老魔法師，我在你身上所尊崇的，**是**你最好、最真誠的部分，也就是你會厭倦自己，並且說出：『我並不偉大。』

在這當中，我尊崇你為一位精神的懺悔者——即便只是倉促之中，在那一瞬間，你是——真實的。

但，說罷，在此，你在**我的**森林與岩石間尋求甚麼？而當你躺在**我的**路中間時，你欲從我身上試驗甚麼？——

——你何以試探**我**呢？」——

查拉圖斯特拉如是說，他的眼睛閃閃發亮。老魔法師沉默半晌，然後說：「我試探你？我只是——尋求而已。

噢，查拉圖斯特拉，我尋求一個真實者、正直者、單純者、直率者、一個最誠實者、一個智慧的容器、一個知識的聖者、一個偉大的人！

難道你不知道，噢，查拉圖斯特拉？**我在尋求查拉圖斯特拉**。」

——而此時，兩人之間生出了一陣長長的沉默；查拉圖斯特拉卻深深陷入自我的沉思，如是他閉起眼睛。然後，他卻回到與他會談的人那裡，他抓住了魔法師的手，彬彬有禮而又詭計多端地說：

「好罷！那條路通往上面那裡，查拉圖斯特拉的洞穴就在那裡。在那裡，看你想要尋找誰，就可以尋找誰。

並且向我的動物們、我的鷹與蛇詢問建議——牠們當協助你尋找。我的洞穴是很大的。

我自己當然是——我還沒有見過偉大的人物。凡偉大者，在今日最邃密的人眼中也嫌粗糙。這是烏合之眾的王國。

我已經發現了一些這樣的人，他們虛張聲勢、自吹自擂，群眾喊著：『瞧，那裡有個偉大的人！』但是，所有的風箱能幫上甚麼忙！最後風會流瀉出來。

最後那鼓脹過久的青蛙會爆裂——於是風流瀉出來。往鼓脹者的肚子刺入，我稱之為一項勇敢的消遣。聽啊，你們這些小夥子！

今日是屬於烏合之眾的——誰還**知道**甚麼是偉大，甚麼是渺小！誰還帶著幸運尋找偉大！唯獨一個傻子——傻子得其好運。

你這奇特的傻子啊，你尋找偉大的人嗎？誰**教**你的呢？今日是尋找偉人的時代嗎？噢，你這惡劣的尋找者，你——試探我甚麼？」——

查拉圖斯特拉如是說，滿心安慰，微笑地繼續向前行。

退職

然而，當查拉圖斯特拉擺脫那魔法師不久後，他又看見有人坐在他所行走的路上，也就是一個著黑衣、身形長的男人，帶著一張面黃肌瘦的臉——**那人**使他甚為苦惱。「哀哉，」他對自己的心說，「那裡坐著偽裝起來的哀傷，在我面前彷彿是牧師之類——**他們**要在我的領土做甚麼呢？

怎麼！我才剛從那個魔法師身邊逃脫——又跑來另一個黑色魔法師擋我的路——

——將手放在人們頭上的一名巫師、蒙受上帝恩典的一名黑色的奇蹟行者、一名被塗抹神聖油膏的詆毀世界者，願魔鬼要取他的命！

然而，魔鬼卻永遠不在他所應該在的位置——他總是遲到，這該死的侏儒與畸形足！」

——

查拉圖斯特拉如是在他的心裡不耐地詛咒，並且想著如何將他轉向的目光跳過這個黑色的男人——但是，瞧啊，事情是另一個樣子。在同一瞬間，那坐著的人自是瞥見了他；他看來就像一個碰上突如其來的幸福的人，一躍而起，往查拉圖斯特拉走去。

「你這個漫遊者，無論你是誰，」他說，「請幫助一個迷途者、一個尋求者、一個在此易受損傷的老人！

在此的這個世界，於我既遙遠又陌生，我也聽見了野獸的咆哮；而那能夠提供給我庇護的人已不再。

我尋求那最後的虔敬的人、一名聖者，與那獨自在自己的森林裡、對今日舉世皆知的事情一無所知的隱居者。」

「今日舉世皆知的事情是甚麼？」查拉圖斯特拉問。「大抵是，那舉世皆曾信仰的老上帝已不在人間。」

「你說對了，」老人鬱鬱寡歡地回答。「而我服侍這位老上帝，直到他生命的最後一刻。如今我卻退職了，沒有主子，卻不自由，也無一刻感到欣喜，除了在回憶裡。

因此我登上這座山，好讓我終於為自己再舉行一個慶典，如同對老教皇與教父所為的那樣——因為，要知道，我是最後的教皇！——一場虔敬的回憶與禮拜儀式的慶典。

如今，那最虔誠的人、那森林裡的聖者、那持續以歌唱與呢喃讚頌其上帝的人，自己卻死了。

當我找到他的小屋時，我卻再也找不到他了——裡面卻大抵有兩匹狼在為他的死亡嚎叫——因為所有的動物皆愛他。於是我便跑開了。

難道我是這樣徒勞無功地來到這片山林？於是我便下定決心要另尋他人，尋找那所有不信上帝者當中最虔誠的——我尋找查拉圖斯特拉！」

那位老者如是說，並且以銳利的眼神注視著站在他面前的人；查拉圖斯特拉卻攫住老教皇的手，且帶著驚奇端詳良久。

「瞧那裡，你這德高望重者，」他接著說，「何等美麗纖長的手！這是一個總是將祝福分享出去的人的手。如今這雙手卻緊緊握住了你所尋找的人，那就是我本人，查拉圖斯特拉。我就是那目中無神查拉圖斯特拉，他在那裡說——有誰比我更不信上帝，以至於我樂於接受他的傳授呢？」——

查拉圖斯特拉如是說，並且以他的目光洞穿老教皇的想法與隱祕之思。這位老教皇終於說：

「誰最愛上帝，並且最占有祂，如今也是失去祂最多的——

——瞧，現在，我自己大抵是我們兩人當中最目中無神的？但有誰會為此而高興！」——

「你服侍祂直到最後，」一陣深深的沉默之後，查拉圖斯特拉若有所思地問，「你知道祂是**怎麼**死的？人們說，他被同情所扼殺，那是真的嗎？

——他看見**那人**怎麼被釘在十字架，無法忍受，以至於對人類的愛變成了他的地獄，最終成為他的死亡？」——

然而，老教皇沒有回答，卻以一種痛苦且黯淡的表情，膽怯地望向一旁。

查拉圖斯特拉在一陣長長的思索過後，說：「讓他去罷。」同時直視著老人的眼睛。

「讓他去罷，他死了。而你對這名死者身後只說過好話，儘管這也值得欽佩，但你同我一樣清楚知道，他是誰；以及他曾走過的奇特道路。」

「在三隻眼睛下說了出來，」老教皇快樂地說（因為他一隻眼瞎了），「有關上帝的事，我自己知道得比查拉圖斯特拉更通透——也應該是這樣。

我的愛服侍祂多年，我的意志跟隨著祂的意志。然而，一名好侍者卻知道一切，也知道好些他主人自己所隱蔽起來的事。

那是一位隱蔽的上帝，充滿隱祕。確實，祂甚至化身為一個兒子，不外乎也是以一種偷偷摸摸的路徑。在祂的信仰之門上，存在著通姦。

稱頌他為一個愛之神的人，其實並未深思過愛的本身。難道這位神也不願當當裁判者嗎？但那愛人者，卻是超越了賞與罰而愛。

當這來自東方之國的神年輕時，祂剛硬而好復仇，為了使愛徒們賞心悅目，祂建起了一座地獄。

然而，祂終於老邁衰弱、腐朽而富有同情心，與其說像一位父親，不如說更像一位祖父，而卻最像一名風燭殘年的老祖母。

祂坐在那裡，乾癟地，在祂的火爐一角，因為祂虛弱的雙腿、厭倦世間與厭倦意志而感到憂苦，有一天則因祂過於偉大的同情而被扼殺了。」——

「你這老教皇，」查拉圖斯特拉在此插話，說：「這都是你親眼所見？祂大抵可能是這樣離世——這樣，以及還有那樣。當眾神死去，祂們總有許多死亡的方式。

然而，好罷！這樣或者那樣，這樣以及那樣——祂死去了！祂與我耳朵與眼睛的口味相違背，更惡劣的事情我也不想複述。

我愛一切明亮望出去與誠實說出的。但他——你知道的，你這個老教皇，他有些接近你的類型，教士的類型——他是多重意義的。

他也是含糊不清的。當我們對他理解不清的時候，這個火冒三丈者，他對我們發了怎樣的雷霆！然而，為甚麼他不說得更清晰些？

若是問題出在我們的耳朵，為甚麼他要給我們這麼一對聽不清他說話的耳朵呢？若是在我們的耳朵裡有泥濘，好罷！那麼是誰將它放進去的呢？

這個學習尚未滿師的陶匠，太多事情都做不成功！而他卻怪罪於他的陶罐與創造物，是它們讓他屢屢失敗——這便是一種違背良好品味的罪過。

即便在虔敬之中也有良好的品味——那品味終於說：『這樣的上帝，滾開罷！寧可沒有上帝，寧可用自己的拳頭創造命運，寧可當傻子，寧可自己當上帝！』」

——「我聽見了甚麼！」這時，老教皇耳朵銳利地說；「噢，查拉圖斯特拉，你比你所相信的還要虔誠，以一種這樣的無信仰！你心中的某一種神，使你改宗皈依成不信神者。

難道不是你的虔敬自身，使你不再信神？而你過度偉大的誠實，也還將會引領你超越善惡！

瞧啊，還有甚麼留在你身邊？你有眼、手、口，這些是自永久以來，命中注定用來祝福的。人們不是單單用手祝福。

不管你是否已經要成為一個最不信神者，在你的近旁，我嗅聞到來自長久賜福的一種隱祕而神聖的香氣──同時我將感到愉快與痛苦。

噢，查拉圖斯特拉，讓我成為你的賓客，只要單單一晚！在人間，沒有任何一處比我此刻在你身邊更愉快！」──

「阿們！事情就該如此！」查拉圖斯特拉非常驚奇地說，「這條路通往上面那裡，查拉圖斯特拉的洞穴就在那裡。

事實上，我很願意陪同你過去，你這德高望重者，因為我愛所有虔誠的人類。然而，現在有一聲呼救急促地喚我離開你。

在我的領土上，不應有人受到損傷；我的洞穴是一個好港灣。最好我能讓每個悲傷的人重新頂天立地。

然而，有誰能夠取走你肩上的憂傷？對此我還太虛弱。確實，我們想長久等待，直到有一個人重新喚醒了你的上帝。

這位老上帝自然不再活著──祂已澈底死去。」──

查拉圖斯特拉如是說。

最醜陋的人

——而查拉圖斯特拉的雙腳再度奔跑，穿越了山林，他的眼睛尋覓再尋覓，但卻遍尋不著眼睛所欲看見的東西，也就是那偉大的受苦難者與苦難的呼喊者。然而，在整條路上，他的心中滿是喜悅，並充滿感謝。「這一天送給我的，」他說，「是何等的好事，好補償一日糟糕的開端！我發現了何等奇特的會談者！

而今，它的話我將細細咀嚼，一如咀嚼良好的穀粒；我的牙應當將之研磨得細小再細小，直到它們像牛奶一般流入我的靈魂！」——

然而，當那條路復又繞過一座山崖，風景突然改變了，而查拉圖斯特拉踏進了死亡的國度。在此，黑色與赤色的岩壁高高聳立——沒有草，沒有樹木，沒有鳥兒的鳴叫聲。這自是一座所有動物、包括猛禽皆退避的山谷；只有一種醜陋臃腫的青蛇會在衰老之後來到這裡等死。因此，牧者稱這座山谷為——死蛇之谷。

查拉圖斯特拉卻陷入一段黑色的回憶，因為他感到自己似乎已曾在這座山谷中佇足。而許多的沉重壓在他的意識之上——如是他慢慢走，愈來愈慢，終至靜止不動。當他睜開雙眼，他卻看見有些甚麼坐在路中間，形象似人卻又非人，某種無可言明的東西。對此，查拉圖斯特拉突然被一陣巨大的羞恥感所侵襲，他竟然親眼看見了這樣的東西——他面紅耳赤、直上白髮，他的目光別過去，抬起腳跟，好離開這惡劣之地。然而這時，那死去的荒僻之地發出了響聲——有東西從地底呼嚕呼嚕地泉湧出來，就像水在夜裡呼嚕呼嚕地穿過阻塞的水管；最後終於化作人聲與人話——那聽來如是——

「查拉圖斯特拉！查拉圖斯特拉！猜我的謎罷！說啊，說啊！**對見證人的報復**是甚麼？

我引誘你回來，這裡是光滑的冰！當心，當心啊，在此別讓你的驕傲折斷你的腿！

你以為自己是智慧的，你這驕傲的查拉圖斯特拉！那麼來猜猜這個謎罷，你這剛硬的胡桃鉗——這個謎就是我！那麼說罷——**我**是誰！」

——然而，當查拉圖斯特拉聽見了這些話——你們大概以為他的心靈發生了甚麼變化？**同情侵襲著他**；而他突然倒下，就像一棵長期抵抗過許多次砍伐的橡樹——沉重、突然、使意欲它們倒下的人們受到驚嚇。但他復又從地上站了起來，而他的面容變得剛硬。

「我大概能洞察你，」他以一種響亮的聲音說：「**你是謀殺上帝的凶手！**讓我走。

你無法**忍受**看過**你**的人——那總是對你看透再看透的人，你這最醜陋的人！你對這見證人施以了報復！」

查拉圖斯特拉如是說，且意欲走開；然而那無可言明者抓住了他的衣袍一角，開始呼嚕呼嚕地說些新事物，並且尋找相應的詞語。「留下！」他終於說——

「——留下！不要過去！我猜到是哪根斧頭將你砍倒——祝你健康，噢，查拉圖斯特拉，你重新站起來了！

我很清楚，你猜到那殺死他的人的心情如何——那謀殺上帝的凶手。留下！坐到我這裡來，你絕不會白費這些工夫。

若不走向你，我會走向誰呢？留下，坐下！但別注視我！如是也尊敬——我的醜陋！

他們跟蹤追捕我——如今**你**是我最後的庇護所。這裡**沒有**他們的仇恨，**沒有**他們的緝捕者——噢，我將嘲諷這樣的跟蹤追捕，並且感到驕傲、快活！

難道一切成功迄今不在那些善於受到跟蹤追捕的人身上？誰善於跟蹤追捕，便容易學到**跟隨**——他總得這麼——尾隨在後！然而，尾隨的是他們的**同情**——

——我所逃避的正是他們的同情，我逃向了你。噢，查拉圖斯特拉，保護我，你是我最後的庇護所，你是唯一猜透我的人——

——你猜透，殺死**他**的人心情如何。留下！你這沒有耐性的人，若你要走——那麼就別走我的來時路。**那條**路是壞的。

你對我惱怒，因為我結結巴巴說話太久？因為我還勸起你來？但是你要知道，我就是那最**醜陋**的人，

——他也有一雙最大最沉重的腳。凡我所去過之地，道路便是壞的。我毀壞一切道路、將它們踩踏至死。

而你卻默不作聲地行經我；我大抵看見你面紅耳赤——因此我認出你是查拉圖斯特拉。

任何旁人將會用目光與言語對我投以他的布施，也就是他的同情。然而對此——我還不夠格當乞丐，這點讓你猜到了——

——對此我太**富有**，富有偉大、可怕、最醜陋與最無可言明的東西！噢，查拉圖斯特拉，你的羞恥使我**光榮**！

費盡力氣，我從同情的擁擠之中逃了出來——好尋找那唯一在今日教導『同情是纏人不休的』的人——是你，噢，查拉圖斯特拉！

——無論那是上帝或是人類的同情——同情與羞恥相違抗。而『不願幫助別人』與那『跳上去救人』的道德相比，可能顯得更加高貴。

而時至今日，這在所有小人物當中，便叫做『道德』，而『同情』——它在大不幸、大醜陋、大失敗之前，毫無敬畏之情。

我的目光遠眺，超越這一切，就像一條狗的目光越過了蜂擁羊群的背脊望出去。那是渺小、友好、親善的灰色人群。

就像一隻鷺鷥，頭向後仰，輕蔑地將目光掠過一片池塘——我的目光也如此掠過灰色、渺小的波浪、意志與靈魂的萬頭攢動。

這些渺小的人兒，人們以為他們有理已經太久——於是人們最終也給了他們權力——如今他們教導：『小人物稱之為善者，方為善。』

而今日所謂『真理』，乃宣教者所說，他自身卻來自那些奇異的聖者與小人物的辯護者那裡，從自身證明『我——即是真理』。

如今，這樣不謙遜的人，長久以來已經使小人物的氣燄更加跋扈、趾高氣昂——當他教導『我——即是真理』，他並不覺得自己的教導有一絲錯誤。

一個不謙遜的人，曾在甚麼時候得到禮貌的回應嗎？——然而，噢，查拉圖斯特拉，你走過了他的身旁並且說：『不！不！三聲不！』

你警告他的錯誤，你第一個站出來警告人們當心他的同情——不是警告所有人，也不是警告沒有人，卻是警告你自己，以及你這一類的人。

而確實，當你說著：『從同情那裡來了一大片烏雲，你們人類啊，當心了！』這時你便因為偉大受苦者的羞恥而感到自羞。

——當你教導：『一切創造者皆剛強，一切大愛皆超過其同情。』——噢，查拉圖斯特拉，我彷彿以為你對天文氣象是多麼熟稔！

然而你自己——也要警告自己，提防**你的**同情！因為有許多人，許多受苦者、懷疑者、絕望者、沉溺者、冰凍者，皆在途上向著你來。

我也警告你提防我。你猜中我最優與最劣的謎，猜中我自己以及我的所作所為。我識得那砍倒你的斧頭。

然而他——**必得**死去——他以見過一**切**的眼睛看著——他看見人類的深處與根柢，一切他所隱瞞的屈辱與醜陋。

他的同情不識羞恥——他匍匐進入我最骯髒的角落。這個最好奇者、過度纏人者、過度同情者，必得死去。

他總是看著**我**——對於這樣一位見證者，我欲復仇——否則我自己也不要活。見過一切、也見過人類的上帝——這個上帝必得死去！人類忍受不了這麼一位見證者活著。」

最醜陋的人如是說。然而，查拉圖斯特拉卻起身打算離去——因為他渾身凍僵、直入肺腑。

「你這無可言明者，」他說，「你警告我，要我當心你走過的路。為了感謝，對此我向你讚美我的路。瞧，上面那裡便是查拉圖斯特拉的洞穴。

我的洞穴廣大而深邃，有許多角落；最隱匿的人在那裡找到他的隱匿處。緊接著它們的，是成千上百個洞口與礦物，給爬行、振翅、跳躍的動物們棲息。

你這被放逐者，你是自我放逐，你不願在人類及其同情當中安居？好罷，那麼就照我那樣做！如此你也從我這裡學習；只有行動的人才學習。

首先與我的動物們談談！最驕傲的動物與最聰明的動物——這兩種動物大抵想成為我們最佳的顧問！」——

查拉圖斯特拉如是說，並且走上他的路，他若有所思、步履緩慢，比從前更甚——因為他問了自己許多問題，且不知道如何輕易答覆。

「人類是多麼貧苦！」他心裡想，「多麼醜陋，多麼奄奄一息的呼吸，滿是隱匿的羞恥！

有人告訴我，人類是愛自己的——啊，這自我之愛必須多麼偉大！那反對自我的輕蔑有多麼多！

而便是這裡這個人也愛自己，正如他輕蔑自己一般——於我而言，他是一個偉大的愛人者，也是一個偉大的輕蔑者。

我尚未發現比他輕蔑自己來得更深的人——**這**也是高處。哀哉，也許**他**是我聽見其呼喊的那更高等的人？

我愛大輕蔑者。而人類卻是那必須被超越的。」——

自願行乞者

當查拉圖斯特拉離開那最醜陋的人，他渾身凍僵，他感到孤獨——自是有許多寒冷與孤獨穿透了他的意識，如是，他的四肢也感到更加寒冷。此際，他卻繼續繼續攀爬、向上、向下，不久行經一片青草地，卻也行經了布滿石子的荒野之地，那裡興許曾讓一條湍急的小溪當作是河床流過——這時，他突然再度意識到溫暖與親切。

「我究竟發生了甚麼事？」他問自己，「有些溫暖的、生氣勃勃的東西使我提振的精神，它們一定在我的附近。

我已經不那麼獨自一人；未知的伴侶與兄弟在我的周圍漫步，他們溫暖的呼吸觸動了我的靈魂。」

然而，當他窺看四周，尋找他孤獨的安慰者時——瞧，那是一群乳牛，摩肩擦踵地聚在一座小山丘，牠們的靠近與氣味溫暖了他的心。然而，這群牛彷彿正熱切聆聽一個演講者說話，完全不去注意走過來的人。不過，當查拉圖斯特拉完全地來到牠們的近旁時，他清楚聽見，在牛群中央發出了一個人說話的聲音；顯然全體皆將牠們的頭轉向了說話的人。

這時，查拉圖斯特拉熱切地跳上去，將動物們驅散了，因為他害怕在此某人會受到那種牛群的同情也愛莫能助的傷害。但他卻弄錯了；因為，瞧，那裡有一個人坐在地上，彷彿在勸動物們不應害怕他，一個溫和的人與山中的宣教者，從他們的眼睛裡，良善自身在布道。「你在這裡尋找甚麼？」查拉圖斯特拉帶著詫異喊道。

「我在這裡尋找甚麼？」他回答：「與你所尋找的東西相同，你這擾亂者！也就是人間的幸福。

然而，我卻因此想要從你的牛群身上學習。因為你大抵知道，我已經向牠們勸說了半個上午，剛剛牠們才要給我答覆。你為甚麼要打擾牠們呢？

正如我們不會像乳牛那般回頭，因此我們也不會進入天國。我們自當從牠們身上學來一件事──反芻思量。

而確實，若是人類也贏得了全世界，卻學不會這一件事，反芻──那樣有甚麼益處！他將不會擺脫他的憂傷。

──他巨大的憂傷──這在今日卻叫做**憎惡**。今日誰不是滿心、滿嘴、滿眼的憎惡？你也是！你也是！但仔細瞧這些牛群罷！」──

山中的宣教者如是說，然後便將自己的目光轉向查拉圖斯特拉──因為到目前為止，他總是帶著慈愛在牛群之中流連──此時他卻轉變了。「我說話的對象是誰？」他訝異地喊道，並且從地上跳起來。

「這是無有憎惡之人，這是查拉圖斯特拉本人，那大憎惡的戰勝者，這是查拉圖斯特拉的眼，這是他的口，這是他的心。」

而此際他如是說，親吻與他說話的人的雙手，眼中含著淚，舉止幾近一個意外獲得從天而降的珍貴禮物與珍寶的人。牛群卻目睹這一切，並感到驚奇。

「別說起我，你這奇妙的人！可愛的人！」查拉圖斯特拉說道，並且抑制著他的溫柔，「先說說你自己！難道你不是那自願行乞者，那曾經將一筆巨額財富從自己身上拋卻之人——

——那人對自己的財富與富裕感到羞恥，逃向最貧苦者當中，好將自己的富足與自己的心魄贈給他們？但是他們不接納他。」

「但是他們不接納他，」那自願的行乞者說，「你知道的。所以我終於走入動物與這些牛群當中。」

「在那裡你學到了，」查拉圖斯特拉打斷說話者，「正當的施與比起正當的收受來得困難得多，以至於良好的餽贈是一門藝術，一種最後的、最巧妙的良善之大師技藝。」

「特別時至今日，」自願的行乞者答道：「在今日，一切卑賤者反叛起來，一面羞愧，一面以他的方式驕矜自大——也就是烏合之眾的作風。

因為時候到了，你知道的，偉大而惡劣、長期而緩慢的烏合之眾與奴隸的反叛時刻已經到來——那反叛滋長再滋長！

如今，一切善舉與微小布施都激怒了卑賤者；過度豐裕者要小心提防！

今日誰從一個過於細窄的瓶子滴下水來，卻如同從大腹之瓶那般豪邁——這樣的瓶子，人們在今日會樂於將瓶頸敲碎。

縱欲的貪婪，肝火的嫉妒，苦惱的尋仇，烏合之眾的驕傲——全皆撲上我的臉。窮人有福，這不再是真話。天國卻在牛群中。」

「而何以天國不在富人之中？」查拉圖斯特拉試探地問，同時他揮手使牛群退去，牠們正溫馴地對著那溫和的人呵著氣接近。

「你試探我甚麼呢？」這人回答。「這點你自己比我知道得更明白。那究竟是甚麼驅使我走向最貧苦的人呢，噢，查拉圖斯特拉？難道不是對我們最富有者的憎惡？

——憎惡那財富的囚徒，這些人以冷酷的眼睛、浪蕩的思想，從每個垃圾堆中拾取他們的利益，憎惡這些臭氣薰天的痞徒，

——憎惡這些鍍金的虛假的烏合之眾，他們的父輩是扒手，是壞蛋，或撿破爛者，他們的女人順從、淫蕩、健忘——她們自是不亞於娼妓——

上面是烏合之眾，下面是烏合之眾！今日還有甚麼『貧』與『富』！箇中差異我已荒疏——於是我逃開，愈來愈遠，直到我來到這牛群當中。」

溫和之人如是說，他說話時氣喘吁吁、汗如雨下——牛群如是對此感到新奇。在他尖刻說話的時候，查拉圖斯特拉卻一直微笑地看進他的臉，並且對此沉默地搖著頭。

「你這山中的宣教者，若你需要說這樣尖刻的話語，那麼你是在對自己施加暴力。你的嘴與你的眼都不是生來對付這樣的尖刻的。

一如我所想，你的胃也不是生來要如此——所有這種忿怒、仇恨與無法克制的情緒，都是**反胃**的。你的胃要的是柔和之物——你不是屠夫。

相反地，我覺得你彷彿是一名蔬食者與食草根之人。也許你磨碎穀粒。然而，你肯定厭惡食肉的喜悅，並且喜愛蜂蜜。」

「你真是猜透了我。」自願的行乞者內心如釋重負地回答。「我喜愛蜂蜜，我也磨碎穀粒，因為我在找尋美味可口且使呼吸純淨的東西——

——還有尋找需要耗費長時間的東西，這對柔和的無所事事、遊手好閒之人來說，只是一日的工作與嘴上工夫。

這些牛群最了不起的，當然是帶來了如下的成就——牠們發明了反芻，以及躺在太陽底下。而牠們也放棄了一切鼓脹心氣的沉重思想。」

「好罷！」查拉圖斯特拉說，「你也應該看看**我的**動物們，看看我的鷹與我的蛇——在人間與之相同的，今日已不存在。

瞧，這條路往那裡去，通往我的洞穴——今晚就做牠們的賓客罷。並且與我的動物們談論動物的幸福，——

——直到我回家了。因為此刻有一聲呼救喚著我，要我趕緊離開你。若你也在我這裡找到了新的蜂蜜，冰冷新鮮的蜂房金蜜——那麼便吃罷！

此刻卻要飛快地與你的牛群道別，你這奇異之人！可愛之人！就算那對你是困難的。因為牠們是你最溫暖的朋友與導師！」——

「——除了一位我還更愛的，」自願的行乞者答道，「你是很好的，比一條乳牛還好，噢，查拉圖斯特拉！」

「去罷，去罷！你這邪惡的諂媚者！」查拉圖斯特拉惡狠狠地喊道，「你怎麼用這種讚美與奉承的甜言蜜語來毀壞我呢？」

「去罷，去罷！」他再次喊道，並且將他的手杖揮向溫柔的乞丐——而那人卻迅速跑開了。

影子

然而，自願的行乞者才一跑開，查拉圖斯特拉便又獨自一人了，此時他聽見身後有個新的聲音喊道：「停！查拉圖斯特拉！等一等呀！是我，噢，查拉圖斯特拉，我是你的影子！」然而，查拉圖斯特拉並沒有等待，因為他的山中摩肩擦踵，使得一陣突如其來的懊惱襲上了他。「我的孤獨去往何方？」他說。

「這於我確實太多了；這座山被擠滿了，我的王國不再屬於這世界，我需要新的群山。我的影子在呼喚我嗎？我的影子又有何干！讓它追著我跑罷！我——從它身邊跑開。」

查拉圖斯特拉如是對自己的心說，並且跑開。然而，他身後的那人，追隨著他。於是三位奔跑者隨即一個接一個列隊而奔，也就是自願的行乞者在前，然後是查拉圖斯特拉，第三位則是——他的影子殿後。他們如此奔跑了不久，查拉圖斯特拉便意識到自己的愚蠢，於是猛然一搖，將他的懊惱與厭倦從自己身上抖開。

「怎麼！」他說，「最可笑的事，不是向來都發生在我們老隱士與聖者的身上？確實，我的愚蠢在群山之中長大了！如今我聽見六條愚人的腿一個接一個響亮地列隊奔

去！

然而，查拉圖斯特拉大抵能害怕影子嗎？幸而我也終於以為，它的腿比我的長。」

查拉圖斯特拉如是說，眼睛與五臟六腑皆在笑，他停步，快速地轉過身去——瞧啊，他幾乎同時將他的追隨者與影子摔到了地上——影子如此脆弱，緊緊跟隨著他的腳踵。當他以眼睛審視著它，他驚嚇不已，如同在一個突如其來的鬼魂面前——這名追隨者看來是如此細瘦、灰黑、空洞、衰老。

「你是誰？」查拉圖斯特拉急急問，「你在這裡做甚麼？為何你自稱是我的影子？我不喜歡你。」

「原諒我，」影子回答道，「這就是我，假如你不喜歡我，好罷，噢，查拉圖斯特拉！那麼我會讚美你，以及你的好品味。

我是一個長久隨行在你腳踵之後的漫遊者——總是在途上，卻沒有目標，也沒有家——如是我確實與永恆的猶太人相去不遠，除非我既不永恆也非猶太。

怎麼？我必須永久在途上？讓每一道風捲起，不安穩地被吹去？噢，地球，於我而言你太圓了！

我早已坐過每個表層，如同疲倦的灰塵，我在鏡面與玻璃窗上入睡——一切取之於我，無物予我，我便細瘦——我幾乎像個影子那般。

然而，噢，查拉圖斯特拉，我隨著你飛翔、遷移，為時最久，儘管我在你面前躲藏，我卻是你最好的影子——你在哪裡坐下，我也坐在那裡。

隨著你，我環遊最遙遠、最寒冷的世界，如同一個自願在冬日屋頂與冰雪之上奔跑的鬼魂。

隨著你，我長驅直入每個被禁止、最惡劣與最遙遠之地——若說在我身上有那麼點道德，那麼便是，我對任何禁絕沒有畏懼。

隨著你，我打碎了我的內心曾經崇敬的東西，推倒了一切界碑與偶像，我追求過最危險的願望——確實，我曾奔越每個罪惡。

隨著你，我荒疏了對話語、價值與偉大名號的信仰。若魔鬼脫了皮，它的名號不也落下了？名號也就是一層皮囊。魔鬼本身也許就是——皮囊。

『無物為真，一切皆可。』——我如此對自己說。我以全身心投入最冰冷的水中。啊，我是如何時常赤裸地站在那裡，活像一隻紅蟹！

啊，一切善、一切羞恥與一切對良善者的信仰，都去了哪裡？啊，我曾擁有的那欺瞞的天真無咎，那良善者的天真無咎與他們高貴的謊言，都去了哪裡？

確實，我緊緊跟隨真理的腳步，太過頻繁——於是它踏上我的額前。有時我想說謊，而瞧啊！這時我才遇見——真理。

太多事情在我面前得到澄清——如今它們再也與我無關。我所愛的東西已不再活著——我怎能還愛著自己？

『依隨我心地生活，或者完全不要活。』——我要如此，至聖者也要如此。然而，哀哉！**我**怎麼還有——生趣？

我還有——目標嗎？一個我的風帆駛向的港灣？

一路順風？啊，只有知道風帆駛向**何方**的人，也才會知道哪些風向良好，是他的順風。

我還剩下甚麼呢？一顆心，疲倦而放肆；一個不安定的意志；振動的羽翼；一條破碎的脊梁。

這樣尋覓**我的**家；噢，查拉圖斯特拉，你大抵知道，這樣的尋覓便是**我的**禍殃，它吞噬著我。

何處是——**我**家？我探詢著，並且尋覓再尋覓，而遍尋不著。噢，永恆的遍在，噢，永恆的無處，噢，永恆的——徒勞！」

影子如是說，在他的話語之中，查拉圖斯特拉的臉拉長了。「你是我的影子！」他終於悲傷地說。

「你的危險不小，你這自由的精神與漫遊者！你已度過凶惡的白晝——當心別讓一個凶惡的夜晚還臨到你！

這種不安寧的人如你，最後也會以為一座監牢是有福的。難道你曾見過囚犯怎麼睡覺？他們睡得平靜，他們正忖度他們嶄新的安定。

當心別讓自己到頭來還被一個狹隘的信仰所俘虜，那信仰是一種剛硬嚴厲的妄想！從現在起，每個狹隘、固定的東西都在誘惑、試探你。

你已失去目標——哀哉，你將如何放棄且忘懷這個損失？因此——你也迷途了！

你這貧苦的遊蕩者、空想的狂熱者、你這疲倦的蝴蝶！今晚你要得到歇息與歸宿嗎？那麼上去，去到我的洞穴裡罷！

這條路往那裡去，涌往我的洞穴。而現在，我要很快地再從你的身邊跑開。已經有個東西像影子那般覆在我的身上。

我要獨自一人奔跑，好讓一切在我的周圍復又明亮。對此，我還必須長久快樂地踏步前進。而晚上，我那裡還有——舞蹈！」——

查拉圖斯特拉如是說。

正午

——而查拉圖斯特拉奔跑再奔跑，再也找不到一個人，他獨自一人，不斷找到自我，享受並啜飲著他的孤獨，並且想著好事——數小時之久。然而，時值正午，當太陽正掛在查拉圖斯特拉的頭頂時，他行經一棵彎曲多節的老樹，那樹被一株葡萄藤的豐裕之愛所環抱，從而隱蔽了自己——樹上滿滿垂掛著金黃色的葡萄，迎向這位漫遊者。這時他的欲望被激起，想摘下一顆葡萄，藉此解除一點點焦渴；然而，當他伸出手時，他卻被激起了更多的欲望——那便是在樹旁躺下，好在這美好的正午時分睡覺。

查拉圖斯特拉這麼做了；他一躺在地上，在絢麗草地的寂靜與隱祕之中，他也已經忘記他的一點點焦渴，並且入睡了。因為，正如查拉圖斯特拉的格言所說——一事比另一事更緊要。只是他的眼睛保持睜開——他的雙眼自是不饜足，而要觀看並且讚頌那樹，以及葡萄藤之愛。然而，在入睡之中，查拉圖斯特拉卻對他的心如是說：

「安靜！安靜！世界不是完美的嗎？我究竟是怎麼了？

像一陣清風，無人看見，在平靜無波的海面上舞蹈，輕如羽毛——睡眠如此在我的身上舞蹈。

那風並未讓我閉上眼睛，它讓我的靈魂清醒。它很輕，確實！輕如羽毛。

它對我勸說，我不知道那是怎麼一回事？它以諂媚的手輕觸我的內裡，它迫我。是的，它迫我，使我的靈魂舒展——

——我奇異的靈魂，它長久以來多麼疲倦！第七日的夜晚恰恰在正午時分向它走來嗎？它是否已幸福地漫遊在好的與成熟的事物之間太久？

它長長地伸展自己，長長地——更長地！它靜靜躺著，我奇異的靈魂。它已品嘗過太多好東西，這金黃色的悲傷壓抑著它，使它扭曲著嘴。

——如同一艘船駛進了它最寧靜的海灣——如今它倚靠著陸地，因長久的行旅與不確定的海洋而疲憊。難道陸地不是更忠實的嗎？

如同這樣一艘船靠岸，緊緊依偎——只要一隻蜘蛛將牠的網從岸上往它的方向織，那樣便足夠。那裡不需要更強有力的纜繩。

如同這樣一艘疲憊的船在那最寂靜的海灣——如今我也挨近陸地歇息，忠實信靠地等待著，以最細的絲線與陸地相繫。

噢，幸福！噢，幸福！你大抵要歌唱嗎，噢，我的靈魂？你躺在草地當中。但這是沒有牧者吹笛、最祕密莊嚴的時刻。

小心！炎熱的正午在田野上睡覺。別歌唱！安靜！世界是完美的。

噢，我的靈魂，你這草間的飛禽，別歌唱！甚至別耳語！瞧啊——安靜！年老的正午睡了，它動著嘴唇——它不是正在啜飲一滴幸福嗎——

——一滴古老泛深色的金色幸福，金色的酒？它們掠過正午，正午的幸福笑著。一位神也如此笑著。安靜！——

——『至於幸福，我們需要多麼少，就足至幸福！』我曾如此說，並且自以為聰明。但那卻是種褻瀆——**這點**我現在學到了。聰明的傻子更善於言語。

最微小者——最輕者、最盈者、蜥蜴窸窣、一陣氣息、一剎那、一瞬間——正是**微小**造就了**最高**幸福之藝術。安靜！

——我發生了甚麼事——聽啊！時光大抵已飛逝？我沒有跌落罷？聽啊！難道我沒有落入——永恆之泉？

——我發生了甚麼事——安靜！它刺著我——哀哉——刺進心臟了？刺進心臟了！因著這種幸福，因著這種刺痛，噢，碎裂、碎裂罷，心臟！

——怎麼？難道世界不正是完美的？圓滿且成熟？噢，那金黃色圓滿的成熟——它大抵飛向何處？我追趕著它！快！

安靜——」（而此時，查拉圖斯特拉欠伸了一會兒，感覺自己正睡著。）

「起來！」他對自己說，「你這睡人！你這正午的睡人！好罷，去罷，你們這些老骨頭！時候已到，而且超時了，你們還有好幾段路要走——

現在你們已經睡足，到底睡了多久？半個永恆！去罷，好罷，我古老的心！在這樣的睡眠，要多久之後——你才會醒？」

（然而，他早已再度入睡，他的靈魂斥責他、自我辯護，而復又躺下。）——「別煩我！安靜！世界不是正完美？噢，這金黃色的圓球！」

「起來，」查拉圖斯特拉說，「你這個遊手好閒的偷兒！怎麼？還一直伸懶腰、打呵欠、嘆氣、掉進深井裡去？

你到底是誰！噢，我的靈魂！」（此時他大吃一驚，因為從天空射下一道陽光，落在他的臉上。）

「噢，我的上蒼，」他嘆息說道，並且端坐起來，「你在看望我嗎？你在傾聽我奇異的靈魂嗎？

你何時飲下這降於大地萬物的露水——你何時飲下這奇異的靈魂——

——何時，永恆之泉啊！你這清朗卻又可怖的正午深淵！你何時將我的靈魂飲回你的身體裡去？」

查拉圖斯特拉如是說，他從樹下的坐臥處起身，彷彿離開了一場奇怪的醉意——而瞧啊，這時太陽依舊還是掛在他的頭頂上。因而由此可證，查拉圖斯特拉當時並沒有睡得很久。

致意

直到傍晚，查拉圖斯特拉才在漫長且徒勞的尋覓與漫遊之後，再度回到他的洞穴。然而，當他站在相距不到二十步之遙的洞穴對面時，發生了一件他怎麼也沒料到的事——他又聽見那大聲的呼救。並且令人驚奇！這次那同樣的呼叫是從他自己的山洞裡傳來的。這卻是一聲悠長、多樣、奇特的喊叫，查拉圖斯特拉清楚地分辨出，這是由許多的聲音組成——話雖如此，它從遠處聽來，就像發自一張嘴的喊叫聲。

這時，查拉圖斯特拉躍入他的洞穴，瞧！就在這場聲音劇之後，還有怎樣的舞臺劇在等待著他！因為他在日間所行經的對象全皆並排坐在那裡——右邊的國王與左邊的國王、老魔法師、教皇、自願行乞者、影子、嚴謹的精神、悲傷的預言者與驢子；而那最醜陋的人卻為自己戴上一頂皇冠，並且繫上兩條絳紫色的腰帶——因為他與所有醜陋的人一樣，熱愛化裝、打扮漂亮。然而，在這個憂鬱的群體當中，佇立著查拉圖斯特的老鷹，羽毛豎起、急躁不安，因為牠得回答太多牠的高傲不肯回答的問題；而聰明的蛇卻環繞在牠的頸子上。

這一切讓查拉圖斯特拉驚訝無比地看見了；然而他卻以親切的好奇心審視他的每個座上

賓，察看他們的靈魂，復又感到驚奇。在這當中，聚會者從他們的座位上起身，恭敬地等待查拉圖斯特拉說話。查拉圖斯特拉卻如是說——

「你們這些絕望者！你們這些奇異之人！我如是聽見了**你們的**呼救嗎？現在我也知道，哪裡可以找到那位我今天徒勞一場、遍尋不著的人——**更高等的人**——

——那更高等的人，他正坐在我自己的洞穴裡！但是我驚訝甚麼呢？我不是用蜂蜜的祭禮與我幸福的狡詐呼聲，將他引誘到我這裡來了嗎？

但我以為你們並不合於社會，你們這些呼救者，當你們群聚、坐在一起時，你們使彼此心生不快，不是嗎？得先要有個人過來。

——一個使你們再展歡顏的人、一個善良快樂的小丑、一名舞蹈者、一陣風、一個頑童，任何一個老傻瓜——你們以為如何？

請原諒我，你們這些絕望者，原諒我在你們面前提出這樣的微言，確實，對這樣的賓客是有失體面的！但你們卻猜不出，是**甚麼**使我的心如此肆意——

——那便是你們自己，還有你們的模樣，原諒我這麼說！任誰看見一個絕望者，他將會變得勇敢。勸說一個絕望者——對此每個人都自以為足夠剛強。

你們給了我這份力量——一份良好的稟賦，我高尚的賓客們！一份正派的賓客之禮！好罷，我也給你們呈獻我的禮物，對此請別惱怒。

此地是我的王國與我的統轄——然而屬於我的，今晚與今夜應當成為你們的。我的動物應當服侍你們——我的洞穴會是你們的長眠之處！

任何人以我這裡為家，當不絕望，在我的轄區之內，我保護每個人，使其不被野獸侵擾。這是我要呈獻給你們的第一樣東西——安全！

而第二樣東西卻是——我的小指頭。而你們一旦有了它，便還取走了整隻手，好罷！還外加我的心！歡迎光臨，歡迎，我的賓客朋友！」

查拉圖斯特拉如是說，他因愛意與惡意而笑。在此番致意之後，他的賓客們又一次鞠躬，恭敬肅穆；右邊的國王卻以眾賓客之名回答他。

「噢，查拉圖斯特拉，你向我們伸出手、致上問候，由此我們認出你是查拉圖斯特拉。你在我們面前屈尊，這樣幾乎有損我們對你的恭敬。——

——但誰有能力同你一樣，以這樣的自尊來屈尊呢？這使我們自己振作起來，使我們的眼與心變得精神。

單單只看這點，我們便樂意攀登比這座山更高的山。我們自是因為好奇、想看熱鬧而來，我們意欲看見，是甚麼使憂鬱的眼睛變明亮。

而瞧啊，一切我們的呼救皆已過去。意識與心靈皆已對我們敞開，並且狂喜。我們不缺甚麼——而我們的勇氣的意念將更肆意。

噢，查拉圖斯特拉，在大地之上，沒有甚麼比一種高等強大的意志生長得更令人喜悅了——這是大地最美的作物。有了這樣一棵樹，整個風景都變得清爽起來。

誰同你那般生長呢，噢，查拉圖斯特拉，我拿松柏來比較——高大、靜默、剛毅、孤獨、韌性最佳的木質、崇高莊嚴——

——最終卻以強韌的綠色枝椏向外伸延，攫取它的統轄，在暴風、閃電雷鳴與居於高處者面前，以疑問之姿，給出強勁的提問，

——且更為強勁地答覆，一個發號施令者，一個常勝者——噢，有誰不應登上高山，去看看這樣的作物呢？

噢，查拉圖斯特拉，在此，你的樹當中的陰鬱者與失敗者也恢復了精神，看見你的模樣，不安者也變得安定，並且醫治好他的心。

而確實，今日有睽睽眾目望著你的山與樹；一個偉大的渴求打開了，有些人學會去問——誰是查拉圖斯特拉？

而誰曾經讓你以你的歌曲與蜂蜜滴入了他的耳朵——所有的隱匿者、隱居者與偕隱者，一時之間皆對他們的心說：

『查拉圖斯特拉還活著嗎？已經不值得活了，一切皆相同，一切皆徒勞——或者，我們必須與查拉圖斯特拉一起生活！』

『他自己宣告了這麼久，何以他不來呢？』許多人如是問；『是孤獨吞噬了他嗎？或者我們大抵應當去他那裡？』

如今事情是這樣，孤獨自身變得腐朽、碎裂，如同一座墳墓碎裂，再也容不下它的死者。

人們處處可見復活者。

如今波濤在你山的周圍攀高再攀高，噢，查拉圖斯特拉。無論你的高處有多高，許多人必將攀升到你那裡；你的小船不應再於旱地久留。

而現在，我們絕望者來到你的洞穴，我們已經不再絕望——那只是一個徵象與徵兆，表示更優秀的人們正在往你那裡的途上，——

——因為人類當中上帝最後的殘餘，也在往你那裡的途上，那便是——所有大渴求、大憎惡、大厭倦的人類，

——所有不欲活的人，或者他們再度學會**希望**——或者他們向你學得那**偉大的**希望，噢，查拉圖斯特拉！」

右邊的國王如是說，並抓起查拉圖斯特拉的手以親吻它們；但是查拉圖斯特拉制止了他的敬仰，並且吃驚地往後退，沉默不語，突然像逃到遙遠的遠方那樣。一小片刻之後，他已再度與他的賓客們一起，以明亮、審視著的眼睛注視著他們並且說：

「我的賓客們，你們這些更高等的人，我要以德語清楚地同你們說話。我在此地這座山中，並不是在等待**你們**。」

（「以德語清楚地說？上帝垂憐！」在此，左邊的國王對一旁說；「人們發現，這位來自東方國度的智者並不認識可愛的德國人！

但他的意思是『以德語並粗魯地說』——好罷！這在當今還不算最惡劣的品味！」）

「總的來說，你們確實想成為更高等的人。」查拉圖斯特拉繼續說，「但是對我來說——你們並不足夠高強。

『對我來說』也就是——對於在我體內沉默、卻不會永遠沉默的那種不屈不撓。若你們屬於我，那麼請別成為我的右臂。

同你們一樣，自身立足於患病、軟弱雙腿的人，無論他自知或者隱瞞，他特別想要的是——**受到姑息與愛護**。

我卻不姑息愛護我的手臂與我的腿，**我不姑息愛護我的戰士**——你們如何能適合於**我的**戰鬥呢？

與你們一起，毀壞了我的每一場勝利。你們當中有些人，只要聽見我的鼓聲隆隆作響，就已經昏厥倒下。

你們於我也不夠美麗、出身高貴。我需要純淨光滑的鏡子給我的學說；而我自身的形象映在你們的表面，便已扭曲變形。

某些重負、某些回憶，壓迫著你們的肩膀；某些惡劣的侏儒蹲伏在你們的角落裡。便是在你們之中，有也有著隱蔽的烏合之眾。

即便你們是高等與更高等之類——在你們之中有許多是扭曲、畸形的。世界上無一鐵匠能為我將你們鍾鍊得正直。

你們僅是橋梁——只願更高等的人從你們身上莊嚴緩慢地跨過去！你們意味著梯級——

那麼請別對那遠超越你們而登上**其**高處的人慍怒！

我也希望，有朝一日，從你們的種子能生長出一個真正的兒子與完美的繼承者——然而，這還很遙遠。你們自身還不是我遺產與名字所屬之人。

身在此山中，我並不是在等待你們，我也不敢與你們一起最後一次下山。你們來到我這裡僅是一種徵兆，表示更高等的人已經在往我這裡的途上，——

——他們**並非**大渴求、大憎惡、大厭倦之人，以及你們所謂的上帝之遺民。

——不！不！三聲不！身在此山中，我在等待**他人**，沒有他們，我就不會將我的腳從那裡移開，

——等待更高者、更強者、更確信勝利者、更滿懷信心與愉悅者、那種肉軀與靈魂皆方正建構之人——**歡笑的獅子**必將來到！

噢，我的賓客朋友，你們這些奇異之人——你們還沒聽過關於我孩子們的事情嗎？不知道他們正在往我這裡的途上？

但請務必向我述說關於你們的花園、你們的幸福島，以及關於我嶄新美好族類的事——為甚麼你們不對我說這些呢？

我從你們的愛中，請求得到這份賓客之禮——讓我說說關於我孩子們的事情。對此我是富裕的，對此我曾貧苦過——還有甚麼是我不曾奉獻的，

——若我有這麼一樣東西，我將不會奉獻出去——**這些**孩子們、**這些**生機盎然的植物、

這些我意志與我最高希望的生命之樹！」

查拉圖斯特拉如是說，並且在說話的當下突然止住——因為他的渴求襲上心頭，於是他因心靈的悸動而閉上了他的眼與嘴。而他的賓客也全皆沉默、靜立、驚慌失措——只有那位老預言者以手勢與表情給出暗示。

晚餐

此時，預言者打斷了查拉圖斯特拉及其賓客的致意——他一擁而上，像一個沒有時間可浪費的人，抓住查拉圖斯特拉的手並且喊道：「可是，查拉圖斯特拉！

一事比另一事更緊要，你自己這麼說過——好罷，現在**我這裡**有一件事比所有其他的事情更緊要！

有句話正是時候——你不是邀請我來**吃飯**嗎？這裡有許多人長途跋涉而來。你該不會要用演說來給我們當飯吃，敷衍我們罷？

你們也想得太多關於凍死、溺死、窒息而死與其他肉軀之苦境——然而，無人想及**我的**苦境，也就是餓死——」

（預言者如是說；然而，當查拉圖斯特拉的動物們聽見了這番話，便因驚嚇而跑開。因為牠們看見，便是牠們在白天所帶回來的東西，也將不足以填飽預言者的肚子。）

「還要加上渴死，」預言者繼續說。「儘管在此我已聽見溪水潺潺之聲，也就是如同智慧的演說那般，內容豐富、滔滔不絕，我卻——要**喝酒**！

不是每個人都像查拉圖斯特拉一樣，是個天生的飲水者。水也不適合疲憊者與枯萎者——**我們**應得到酒——酒才會給人突然的痊癒與隨興而來的健康！」

正當預言者渴盼著酒的時候，在這個時機，發生了一件事，左邊的國王——那位沉默者——也突然說話了。「酒的事情，」他說，「交給**我們**來辦，我與我的兄弟——右邊的國王——我們有充足的酒，可以載滿一匹驢。所以現在甚麼都不缺，只差麵包了。」

「麵包？」查拉圖斯特拉回應道，並且大笑。「隱居者偏偏沒有麵包。但人類並不是單靠麵包生活的，卻也靠好的羔羊肉，這我有兩隻——

——這兩隻應當趕緊宰殺，並且用紫蘇香料醃過——我喜愛如此。而且根莖類與水果也不缺，足夠讓老饕食客們飽餐了；還有胡桃與其他堅果般的謎團可以撬開。

如是我們意欲在短時間內做出一頓饗宴。然而，誰要一起吃，就得動手做，便是國王也得如此。在查拉圖斯特拉那裡，國王當然也可以成為一名廚師。」

這樣的提議正合所有人的心意——只有那自願行乞者抗拒食肉、飲酒與香料。

「現在倒是聽聽這位人快朵頤的查拉圖斯特拉！」他揶揄地說，「人們來到洞穴與高山上，為的就是做出這樣一頓饗宴嗎？

現在我當然懂得他曾教導過我們的：『微小的貧苦是值得稱許的！』以及何以他要廢除乞丐。」

「要充滿愉快，」查拉圖斯特拉回答他，「像我一樣。守住你習慣，你這卓越者，磨碎你的穀粒，飲你的水，讚許你的烹調——只要它們使你喜悅！

我是一個法則，僅供我輩之用，我不是所有人的法則。然而，誰屬於我輩，他就必須筋骨強健，腳步敏捷——

——樂於戰鬥與慶典，非陰鬱之人，非空想之人，準備迎向最艱困者，一如迎向他的慶典，健康且平安。

最優秀者屬於我輩與我；若人們不給我們，那麼我們就去取——最好的營養、最純淨的天空、最強勁的思想、最美麗的女人！」——

查拉圖斯特拉如是說；右邊的國王卻回他：「罕見哪！人們曾經從一位智者口中聽聞過如此聰明之事嗎？

而確實，若這位智者之於一切還算聰明、且並非驢子，那麼這便是發生在他身上最為罕見之事。」

右邊的國王如是說，並且感到驚詫；那匹驢卻對他的言說回以一聲惡意的咿——呀。這卻是那長長饗宴的開端，那饗宴在史書上稱之為「晚宴」。在晚宴時刻，除了談論**更高等的人**之外，其餘一切皆不被提及。

論更高等的人

1.

當我初次來到人群中的時候，我做了一件大蠢事，一件隱居者的蠢事——我將自己置身於市場。

而當我對所有人演說，那就是對沒有人演說。然而到了晚間，走繩索的舞者以及屍體便成為我的同伴；而我自己也幾乎是一具屍體了。

然而，隨著嶄新的早晨的來臨，一個嶄新的真理也降臨於我——於是我學會說：「市場、烏合之眾、烏合之眾的喧鬧與他們的長耳朵，這一切與我何干！」

你們這些更高等的人啊，你們從我身上學到這點——在市場上，是沒有人相信更高等的人的。而你們還想在那裡演說，好罷！烏合之眾卻會眨著眼睛說：「我們所有人皆同等。」

「你們這些更高等的人啊，」——烏合之眾如此眨著眼睛說——「更高等的人不存在，我們所有人皆同等，在上帝之前——我們所有人皆同等！」

在上帝之前！——如今這位上帝卻死了。而在烏合之眾之前，我們卻不想變得同等。你們這些更高等的人啊，離開市場罷！

2.

在上帝之前！——如今這位上帝卻死了！你們這些更高等的人啊，這位上帝是你們最大的危險。

自祂躺在墳墓之後，你們才又復活。現在，偉大的正午才要來臨，現在，更高等的人將成為——主宰！

噢，我的兄弟們，你們懂得這個詞嗎？你們感到驚恐——你們的心將眩暈？深淵將在此為你們張口裂開？地獄之犬將在此向你們張口狂吠？

去罷！好罷！你們這些更高等的人！現在，人類未來的山脈才開始旋轉。上帝死了——現在**我們**要——超人活著。

3.

今日最敬慎的人問：「人類如何延續保存？」然而，查拉圖斯特拉卻作為唯一且第一個人這樣反問：「人類如何被**戰勝**？」

超人在我的心裡，**他**是我的第一與唯一——而**不是**凡人、不是鄰人、不是最貧苦者、不是最受苦者、不是最優秀者。——

噢，我的兄弟們，我之所以能愛人類，乃在於那是一種過渡與一種墜落。便是在你們身上，也有許多使我喜愛與心生希望的。

你們這些更高等的人啊，你們的輕蔑使我心生希望。大輕蔑者便是大崇拜者。

你們的絕望，往往令人敬仰。因為你們並沒有學會怎麼使自己屈從，你們沒有學會這份小聰明。

今日自是小人物成為了主宰——他們宣揚一切屈從、謙卑、聰明、勤勞、顧全，以及長長一串諸如此類的微小道德。

凡源於婦人與奴隸之類的人，特別是烏合之眾混雜的一類——**這些人**如今將成為一切人類命運的主宰——噢，可憎！可憎！可憎！

這些人不厭其煩地一問再問：「人類如何保持得最好、最久、最舒適？」因為這些——

他們是今日之主宰。

噢，我的兄弟們，為我戰勝這些今日之主宰罷——這些小人物，**他們**是超人最大的危險！

你們這些更高等的人啊，為我戰勝這些小道德、小聰明、沙礫一般小的顧全、如螞蟻攢動的廢物、可鄙的愜心以及「大多數人的幸福」——！

你們寧可絕望，也不要屈從。而確實，你們這些更高等的人啊，我愛你們，因為今日你們不知道怎麼生活！如此**你們**自然活得——最好！

4.

噢，我的兄弟們，你們有勇氣嗎？你們有決心嗎？我指的**不是**在見證之前的勇氣，而是連上帝也不再顧盼的隱居者與老鷹的勇氣，這你們有嗎？

冰冷的靈魂、騾子、盲人、醉人，他們對我來說都稱不上勇決。勇決之人，識得恐懼卻**制伏**恐懼；有決心的人，看見深淵卻保有**自負**。

誰看見深淵，卻以蒼鷹之眼，——誰以鷹爪攫住深淵，他必有勇氣。——

5.

「人性本惡。」——所有大智者如此安慰我說。啊，只願這話在今日仍然真實無誤！因為「惡」是人類最佳的力量。

「人類必須更好且更惡。」——**我**如此教導。至惡乃不可或缺，以達超人之至善。

忍受並且擔負人類的罪惡，這對於小人物的宣教者而言是好的。而我卻將大罪惡當作我的大**安慰**那般享受著。——

這種話卻不是說給豎起長耳朵的人聽的。每句話也都不歸屬於他們的每張嘴。這是精細而遙遠的事物——為羊蹄所不應企及！

6.

你們這些更高等的人啊，你們以為我在這裡，是為了補足你們做錯的事嗎？

或者我今後欲使你們這些受苦者更舒服地安睡？或者為你們這些不定者、迷途者、攀登者，指出嶄新而更易於行走的小路？

不！不！三聲不！你們這類人當中，將會有日益增多、日益優秀的人走向毀滅——因為你們的處境將日益惡劣與艱難。唯有如此——

——唯有如此，人類方能生長，到閃電觸及他、擊毀他的高處——高得足以接觸閃電！

我的意識與我的渴望在於那稀少、長久且遙遠的事物——你們那微小、繁多而短暫的貧苦愁悶，與我又有何干！

於我而言，你們受的苦還不夠！因為你們是為自己受苦，你們還沒有**為人類**受苦。若你們有其他的說法，那便是在說謊！**我**所受的苦，你們全皆沒有受過。——

7.

讓閃電不再危害，這於我而言是不夠的。我不要將它引開——它應當學會為**我**——工作。

——我的智慧已經像一片雲朵那般長久積聚，它將更加靜止、更加濃黑。終將產生**閃電**的每種智慧，莫不如此。——

對於今日的這些人，我不要成為**光**，不要被稱為光。**這些人**——我要使他們目眩眼花。我智慧的閃電！戳瞎他們的眼睛罷！

8.

不要好高騖遠——那些好高騖遠之人，往往極其虛妄。

尤其是當他們希冀偉大之事的時候！因為這些邃密的造偽幣者與戲子們，他們喚醒了對偉大之事的疑惑——

——直到他們終於斜睨著眼，對自己虛偽起來，透過強硬的言詞、昭示的德行與閃閃發亮的偽作來掩飾過度粉飾的蛀洞。

你們這些更高等的人啊，請務必小心！於我而言，今日自是沒有甚麼比真誠更加珍貴且罕見了。

這個今日，不是屬於烏合之眾嗎？而烏合之眾卻不知道，何為偉大、何為渺小，何為正直與誠實——他們天真無辜、身體歪斜，並且總是說謊。

9.

你們這些更高等的人，你們這些果敢之人！你們這些心胸開闊之人！對於今日，你們要好好保有疑惑。並且為你們的理由保密！這個今日，是屬於烏合之眾的。

烏合之眾曾毫無理由學會信仰的東西，有誰能夠依據理由將它——推翻呢？

而在市場上，人們以表情姿態來勸說。然而，種種理由使烏合之眾心生疑惑。

在那裡，若真理一旦達致勝利，於是你們便以深深的疑惑自問：「是何等強硬的謬論為真理而戰了呢？」

你們也要謹防那些學者！他們憎恨你們——因為他們無能化育！他們有冷酷乾枯的眼睛，在他們眼前，每隻鳥的羽毛皆落盡。

這種人以其不說謊來自我誇耀——然而，「無能說謊」遠遠不是對真理的愛。你們要謹防！

「不受狂熱役使的自由」遠遠不是洞察！我不相信冷卻的精神。凡不會說謊的人，他便不知道甚麼是真理。

10.

你們若要去往高處，便要憑藉自己的雙腿！莫讓你們被向上**提拔**，不要坐在陌生的背上和頭上！

然而你卻登上馬背？如今你向著你的目的地疾馳？好罷，我的朋友！但是你的跛足也坐在馬上！

當你抵達目的地，當你從你的馬背躍下——你這更高等的人啊，恰恰在你的**高處**，你將踉蹌失足！

11.

你們這些創造者，你們這些更高等的人啊！人們只為自身的孩子而孕育。

你們切莫被嘮叨勸說，並且輕信！究竟誰是**你們的**鄰人呢？即便你們行動也是「為了鄰人」——你們也真的沒有為鄰人而創造！

你們這些創造者，為我拋卻這個「為了」罷——你們的道德恰恰是要你們藉著「為了」、「由於」與「因為」而無所為。對抗這種錯誤虛假的渺小名詞，你們應當封住你們的耳朵。

這種「為了鄰人」只是小人物的道德——這在他們那裡稱為「物以類聚」與「守望相助」——對於**你們的**利己之心，他們既無權利，也無力量！

你們這些創造者啊，在你們的利己之心當中，存在著孕育者的謹慎與先見之明！那還沒有人親眼見到的果實——它們被你們全部的愛庇護、愛護、哺育著。

在你們的孩子那裡，是你們全部的愛之所在，那裡也有著你們全部的道德！你們的志業、你們的意志，便是**你們的**「鄰人」——別讓你們自己輕信任何錯誤虛假的價值！

12.

你們這些創造者，你們這些更高等的人！必須生產分娩的人，便受病苦；然而，經歷過生產分娩的人，便是不潔。

問問婦人——人們生產分娩，並非它給人取樂。那痛苦使得母雞與詩人咯咯亂叫。

你們這些創造者，在你們身上有許多不潔之處。何以如此？因為你們曾必須成為母親。

一個嶄新的孩子——噢，有多少嶄新的汙穢也來到世界！到旁邊去！經歷過生產分娩的人，應當將他的靈魂清洗潔淨！

13.

道德要量力而為！不要執意於不可能的事！

踩著你們父祖先輩的道德早已行過的足跡！若你們父祖先輩的意志不隨你們一同攀升，你們又如何能夠登高呢？

然而，要成為初生子的人，注意了，切莫也成為最後一胎！而你們先祖父輩的惡習所在之處，在那裡，你們便不應執意體現聖者的樣態！

若有誰的先祖父輩性喜婦人、烈酒與野豬——若他想要禁欲，那會怎樣呢？

那將會是一件蠢事！確實，若他是一**名**婦人的丈夫，或是兩名、三名婦人的，那麼我以為這更是蠢事。

而若他創設修道院，並且在門上寫著「通往神聖之路」——那麼我會說——何必！這是一件新蠢事！

他為自己創設一座管教與避難所——約莫是有益的罷！但我卻不相信。

在孤獨之中生長的，也就是內在的獸性，有人將它帶進孤獨裡。孤獨也為許多人勸阻了這種獸性。

迄今在人間是否有比沙漠聖者更加汙穢的？在**他們**周圍，不只有魔鬼狂恣——卻也有豬。

14.

畏怯、羞慚、笨拙，像一隻騰躍失敗的老虎——你們這些更高等的人啊，如是我時常看見你們悄悄溜到一旁。**孤注一擲**讓你們失敗了。

然而，你們這些擲骰子的賭徒，這又有何干！你們沒有學會賭博與嘲弄，一如人們必得賭博與嘲弄那般！難道我們並不總是坐在一張嘲弄與賭博的大桌旁？

而若你們的大事失敗，你們自己也因此——失敗了嗎？若你們自己失敗了，人類也因此

——失敗了嗎？然而，若是人類失敗了——好罷！去罷！

15.

格調愈高，事愈難成。你們這些更高等的人啊，你們不是全皆——失敗了嗎？

鼓起勇氣罷，這又有何干！還有許多事情是可能的！學會嘲笑自己罷，就像人們必須笑一樣！

無論你們是失敗了，或是成功了一半，這又何必大驚小怪，你們這些半身破碎者！在你們當中推擠與碰撞的，不是——人類的**未來**嗎？

人類的至遠、至深、如星之至高，其驚人之力量——它們不是全都在你們的鍋中翻滾、冒泡嗎？

有些鍋子碎裂了，這又何必大驚小怪！學會嘲笑自己罷，就像人們必須笑一樣！你們這些更高等的人，噢，還有許多事情是可能的！

確實，有許多事情已經成功了！這個大地是多麼富於這些微小、良善、完美的事物，富於墜入美好之事！

你們這些更高等的人啊，將微小、良善、完美的事物置於你們周圍！它們金黃色的成熟可以治癒人心。完滿者教人希望。

16.

迄今在這個世上，最大的罪惡是怎樣的呢？難道不是他所說的這句話：「哀哉，這些人還在這裡歡笑！」

他自己在世上找不到理由歡笑嗎？那麼只是因為他沒有好好找。在這裡，一個孩子也找得到歡笑的理由。

那人——愛得不夠——否則他也將愛著我們這些歡笑著的人！然而，他憎恨、譏諷我們，他預言我們咆哮、咬牙切齒。

在人們不愛之處，難道人們就必須立刻咒罵？我以為——這是一種不良的品味。然而他這麼做，這個絕對者。他出身烏合之眾。

而他對自己也愛得不夠——否則他對於人們不愛他這件事，將會有較少的惱怒。一切的大愛並**不要**愛——它要更多的東西。

避開所有這種絕對者罷！這是一種貧苦患病的族類，一種烏合之眾之族類——他們看這人生惡劣，他們對這片大地投以凶惡的眼光。

避開所有這種絕對者罷！他們有沉重的腳步與抑鬱的內心——他們不懂得舞蹈。這種人大抵能如何使大地輕盈呢？

17.

一切好事皆經歷曲折才臨近其目標。像貓一般，它們弓著背，因其臨近之幸福而在內心裡呼嚕叫喚——一切好事皆歡笑。

腳步洩漏了一個人是否行於**他的**軌道上——那麼瞧瞧我走路！然而，凡臨近其目標之人，他便舞蹈。

而確實，我沒有成為一座立像，我也沒有站在那裡，呆滯、痲木、冷漠，如一根石柱；我喜愛急速奔跑。

即便在人間也有沼澤與濃濃的悲苦——誰有輕盈的雙腳，就能遠遠奔過泥濘，並且像在清掃過的冰上舞蹈。

舉起你們的心罷，我的兄弟們，高舉！再高些！也別忘記你們的雙腿！也舉起你們的雙腿，你們這些善舞蹈者，若你們能用頭頂地，倒立起來——那樣更好！

18.

這歡笑者的冠冕，這玫瑰花環的冠冕——我自己將這冠冕戴上，我自己稱我的歡笑為神聖。在今日，我覺得沒有人其他人對此足夠堅強。

舞蹈者查拉圖斯特拉，輕盈者查拉圖斯特拉，他用羽翼招手，一個準備飛翔之人，向所有的鳥兒招手致意，準備妥當，一個幸福的輕率者——

預言者查拉圖斯特拉，真笑者查拉圖斯特拉，他不焦躁、不絕對，是個喜愛跳躍與越軌之人；我為自己戴上這冠冕！

19.

舉起你們的心罷，我的兄弟們，舉高！再高些！別忘記你們的雙腿！也舉起你們的雙腿，你們這些善舞蹈者，若你們能用頭頂地，倒立起來——那樣更好！

在幸福之中，也有笨重的小動物，從一開始就有臃腫遲鈍的腳獸。牠們費盡心力，出奇地操勞，如同一頭大象，努力用頭頂地，倒立起來。

然而，寧可因為幸福而愚蠢，也不要因為不幸而瘋癲，寧可臃腫遲鈍地舞蹈，也不要跛足而行。那麼，學學我的智慧罷——便是最惡劣的事物，也有兩個好的反面，——

——便是最惡劣的事物，也有善舞的腳——如此，你們這些更高等的人啊，你們自己要學習端正地立足！

且要拋卻那鬱鬱寡歡的能力，與一切烏合之眾的憂悲！噢，在我看來，今日烏合之眾的丑角是多麼可悲！而這今日卻屬於烏合之眾。

20.

那風與我並駕齊驅，當它從它的山洞裡呼嘯而出——它要隨著自己的口哨聲跳舞，大海在它的足跡之下顫抖並且蹦跳。

那給予驢子以翅膀、為母獅子擠奶的，這不可遏抑的良善精神是值得稱頌的，它對於所有今日與所有烏合之眾而言，像一場暴風來臨，——

——它仇視長滿荊棘、在枝微末節苦思的頭腦，以及一切枯葉與野草——值得稱頌的是這狂野、良善、自由的暴風精神，在沼澤與憂悲之上舞蹈，就像在草地上一樣！

那憎恨烏合之眾、萬物芻狗與所有失敗陰鬱的雜種——值得稱頌的，是這一切自由精神中的精神，那歡笑的暴風，吹進了所有悲觀者與憂鬱者的眼睛！

你們這些更高等的人啊，你們最惡劣之處在於——你們全皆沒有學會跳舞，就像人們必須跳舞那般——遠遠越過自身跳過去！你們失敗了，這又有何干！

還有許多事情是可能的！那麼不妨**學會**遠遠越過你們自身而歡笑！舉起你們的心，你們這些善舞蹈者，舉高！再高些！並且也別忘了開懷大笑！

這歡笑者的冠冕，這玫瑰花環的冠冕——我的兄弟們，我將這冠冕向你們擲去！我稱歡笑為神聖；你們這些更高等的人啊，為我**學會**——歡笑罷！

憂鬱之歌

1.

當查拉圖斯特拉說出這番話的時候，他站在他洞穴的入口附近；說完最後幾句話，他便溜走，逃離他的客人，在野外短暫逗留。

「噢，我周圍純淨的氣息，」他驚叫起來，「噢，我周圍幸福的寂靜！然而，我的動物們在哪裡呢？來罷，來罷，我的鷹與我的蛇！

告訴我，我的動物們——這些更高等的人全都——他們也許**氣味**不佳？噢，我周圍純淨的氣息！現在我才知道並感覺到，我的動物們，我多麼愛你們。」

——而查拉圖斯特拉再一次說道：「我愛你們，我的動物們！」然而，當他說出這句話的時候，鷹與蛇皆向他簇擁，並仰望著他。如此這般，他們三者寂靜地聚在一起，一同嗅聞並且大口呼吸著良好的空氣。因為外面這邊的空氣比更高等的人那邊的空氣更好。

2.

然而，查拉圖斯特拉才剛剛離開他的洞穴，老魔法師便起身，狡詐地環顧四周，並且說：「他出去了！

你們這些更高等的人啊——而我已經像他一樣，用這讚頌與諂媚的美名來撩撥你們——我那惡劣、欺詐的魔法精靈、我憂鬱的魔鬼，已經在侵襲我了。

——它緣何與查拉圖斯特拉作對——原諒它罷！現在，它**要**在你們面前施展魔法，它正逢**其**時；我與這凶惡的精靈徒然地搏鬥。

它在你們眾人面前施法；你們喜歡給自己賦予光榮的稱號——無論你們稱自己為『自由的精神』或『真誠者』或『精神的懺悔者』或『擺脫桎梏者』或『偉大的渴求者』——

——它在你們眾人面前施法；你們同我一樣飽受**大憎惡**之苦，之於你們，老上帝已死，尚無新上帝躺在搖籃與襁褓之中，——我的惡靈與巫鬼喜愛著你們眾人。

我識得你們，你們這些更高等的人，我識得他——我也識得這個我違背意志而愛的魔鬼，這查拉圖斯特拉——我更時常覺得他像一個美麗的聖者假面，

——像是一個嶄新奇異的假面舞會，我的惡靈、憂鬱的魔鬼喜歡那裡——我愛查拉圖斯特拉，我時常以為那是因為我的惡靈之故。

然而，這憂鬱的精靈、這黃昏的魔鬼，**它**已經在侵襲我、逼迫我——而確實，這些更高等的人啊，它欲望著——只要睜開眼睛！——它欲望著**裸身**而來，無論是男是女，我還不知道——但它來了，它逼迫著我，哀哉！打開你們的覺知罷！

白日漸漸消逝，此刻夜幕降臨萬物，最好的事物也被臨到——此刻，聽啊，看啊，你們這些更高等的人，何等的魔鬼，無論是男是女，這夜晚憂鬱之精靈！」

老魔法師如是說，他狡詐地環顧四周，然後拿起了他的豎琴。

3.

在逐漸明亮的風中，
當露水的安慰
已滴落流向大地，
無形也無聲——
因為，安慰者的白露
如同所有安慰的布施者
拖著輕盈步履——

於是你想起，熱烈的心啊，你想起，
你曾多麼焦渴，
渴欲天堂之淚與滴下的露水
疲憊、焦灼地渴著，
因為在黃色的草徑上，
邪惡的夕陽光照
穿過黑色林木，圍繞著你奔跑，
炫目灼熱的太陽光照，正幸災樂禍？

「你？是**真理**的索求婚媾者嗎？」——他們如此譏諷——
「不！只是一名詩人！
一隻狡詐、掠奪、潛行的動物，
牠必須說謊，
必須存心蓄意地說謊——
欲望獵物，
將自己偽裝得光鮮亮麗，
使自己成為假面，

使自己成為獵物——
這——便是真理的追求者嗎？
不！只是傻子！只是詩人！
只說光鮮亮麗的話，
從傻子的假面底下喊出光鮮亮麗的話，
徘徊在欺騙的言語之橋上，
在豔麗的彩虹之上，
介於虛幻的天國
與虛幻的人間
四處漫遊，四處飄蕩——
只是傻子！**只是**詩人！

這——便是真理的追求者嗎？
不能靜定、凝滯、光潔、冷酷，
而變成雕像，
而變成神像柱，
不能立於神廟之前，

作為神之門衛——
不！它仇視這種真理之立像，
在每個荒野之中比在神廟之前更感到像家，
滿懷貓的惡意，
躍入每扇窗
咻！躍進每個偶然，
在每座原始森林裡嗅聞著，
尋覓地渴望地嗅聞著，
你在原始森林裡，
在斑紋豔麗的野獸當中
邪惡、健康、豔麗、漂亮地奔跑，
帶著貪婪的唇，
酣醉嘲諷、酣醉作惡、酣醉嗜血，
掠奪、潛行、窺探地奔跑——

或如同一隻鷹，久久，
久久凝滯地注視深淵，

在**牠的**深淵裡——
噢，在此牠如此往下，
往下，進入，
往愈來愈深的深處盤旋！
而後，
倏忽，筆直地，
急促飛奔，
撲向**羔羊**，
倏忽向下，食欲大振，
欲望羔羊，
怨恨一切羔羊之靈魂
忿怒地怨恨一切，目光所及
似綿羊的、羔羊眼睛的、蜷曲羊毛的、
灰色的、懷有羔羊與綿羊的友好善意的！

如是
如鷹，似豹，

是為詩人之渴求，
是為千種假面當中的**你的**渴求，
你這傻子！你這詩人！

一如你看顧人類
於是神成了綿羊——
撕毀人類當中的神
一如撕毀人群當中的綿羊，
撕毀著，同時**歡笑**——

這，**這**是你的極樂！
一隻豹與鷹的極樂！
一名詩人與傻子的極樂！」——
在逐漸明亮的風中，

當似鐮刀的月
已介於青色與絳紫之間

並嫉妒地潛行——
——仇視白日，
隨每個腳步祕密地
在玫瑰色的天幕之中
以鐮刀割下，直到玫瑰沉落，
墜入夜晚，黯淡地下沉——

我自己也曾如此沉落
自我對真理的瘋狂當中，
自我對白日的渴求當中，
倦於白日，病於光明，
——向下沉，向著夜晚，向著暗影——
被一種真理
焚燒並且焦渴——
——你還記得嗎，熱烈的心啊，你記得
那時你多麼焦渴？——
而我被放逐，

被一切真理放逐，
只是傻子！
只是詩人！

論科學

魔法師如是歌唱；所有聚集在一起的人便似鳥兒一般，不知不覺地墜入他狡詐而憂鬱的淫樂之網。只有精神嚴謹者未被捕捉——他飛快地從魔法師的手中奪走豎琴，並且喊道：「空氣！讓新鮮的空氣進來！讓查拉圖斯特拉進來！你讓這洞穴窒悶、毒化了，你這惡劣的老魔法師！

你這虛假的邃密者，你引誘人們去往不知名的欲望與荒野之中。若是像你這種人，說著**真理**並且大肆宣揚，那多悲哀！

哀哉，對於**這種**魔法師未加提防的所有自由的精神！他的自由完了——你教導並且引誘人們回到囚牢，——

——你這憂鬱的老魔鬼，從你的悲訴當中，發出了誘鳥入網的哨聲，你等同那種人，以其對禁欲的讚美，而祕密地邀請淫樂！」

嚴謹者如是說；老魔法師卻環顧四周，享受他的勝利，並且為此吞下了嚴謹者給他帶來的懊惱。「安靜罷！」他以謙和的聲音說，「好的歌曲要的是好的回聲；聽完好歌之後，人們應當久久沉默。

這些更高等的人，他們全都這麼做。然而，你大抵從我的歌曲當中理解太少？在你當中，少了一種魔法精神。」

「你將我從你身邊隔開，」嚴謹者回應道，「用這樣的方式來讚美我，好罷！然而，你們其他人，我看見甚麼？你們眾人皆仍以貪欲之眼坐在那裡——

你們這些自由的靈魂啊，你們的自由去往何方？我以為你們幾乎像那種人一樣，久久注視著赤裸的、惡劣的、舞蹈的女孩——你們靈魂自身也舞蹈起來！

你們這些更高等的人啊，在你們當中，必須有更多魔法師所稱的，那邪惡之魔法與欺詐精靈——我們大抵必須有所不同。

而確實，在查拉圖斯特拉回到他的洞穴之前，我們共同談論、思想得已足夠，而我卻不知——我們是有所不同的。

即便是在這上頭——你們與我——我們的**尋求**也有所不同。我自是尋求更多**安全**，因此我來到查拉圖斯特拉這裡。此人依舊自是最堅固的塔與意志——

——今日，一切搖搖欲墜，所有土地震動。你們卻——當我看你們眼睛的表情，我幾乎以為你們在尋求**更多的不安**，

——更多恐怖，更多危險，更多地震。你們欲望著，我幾乎這麼以為，原諒我的狂妄自負罷，你們這些更高等的人——

——你們欲望著最惡劣最危險的生活，那使**我**最感恐懼，欲望著野生動物的生活，欲望著森林、洞穴、陡峭群山與迷途深淵。

並非帶領人**脫離**危險的領袖最使你們喜歡，而是那些將你們從所有道途引開的，那些誘惑者。然而，當這種欲望在你們身上是**真實**的，儘管如此，我以為那是**不可能的**。

因為恐懼——那是人類承繼與基本的情感；每一種承繼的罪惡與承繼的道德，都從恐懼當中得到解釋。從恐懼當中，也生長出**我的**道德，它叫做——科學。

因為對野獸的恐懼——這在人類當中培育最久，包括他在自己內心隱藏並恐懼著的野獸——查拉圖斯特拉稱牠為『內在之獸』。

這種古老長遠的恐懼，終於成為邃密、宗教迷信、文化精神——在我看來，它們在今日叫做——**科學**。」——

嚴謹者如是說；然而，查拉圖斯特拉剛剛回到他的洞穴，聽見並猜出這最後一段話，將一束玫瑰花擲向嚴謹者，並且因他的「真理」而嘲笑。「怎麼！」他喊，「剛剛我在那裡聽見了甚麼？確實，我以為，若你不是傻子，我自己便是——而你的『真理』則迅即被我倒豎起來。

因為**恐懼**——是我們的特例。然而，那對於未知與無人敢嘗試之事物的勇氣、冒險與興趣——我以為**勇氣**是人類的整個史前史。

他嫉妒那最野蠻最勇猛的動物們，並且掠奪了牠們的道德——如此他才——變成人類。

這勇猛，終於成為高貴、宗教迷信、文化精神，這帶有老鷹之翼與蛇之聰敏的人類勇猛

——這，在我看來，在今日叫做——」

「**查拉圖斯特拉！**」群坐一起的眾人喊道，有如異口同聲，而後又哄堂大笑；而從他們之中升起了些甚麼，好似一朵濃雲。便是魔法師也笑了，並且機敏地說：「好罷！它離去了，我的惡靈！

我不是親自警告過你們要當心它嗎？當我說它是個欺騙者的時候，一個謊言與欺詐的精靈？

特別是當它赤裸顯現時。然而，對於它的奸計，**我**能怎樣呢？難道是**我**創造了它與這世界？

好罷！讓我們和好如初，並充滿愉快！儘管查拉圖斯特拉邪惡地注視——瞧瞧他！他正忿恨我——

——在夜幕降臨前，他重新學會愛我並讚美我，他不做這種蠢事，便無法久活。

這人——愛他的仇敵——他是我見過的所有人當中，最懂得這門技藝的人。然而，對此他尋求報復——在他的朋友們身上！」

老魔法師如是說，更高等的人們向他鼓掌致意——於是查拉圖斯特拉四處走動，帶著惡意與愛意，向他的朋友們握手——好似一個向眾人致歉並予以補償的人。然而，當他同時來到他洞穴的門邊，瞧，在那裡，他已經又欲望著外頭新鮮的空氣以及他的動物們——而他則意欲溜出去。

在沙漠的女兒們當中

1.

「別離開！」在那裡，那位自稱查拉圖斯特拉的影子的漫遊者說，「留在我們這裡，否則，那古老陰沉的悲傷會再侵襲我們。

那位老魔法師最為我們著想，已經給了我們他最壞的東西，而瞧啊，在那裡，良善虔敬的教皇熱淚盈眶，再度全身心地駛入憂鬱之海。

這些國王們大抵在我們面前還能擺出好臉色——**他們**自是今日從我們眾人這裡學得最好的！然而，若他們沒有見證人呢？我打賭，便是在他們當中，壞把戲也再度開始——

——壞把戲是飄移的雲朵，潮濕的憂鬱，遮蔽的天幕，被偷的太陽，呼嘯的秋風！

——壞把戲是我們的怒吼與呼救——留在我們這裡，噢，查拉圖斯特拉！這裡有許多意欲說話的隱蔽的愁苦，有許多夜晚，許多雲朵，許多沉悶的空氣！

你以剛強的男子之膳食與有力的格言來滋養我們——別讓柔軟的女性精神在我們飯後甜點時刻再度侵襲！

唯獨你使你周圍的空氣剛強且清明！我是否曾在人間找到過如同在你洞穴中那樣好的空氣？

我的確看過許多國家，我的鼻子學會測試與評估許多空氣——然而，在你這裡，我的鼻孔品嘗著它最盎然的興致！

除非——除非——，噢，請原諒一個古老的回憶！原諒我這首古老的飯後甜食之歌，是我曾在沙漠的女兒們當中所賦的詩——

——在她們當中，自有同等明亮、東方的好空氣；在那裡，我離潮濕多雲、憂鬱的古老歐洲最為遙遠！

當時我愛這種東方女孩，以及另種藍色的天國，在其上，無雲也無思想垂掛。

你們不會相信，若她們不舞蹈，她們會多麼優美地坐在那裡，神情深沉卻無思想，像微小的祕密，像佩有飾帶的謎，像飯後甜點的果仁——

多麼豔麗奇異！但卻無雲——是讓人猜測的謎——為了愛這種女孩，我當時編造了一首飯後甜點的詩篇。」

漫遊者與影子如是說；還沒有人回答他，他已經抓起老魔法師的豎琴，老魔法師盤著雙腿，泰然自若地環視著——他卻以鼻孔緩慢且疑惑地吸入空氣，就像一個身處嶄新國度，品嘗嶄新而陌生的空氣的人。而後，他開始以一種咆哮的方式開始歌唱。

2.

沙漠生長著——哀哉，那藏匿沙漠的人！

——哈！莊嚴！
真的莊嚴！
一個尊貴的開始！
非洲式的莊嚴！
配得一頭獅子
或一隻有道德的咆哮的猿猴——
——但卻對你們甚麼也不是，
你們這些最可愛的女朋友，
第一次，
我被允許坐在
棕櫚樹下一個歐洲人
的腳邊。（細拉）[2]

確實奇妙！
此刻我坐在這裡，
靠近沙漠，並且準備
再度遠離沙漠，
在虛無之中仍成為荒野——
自是被這最小的綠洲
吞下——
——它正打著呵欠
張開它可愛的嘴，
所有小嘴當中氣味最芬芳的——
於是我墜入，
往下，穿過——在你們當中，
你們這些最可愛的女朋友！（細拉）

祝福，祝福那鯨魚，
若牠如是使牠的賓客

感到安適！——你們懂得
我廣博的暗示嗎？
祝福牠的肚腹，
若牠曾是
一個如是可愛的綠洲肚腹
像這個——而我卻懷疑它
——因此我來自歐洲，
那比所有初老的婦女
更善於懷疑的歐洲
願上帝改善它！
阿們！
如今我坐於此地，
在這最小的綠洲，
如同一顆棗子，

2.「細拉」（德文：Sela，英文：Selah）為《聖經》舊約當中的一個希伯來詞，無明確意義，多用於歌詠終結或分段、轉調、漸強與延長的表示。

色棕、甘甜、流著金汁，
欲望著一雙圓潤的少女之唇
卻更欲望少女般的
冰冷、雪白、鋒利之齒
——所有炎熱的棗子，
其心皆熱望他們。（細拉）

那名為南方之果實
相似，過於相似
我躺在這裡，
被小小的飛蟲
圍繞、嗅聞、嬉戲
同樣被更小的愚蠢與更罪惡的
願望與念頭
圍繞、嗅聞、嬉戲——
你們沉默著，你們充滿預感的
少女們的貓，

嘟嘟與蘇雷卡，
被你們包圍，
——**被司芬克斯**[3]**包圍**，我將許多情感
塞進了一**個**詞——
（原諒我，上帝
這語言之罪！）
——坐在這裡，嗅聞最好的空氣，
確實是天堂的空氣，
明亮輕盈的空氣，金色的光線，
如此良好的空氣只有
曾經從月亮降下——
那是出自偶然，
還是生於狂妄自負？

---

3. 司芬克斯（Sphinx）源於古埃及神話，被描述為長有翅膀的雄性怪物，傳說有人面獅身、羊頭獅身與鷹頭獅身三種形象。亞述與波斯人則將之描述為長有翅膀的公牛，具有人面與腮鬚，且配冠。希臘神話的司芬克斯則為雌性邪惡之物，代表神的懲罰，想像其為扼人致死的怪物。司芬克斯的人面象徵智慧與知識。

就像古代詩人所述說的。
我這個懷疑者卻懷疑它，
因此我卻
來自歐洲，
那比所有初老的婦女
更善於懷疑的歐洲。
願上帝改善它！
阿們！

飲著這最美妙的空氣，
鼻孔鼓脹如杯，
無有將來，無有回憶，
如此我坐在這裡，你們
這些最可愛的女朋友，
且看那棕櫚樹，
它們是如何像一名舞者，
俯仰自在，扭腰擺臀，

——若人們長久注視，將隨之起舞！
如我所見，如同一名舞者，
已經太久，危險的久，
總是，總是以一條腿站立？
——如我所見，那時她忘了，
另一條腿？
至少是徒然，
我尋求那失去的
成對之珍寶
——也就是另一條腿——
在神聖的近旁
它最可愛、最嫵媚的
如扇、飄揚、閃亮的小裙襬。
是的，你們這些美麗的女朋友，
若你們意欲完全相信我——
她失去了它！
去了！

永遠去了！
那另一條腿！
噢，可惜那可愛的另一條腿！
它大抵可以停留在——何處，並且寂寥悲傷？
那孤獨的腿？
也許它恐懼一隻發怒的
金毛鬈獅異獸？
或者已經咬去，啃去——
可憐，哀哉！哀哉！啃去了！（細拉）

噢，別哭，
柔軟的心！
別哭，你們
棗子心！牛乳胸！
你們這些甘草心
之囊！
別再哭，

蒼白的嘟嘟！
做個男子漢，蘇雷卡！勇氣！勇氣！
——或者這裡也許應該有些
強化劑，強心劑？
一句正經的格言？
一種莊嚴的鼓勵？——

哈！起來，尊嚴！
道德的尊嚴！歐洲人的尊嚴！
吹罷，再吹罷，
道德的風箱！
哈！
再一次咆哮，
具有道德的咆哮！
像有道德的獅子
在沙漠的女兒們面前咆哮！
你們這些最可愛的少女們，

——因為道德的怒號，
比所有歐洲人的熾熱與歐洲人熱烈的飢餓
來得更甚！
而我已站在這裡，
身為歐洲人，
我別無他法，神幫幫我！
阿們！

沙漠生長著——哀哉，那藏匿沙漠的人！

頓悟

1.

在漫遊者與影子的歌唱之後，洞穴頓時充滿喧聲與笑聲：由於聚集的賓客全皆同時發言，便是那驢子，在這種鼓舞之下也不再安靜，一種針對這場來訪的微小反感與譏諷，襲上了查拉圖斯特拉的心頭——儘管他同時對賓客的喜悅感到高興。因為他以為喜悅是痊癒的徵兆。於是他溜出去，來到野外，對他的動物們說話。

「如今他們的困厄去了那裡？」他說，並且自他的微小厭煩當中鬆了一口氣——「一如我所以為的，在我這裡，他們荒廢了呼救的能力！

——雖然他們也還沒有荒廢呼喊，真可惜。」查拉圖斯特拉摀住耳朵，因為驢子的咿呀聲正奇妙地與這些更高等之人的歡呼聲混在一起。

「他們很歡樂，」他又說，「而誰知道？也許接待他們的主人要付出代價；而若他們從我這裡學會了歡笑，那麼，他們所學會的，卻不是**我的**笑。

然而，這又有何干！他們是老年人——他們以自己的方式痊癒，他們以自己的方式歡笑；我的耳朵已經忍受過更惡劣的聲音，不會因此感到不快。

這天是一個勝利——**這沉重的精神**，我那古老的死敵，它已經屈服，它逃走了！這天是如此惡劣、沉重地開始，這天多想好好地終結！

它要終結。夜晚已經來臨——這個好騎士，他騎著馬渡海而來！這個幸福者、歸鄉者，他在他紫色的馬鞍上是如何顛簸搖晃！

天空清明地凝視著，世界位於深處——噢，所有你們這些奇妙的人啊，你們來到我這裡，在我這裡生活，已經很值得了！」

查拉圖斯特拉如是說。那些更高等之人的叫喊與笑聲再度從洞穴裡傳出來——於是他再一次開始說。

「他們咬住了，我的誘餌生效，他們的敵人——沉重的精神——也屈服了。他們已經學會自嘲——我沒聽錯罷？

我那男子之膳食生效了，我那多汁且充滿力量的格言生效了——而確實，我並不以吹得鼓脹的蔬菜來滋養他們！卻是以戰士與掠奪者的膳食來滋養——我喚醒了新的欲望。

新的希望在他們的手足之中，他們的心舒展著。他們找到新的詞語，很快地，他們的精神將呼吸著揚揚意氣。

這種膳食自然不是給小孩的，也不是給充滿渴盼的年老與年輕的婦人。人們以另種方式勸說她們的肺腑；我不是她們的醫生與教師。

憎惡屈服於這些更高等的人們——好罷！這是我的勝利。在我的王國，他們將感到安全，一切愚蠢的羞恥將奔離，他們倒空了自己。

他們傾吐了衷情，好時光回到了他們身上，他們再度慶祝、反芻——他們將變得**感謝**。

我將之視為最好的徵象——他們將變得感謝。再過不久，他們會想出節慶，並且為他們古老的歡愉樹立紀念碑。

這些人是**病癒者**！」查拉圖斯特拉喜悅地向自己的心說，並且望出去；他的動物們卻湧向他，對他的幸福與他的沉默表示尊崇。

2.

然而，查拉圖斯特拉的耳朵忽然受到了驚嚇——那迄今充滿喧聲與笑聲的山洞，頓時變得一片死寂；——他的鼻子卻嗅聞到一股芬芳的煙霧與乳香，像是焚燒松子的氣味。

「發生了甚麼？他們在做甚麼？」他自問，並且悄聲上前，來到洞口處，好讓自己不被注意卻能看見他的賓客。然而，真是奇蹟中的奇蹟！他在那裡親眼目睹了甚麼！

「他們全皆再度變得**虔敬**，他們**禱告**，他們瘋了！」——他說著，並且感到驚奇不已。

而，真的！所有這些更高等的人、兩位國王、退職的教皇、惡劣的魔法師、自願的行乞者、漫遊者與影子、年老的預言者、精神嚴謹者與最醜陋的人——他們全皆如同小孩與篤信的老婦人跪下，對那驢子頂禮膜拜。而那最醜陋的人正開始清嗓子並且喘息，彷彿有著甚麼非言語所能形容的東西哽住了他而欲吐出來；然而，當他真的將之化做言詞的時候，瞧，那竟是一次虔敬且罕見的連禱，用以讚頌那被膜拜與香薰的驢子。這段連禱卻聽來如是——

阿們！讚頌、榮耀、智慧、感謝、讚美與力量，都歸於我們的神，噢，從永恆到永恆！

——那驢子卻對此喊道——咿——呀。

祂背負我們的重擔，祂呈現奴隸的形象，祂發自內心地忍耐，從來不說「不」；誰愛祂的神，便是懲罰祂。

——那驢子卻對此喊道——咿——呀。

祂不說話——除非祂是向祂所創造的世界，總是說「是」——祂如是讚美祂的世界。祂的狡猾之處便是不說話——所以祂少有不對之處。

——那驢子卻對此喊道——咿——呀。

祂毫不顯眼地穿行於世界。灰色是祂肉軀的顏色，裹住了祂的道德。祂的肉軀若有精神，那麼祂便將它隱藏；然而，每個人卻相信祂的長耳朵。

——那驢子卻對此喊道——咿——呀。

祂戴著長耳朵，唯獨說是，從不說否，這是何等隱蔽的智慧！祂不是依其意象——也就是盡可能地愚笨——創造了世界！

——那驢子卻對此喊道——咿——呀。

瞧啊，像你，從不碰撞任何人，既不碰撞行乞者，也不碰撞國王。你讓兒童走向你，而若有惡童誘騙你，你便頭腦簡單地說出咿——呀。

——那驢子卻對此喊道——咿——呀。

你愛母驢與新鮮的無花果，你不是輕蔑膳食者。若你正飢餓，荊棘會對你的心搔癢。一種神的智慧便在其中。

——那驢子卻對此喊道——咿——呀。

驢子節

1.

連禱至此，查拉圖斯特拉再也無法抑制感情的衝動，自己喊著——咿——呀，比驢子的叫聲還大，並且躍入他瘋也似的賓客中央。「然而，你們這些大孩子呀，你們在這裡做甚麼呢？」他喊道，同時將祈禱者從地上拉起來。「要是有人有別於查拉圖斯特拉那樣觀看你們的話，那多悲哀——

人人都會評斷，說你們將因為你們的新信仰，而成為最壞的褻瀆上帝者，或是所有老婦人當中最愚蠢的！

而你自己，你這個老教皇，在此你以一匹驢這樣的形象，當作神來頂禮膜拜，這樣如何與你相調和呢？」——

「噢，查拉圖斯特拉，」教皇回答，「原諒我，然而在神這方面的事務上，我的思想還是比你更加開通的。唯有如此才算公道。

寧可如是對神頂禮膜拜，以此形象，更勝無形！我高貴的朋友，想想這句格言罷——你會快速地猜到，在這種格言當中，潛藏著智慧。

說『神是一種精神』的人——他迄今在人間已向無信仰跨越了一大步，並且躍進——這種話在人間，並不容易被重新糾正！

人間仍有著些可以頂禮膜拜之物，我年老的心因此而跳躍。，噢，查拉圖斯特拉，請原諒一顆年老而虔敬的教皇之心！」——

——「而你，」查拉圖斯特拉對漫遊者與影子說，「你自稱並且臆測自己是一個自由的精神嗎？而在此進行這種偶像神祇與修士之彌撒？

確實，你這惡劣的新信徒，你在此進行的，比你在惡劣的棕髮少女那裡所為之事還要惡劣！」

「夠惡劣了，」漫遊者與影子答道，「你說得對——但是我又能如何？古老的神又活了，噢，查拉圖斯特拉，你要怎麼說，就怎麼說。

那全要歸咎於最醜陋的人——是他使神重新復活。而若他說，他曾將神殺死——**死亡**在眾神那裡，永遠只是一種偏見。」

——「而你，」查拉圖斯特拉說，「你這惡劣的老魔法師，你做了甚麼！誰今後應該在這自由的時代相信你，若**你**相信這種諸神之驢教呢？

你所做的，是一種蠢事；你這聰明人，怎麼會做出這樣一種蠢事呢！」

「噢，查拉圖斯特拉，」聰明的魔法師答道，「你說得對，這是一件蠢事——這也使我夠為難了。」

——「而你啊，」查拉圖斯特拉對精神嚴謹者說，「好好斟酌，並且把你的手指放在鼻子上！這裡難道沒有甚麼違背你的良知？對於這些祈禱者與終日沉迷祈禱者的香煙裊裊而言，你的精神不是太純淨了嗎？」

「在這當中是有那麼一點，」嚴謹者答道，並且將手指放在鼻子上，「在這齣戲碼當中是有那麼一點，這甚至使我的良知感到舒服。

也許，是我不敢相信神——然而可以肯定的是，我以為神在這樣的形象當中，仍然最為可信。

根據最虔敬者的明證，神應當永恆——誰擁有那麼多時間，便不會計較時間。盡可能地如此緩慢、如此愚蠢——**那麼**，這樣一種人便可以非常久遠。

而誰擁有過多的精神，他大抵會希望自己變得愚蠢且笨。想想你自己罷，噢，查拉圖斯特拉！

你自己——確實！即便是你自己，也可能因為豐裕與智慧而變成一匹驢。

一個完美的智者不是喜歡走在最崎嶇的道路嗎？這是親眼目睹之事所教導的，噢，查拉圖斯特拉——**你**親眼目睹之事！」

——「而最後，你自己呢，」查拉圖斯特拉說，並且轉向最醜陋的人，他依舊跪在地上，對著驢子高舉雙臂（他奉上酒給驢子喝），「說罷，你這無可言明者，你在那裡做**甚麼**！

我以為你轉變了，你的眼灼熱，崇高者的大衣遮蔽了你的醜陋——你做了**甚麼**？他們說，你使牠重新復活了，究竟這是真的嗎？又為甚麼呢？難道牠沒有因為某些理由被殺死或除掉？

我以為你自己也復活了——你做了甚麼？**你**為甚麼掉頭悔改了？是甚麼使**你**改宗皈依？說，你這無可言明者！」

「噢，查拉圖斯特拉，」最醜陋的人回答，「你是一個戲弄者！

不管祂是仍然活著，或是重生，或是澈底死了，——我們兩人當中，誰知道得最清楚？我問你。

但我知道一點——從你身上，我學到一點，噢，查拉圖斯特拉——誰要最澈底的殺戮，誰便**歡笑**。

『人們不以忿怒殺戮，卻以歡笑。』——你曾如此說過。噢，查拉圖斯特拉，你這隱蔽之人，你這無有忿怒的毀滅者，你這危險的聖者——你是一個戲弄者！」

2.

這時，卻發生了如下之事——查拉圖斯特拉對這狂妄的戲弄者之語感到詫異，他躍回他洞穴的門，轉向所有他的賓客，以強而有力的聲音喊道：

「噢，你們全是愛插科打諢的傻子，你們這些丑角！你們在我面前假裝、隱藏甚麼！

一如你們每個人的心因為高興與邪惡而活蹦亂跳，因此，你們終於再度變得像孩童一般，也就是變得虔敬了——

——你們終於再度像孩童那般作為，也就是祈禱，雙手合十，並且說『親愛的上帝』！

然而，現在請離開**這間**兒童室——我自己的洞穴——今日在此全是兒戲。到外面這邊，冷卻一下你們熱烈的孩子般的縱情歡樂與內心喧囂！

自然——若你們不會變成如孩童那般，那麼你們便無法進入**那**天國。」（而查拉圖斯特拉用雙手指向天上。）

「然而，我們也根本不要進入天國——我們已成為男子漢——**所以我們要的是地上的王國**。」

3.

查拉圖斯特拉再一次開始說話。「噢，我的新朋友們，」他說——「你們這些奇妙的人，你們這些更高等的人，現在我多麼喜歡你們，——

——自從你們重新變得快樂以後！你們確實全皆繁茂地開花了——我以為，像你們這樣

的花朵，是有必要進行**新節慶**的，

——一個微小而勇敢的胡鬧，任何一個主日彌撒與驢子節，任何一個年老而快樂的查拉圖斯特拉那般的傻子，一陣將你們靈魂吹得明亮的狂風。

別忘了今晚與這個驢子節，你們這些更高等的人！這是你們在我這裡所發明的，我將之視為一個好預兆，

——只有病癒者會發明這樣的東西！

若你們想再一次慶祝這個驢子節，那麼就出於對自己的愛，也出於對我的愛而進行罷！並且為了**我的**紀念！」

查拉圖斯特拉如是說。

夜遊者之歌

1.

其間，大家依序步出，來到野外，走進清涼而深沉的夜；查拉圖斯特拉自己卻拉著最醜陋的人的手，向他指著自己的夜的世界、碩大的圓月與他洞穴邊的銀色瀑布。終於他們靜靜並立著，全是老年人，卻帶著一顆慰藉勇敢的心，並且驚異著人間竟是如此安適；夜的神祕卻更臨近他們，更臨近他們的心。查拉圖斯特拉再度心想：「噢，現在我多麼喜歡他們，這些更高等的人！」——但他並未說出來，因為他尊重他們的幸福與他們的沉默。——

這時卻發生了一件在這長得令人驚奇的一日當中最令人驚奇的事——最醜陋的人再度開始，也是最後一次清嗓子並且喘息，當他終能化感受為言語之際，瞧，這時一個問題圓潤且清晰地從他的嘴裡蹦出來，一個深沉且明晰的好問題，所有的人聽見他說話，肉軀中的心靈皆震動。

「我全體的朋友們，」最醜陋的人說，「你們以為如何？由於這天的緣故——**我**初次感到滿足，我活過了整個人生。

我見證了許多事，但於我卻仍不足。在人間生活是值得的——在這一天，與查拉圖斯特拉共度一個慶典，這教會了我去愛大地。

『這便是——生命嗎？』我要對死亡說。『好罷！再來一次！』

我的朋友們，你們以為如何？你們不想同我一樣，對死亡說——這便是——生命嗎？因為查拉圖斯特拉的緣故，好罷！再來一次！」——

最醜陋的人如是說；然而，此時已近午夜時分。你們大抵相信當時發生了甚麼事？更高等的人一聽到他的問題，便頓時意識到自己的轉變與痊癒，以及是誰給予他們這些的——於是他們跳上前去，到查拉圖斯特拉那裡，感謝、崇仰、親熱地，吻著他的雙手，每個人以自己的方式——如是，有些人笑，有些人哭。老預言者卻因興之所至而舞蹈；如某些敘事者所言，假如他當時也喝足了甜酒，那麼他必定也有充足的甜美生命，並且拋卻了一切疲倦。甚至也有這樣的人，他們說，當時驢子舞蹈著——最醜陋的人先給他酒喝，總算並非徒勞。而今，此事可能是這樣，也有可能不是這樣；假如事實上，在那個晚上，驢子並未舞蹈，那麼當時便會發生比驢子跳舞更重大、更罕見的奇事。簡言之，一如查拉圖斯特拉的格言所說：

「這又有何干！」

2.

當這件事同最醜陋的人一起發生時，查拉圖斯特拉卻像個醉人站在那裡——他的神色黯淡，口齒不清，兩腿搖顫。誰能夠猜出，有哪些思想同時奔越了查拉圖斯特拉的靈魂呢？顯然，他的思想退縮了，並且往前奔逃，逃到遙遠的遠方，如同書上所記載，彷彿「在高山之脊，介於兩海之間，

——如同濃雲之漫步，介於過去與未來之間。」然而，漸漸地，當那些更高等的人扶住他的手臂，他便稍微回過神來，以雙手阻擋那群一擁而上的崇拜者與擔憂者；他卻不說話。然而，他頓時快速地轉過頭去，因為他彷彿聽見了甚麼——於是他將手指放在唇上，並且說：「**來了！**」

隨即，四周一片靜謐、神祕；自深處卻有一陣鐘聲，緩緩地傳了上來。查拉圖斯特拉仔細聆聽著，同那些更高等的人一樣；然後，卻再一次將手指放在唇上，又一次說：「**來了！來了！時近午夜！**」——而他的聲音轉變了。而他卻依舊站在那裡，動也不動——於是一切更加靜謐、更加神祕，萬物皆仔細聆聽，包括那驢子與查拉圖斯特拉尊貴的動物們——鷹與蛇，查拉圖斯特拉的洞穴、偌大冷然的月與夜晚自身亦然。查拉圖斯特拉卻第三度將手指放在唇上，並且說——

來了！來了！來了！此刻讓我們漫遊去！是時候了——讓我們漫遊到深夜！

3.

你們這些更高等的人啊，時近午夜——現在我要在你們耳畔說一些事，就像那古老的鐘

在我的耳畔所說，——

——如此祕密，如此可怕，如此誠懇，就像那午夜的鐘對我說的，那鐘所經歷的，比人類還多——

——它早已數算過你們父祖先輩疼痛的心跳——啊！啊！這古老的、深沉又深沉午夜！它是如何地嘆息！它是如何地在夢中歡笑！

安靜！安靜！這時可以聽見某些在白日不敢發出的聲音；而此刻卻隨著冷然的空氣，你們內心所有的喧囂也變得寂靜，——

——此刻它說話了，此刻它可被聽見了，此刻它悄悄溜進了夜晚過於清醒的靈魂——啊！啊！它是如何地嘆息！它是如何地在夢中歡笑！

——難道你沒有聽見，這古老的、深沉又深沉午夜，它是如何祕密地、可怕地、誠懇地向你說話？

噢，人類，當心啊！

4.

我真可哀！時間到哪裡去了？我不是沉入深井了嗎？世界在沉睡——

啊！啊！野狗吠叫，月光閃爍。我寧可死去，死去，也不要向你們說，我的午夜之心正在想甚麼。

此刻我已死去。一切終了。蜘蛛啊，你在我的周圍織些甚麼呢？你要血嗎？啊！啊！露水降下，時候到了——

——這時候，我感到冰冷且顫抖，這時候一問而問再問：「對此，誰的心意足夠？

——誰應當成為大地之主宰？誰要說——你們這些大大小小的河流，你們就該**如此**奔流！」

——時候已近——噢，人啊，你這更高等的人，當心啊！這些話是給邃密的耳朵，給你的耳朵的——這深沉的午夜在說甚麼？

5.

我的靈魂舞蹈著，它載著我前去。白日的工作！白日的工作！誰應當是人間的主宰？

月亮冷然，清風沉默。啊！啊！你們已經飛得夠高嗎？你們舞蹈——然而一條腿卻不是翅膀。

你們這些善舞蹈者，如今一切歡樂不再——酒已變酸，杯已碎裂，墳墓口吃。

你們飛得不夠高，如今墳墓口吃道：「去拯救死者啊！為何如此漫漫長夜？月亮不是使我們沉醉嗎？」

你們這些更高等的人，去拯救墳墓、叫醒屍體罷！啊，蟲還在挖掘甚麼？近了，時候近了，——

——鐘聲隆隆，心聲咚咚，木蟲、心蟲還在挖掘。啊！啊！**世界是深沉的！**

6.

甜美的七弦琴！甜美的七弦琴！我愛你的音色，你沉醉的悲觀音色！——你的音色從多麼長、多麼遠的地方傳來，遠遠地，從愛的池塘那裡傳來！

你這古老的鐘，你這甜美的七弦琴！每種疼痛都撕裂你的心、父親之痛、父輩之痛、先祖之痛；你的言語成熟了，——

——成熟得如同金色的秋天與下午，如同我的隱者之心——如今你說——世界本身已成熟，葡萄已成褐色，

——如今他們意欲死去，因幸福而死去。你們這些更高等的人，你們沒有聞到嗎？一種氣味祕密地向上流竄，

——一種永恆的芳香氣味，一種玫瑰褐色的金光酒氣，來自古老幸福、

——來自沉醉午夜的死之幸福，那幸福唱著——世界是深沉的，**且比白日所想的還要深沉！**

7.

讓我去罷！讓我去罷！對你來說，我太純淨。別碰我！我的世界不是剛剛完成嗎？

對你的手來說，我的皮膚太純淨。讓我去罷，你這蠢笨、愚鈍、沉悶的白日！午夜不是更明亮嗎？

最純淨者應當是人間的主宰——最默默無聞者、最強大者、午夜的靈魂，那比每個白日更加明亮、更加深沉的。

噢，白日，你在摸索**我**嗎？你在摸索我的幸福嗎？於你而言我是富足的、孤獨的、一座寶庫、一座金室？

噢，世界，你要我嗎？於你而言我是塵世的嗎？於你而言我是精神的嗎？於你而言我是神聖的嗎？然而，白日與世界，你們都太過粗俗，——

——若你們有更靈敏的雙手，你們便去攫取更深的幸福、更深的不幸，攫取任何一個神，而不攫住我——

——你這奇妙的白日，我的不幸與我的幸福皆深沉，但我卻不是神，不是神的地獄——**地獄的痛是深沉的**。

8.

神的痛苦更加深沉，你這奇妙的世界！去攫取神的痛苦，而不要攫住我！我是甚麼！一只沉醉甜美的七弦琴，——

——一只午夜的七弦琴，一個鐘鳴響亮的悲觀者，無人理解，卻**必須**在聾子面前說話，你們這些更高等的人！因為你們不理解我！

走了！走了！噢，青春！噢，正午！噢，下午！而此刻晚間、夜晚與午夜來臨——野狗吠叫，清風——

——難道風不是一隻野狗嗎？它哀鳴、它狂吠、它吠叫。啊！啊！這午夜，它如何地嘆息！它如何地歡笑，它如何地氣喘吁吁、發出呼嚕聲！

這沉醉的女詩人，她剛剛是如此清醒地說話！她大抵過度飲下了她的沉醉？她變得過度清醒嗎？她在細細咀嚼回味嗎？

——這古老深沉的午夜，她在夢裡，細細咀嚼回味她的痛苦，也更咀嚼回味她的歡樂。當痛苦已深的時候，自然有歡樂——**歡樂比心痛還要深沉**。

9.

你這葡萄藤！你稱讚我甚麼！我明明切斷了你！我很殘酷，你流血了——對於我這沉醉的殘酷，你的讚美要的是甚麼？

「凡曾經完滿的，一切成熟之物——都要死去！」你如此說。祝福，祝福那摘採葡萄者的刀！然而，一切不成熟之物都要生存——哀哉！

痛苦說：「過去罷！走罷！你這痛苦！」然而，一切受苦者，都要生存，乃至於成熟、歡欣、渴望，

——渴望更遙遠者、更高者、更光明者。「我要承繼者，一切受苦者如此說，我要孩子，我不要**我自己**，」——

然而，歡樂卻不要承繼者，不要孩子——歡樂要的是自己、它要永恆、要歸返，要萬物永恆相同。

痛苦說：「心啊，破碎罷，流血罷！腿啊，漫遊罷！翅膀啊，飛罷！疼痛啊！前去罷！上去罷！」好罷！去罷！噢，我古老的心——**痛苦說：「過去罷！」**

10.

你們這些更高等的人啊，你們以為如何？我是一位預言者嗎？一個幻夢者嗎？沉醉者？一個解夢者？一個午夜的鐘？

一滴露？永恆的氤氳與香氣？你們沒聽見嗎？你們沒聞見嗎？我的世界剛剛完滿了，午夜也是正午。

疼痛也是一種歡娛，詛咒也是一種祝福，夜晚也是一種太陽——你們可以離開，或者學到——一位智者也是一個傻子。

你們曾經向一種歡娛說出「是」嗎？噢，我的朋友們，如此你們也向**所有的**痛苦說「是」罷。萬物皆相連、相串、相愛，——

——你們曾經意欲再來一次，你們曾說：「我喜歡你，幸福！瞬間！頃刻！」你們如是意欲一切都回來！

——一切重新，一切永恆，一切相連、相串、相愛，噢，你們如此**熱愛**世界，——

——你們這些永恆者，永恆且時刻地愛世界罷——你們也要向痛苦說——過去罷，但要回來！**因為一切歡娛要——永恆！**

11.

一切歡娛要萬物永恆，要蜂蜜、酵母，要沉醉的午夜，要墳墓，要墓旁淚水的安慰，要金飾的晚霞——

——歡娛不要**甚麼**呢！它比一切痛苦更加焦渴、誠摯、飢餓、可怕、神祕，它要**自己**，它咬進**自己**，輪轉的意志在它的內裡輪轉，——

——它要愛，它要恨，它過度豐裕，它餽贈、拋棄、乞求有人取走它，感謝取走之人，它想被憎恨，——

——歡娛是如此豐裕，以至於它渴望疼痛、地獄、憎恨、屈辱、殘廢，以及**世界**，——因為這世界，噢，你們識得它！

噢，你們這些更高等的人啊，這歡樂，它嚮往著你們，這無拘束的、幸福的——你們這些失敗者，它嚮往你們的痛苦！一切永恆的歡娛皆嚮往失敗者！

因為一切歡樂要的是自身，所以它也要感受心痛！噢，幸福！噢，疼痛！噢，心啊，破裂罷！你們這些更高等的人，學會這點罷，歡娛意欲永恆，

——歡娛意欲**萬物**永恆，**意欲深沉、深沉的永恆！**

12.

如今你們學到了我的歌曲嗎？你們猜出了它要甚麼嗎？好罷！去罷！你們這些更高等的人，那麼此刻請為我唱出我的迴旋曲！

此刻請為我唱，歌名是〈再一回〉，涵義是「在一切永恆之中」——唱罷，你們這些更高等的人，查拉圖斯特拉的迴旋曲！

噢，人啊！當心！

深沉的午夜在說甚麼？
「我睡了，我睡了——
自深沉的夢裡，我醒來——
世界是深沉的，
且比白日所想的還要深沉。
它的痛苦是深沉的——
歡娛——比心痛還要深沉——
痛苦說——過去罷！
但一切歡娛意欲永恆——
——意欲深沉，深沉的永恆！」

徵象

然而，過了這夜，查拉圖斯特拉在早晨自他的臥榻上躍起，給自己束好腰帶，並且走出了他的洞穴，他興高采烈、身體強健，就像從黑暗群山之中升起的一輪朝陽。

「你這偉大的星體，」他說，就像他曾經有次說過的，「你這深沉的幸福之眼，假如你沒有了你所照耀的**那些**，你的幸福會是如何呢！

而若他們還待在他們的室內，正當你已醒來、臨到、餽贈與分發之際——你高傲的羞恥將如何對此感到惱怒！

好罷！他們還在睡，這些更高等的人們，正當**我**醒來之際——**這**不是我適切的夥伴！在此，我在我的山間，不是在等待他們。

我要去往我的工作，去往我的白日——然而他們並不理解，我清晨之徵象是甚麼，我的腳步聲——對他們來說並非喚醒的呼叫。

他們仍在我的洞穴裡睡，他們的夢仍飲著我沉醉的歌曲。而在他們的五體之中，尚缺乏聆聽我的耳朵——那**聽話**的耳朵。」

——正當旭日東升之際，查拉圖斯特拉對自己的心說出這番話——這時，他疑惑地望向高處，因為他聽見頭頂上有他的蒼鷹尖銳的叫聲。「好罷！」他向上呼喊，「如此令我稱心如意。我的動物們醒了，因為我醒了。

我的蒼鷹醒了，並且同我一樣尊敬太陽。以蒼鷹之鉤爪，牠攫取嶄新的光。你們皆是我正當的動物；我愛你們。

然而，我還缺乏適切的人！」——

查拉圖斯特拉如是說；這時，卻發生了一件事，他聽見自己忽然像是被無數的飛鳥圍繞，振翅簇擁著——然而，翅膀的拍打聲如此密集，往他頭部一擁而上的力量如此巨大，以至於他閉上了眼睛。確實，如同一片雲朵襲向他，如同一片箭之雲朵，射向一個新的敵人。然而，瞧啊，在此，那是一片愛的雲朵，覆在一個新的朋友之上。

「我發生了甚麼事？」查拉圖斯特拉內心詫異地想，並且讓自己在洞口旁的大石上慢慢坐下。然而，就在他對自己上下其手，阻擋那溫柔的鳥群時，瞧，這時有些更不尋常的事情發生在他身上了——他的手同時不自覺地抓到了一撮濃密溫暖的毛髮；同時，在他面前卻響起一聲吼叫——一聲溫柔悠長的獅吼。

「**徵象來了**，」查拉圖斯特拉說，他的心轉變了。事實上，當他眼前變得光明的時候，一隻黃色威猛的動物正伏在他腳邊，牠將頭依偎在他的膝上，因為愛而不願離開他，舉止如同一條重新找到老主人的狗。而鴿子卻以其愛意，熱情不亞於獅子；每每，當一隻鴿子掠過獅子的鼻，獅子便搖搖頭，感到驚奇，並且對此發笑。

對於這一切，查拉圖斯特拉只說了一句話：「**我的孩子們近了，我的孩子們**。」——然後他便完全沉默。而他的心卻鬆動了，淚水從他的眼中滴下來，落在他的雙手。他不再注意任何事情，並且坐在那裡，動也不動，也不再阻擋那些動物。這時，鴿子們偶爾飛來，坐在他的肩上，撫摩他的白髮，以其溫柔與歡愉而不感疲倦。那強健的獅子卻不斷地舔拭落在查拉圖斯特拉雙手的淚水，並畏怯地吼叫、低鳴。這些動物們如是行動。——

這一切持續了很長一段時間，或者很短一段時間——因為，正確地說，對於人間相同的事物來說，並**沒有時間**存在——。然而，在這當中，更高等的人們卻在查拉圖斯特拉的洞穴裡醒來，彼此列成長長一支隊伍，好向查拉圖斯特拉迎面走去，向他道早安——因為，當他們醒來的時候，發現他已經不在他們當中停留。然而，當他們來到洞穴門口時，他們急促的腳步聲先行來到，這時，獅子猛地被驚動，牠倏地離開查拉圖斯特拉，縱身一躍，發出野性的怒吼，撲向了洞穴；然而，當更高等的人聽見了獅吼，他們卻異口同聲驚叫著並且退避，一眨眼便消失無蹤。

查拉圖斯特拉自己卻感到震耳欲聾、怪異陌生，他從自己的坐位起身，環顧四周，驚詫地站在那裡，他自問其心，獨自思索。「我究竟聽見了甚麼？」他終於慢慢說道，「我剛才發生了甚麼事？」

說時遲，那時快，他回憶起來，一轉眼，他便明白了介於昨日與今日所發生的一切。「這裡便是那石頭，」他說著，並且撫著鬍鬚，「昨日早晨我坐在**那裡**；在這裡，預言者走向我，在這裡，我先聽見了叫喊，那聲我剛剛所聽見的，大聲的呼救。

噢，更高等的人啊，昨日早晨那位老預言者向我預言的，確是**你們的**困厄，——

——他意欲試探我、引誘我，去往你們的困厄——噢，查拉圖斯特拉，他對我說，我來，好引誘你去往你最後的罪惡。

去往我最後的罪惡？查拉圖斯特拉喊道，並且對他自己的話忿懣地發笑——到底還有**甚麼為**我留下的最後的罪惡？」

——查拉圖斯特拉再一次陷入自我沉思，復又坐在大石之上，並思索著。突然，他向上跳起，——

「同情啊！對更高等的人的同情！」他喊出來，面容轉為青銅色。「好罷！**這**——自有其時！

我的苦痛與我的同情——這又有何干！究竟我是致力追求**幸福**嗎？我致力追求我的**志業**！

好罷！獅子來了，我的孩子們近了，查拉圖斯特拉變得成熟，我的時候已到——

這是**我的**早晨，**我的**白日開始了——**現在升起，升起罷，你這偉大的正午！**」

查拉圖斯特拉如是說，並且離開他的洞穴，他興高采烈、身體強健，就像從黑暗群山之中升起的一輪朝陽。

尼采年譜

1844——0歲

十月十五日，菲德利希・威廉・尼采（Friedrich Wilhelm Nietzsche）生於普魯士王國薩克森（Sachsen）行省的洛肯鎮（Röcken），為基督新教路德派牧師卡爾・路易・尼采（Carl Ludwig Nietzsche, 1813-1849）及其妻法蘭西斯卡・尼采（Franziska Nietzsche，原姓 Oehler）所生的第一個孩子。

1846——2歲

七月十日，妹妹伊莉莎白・尼采（Elisabeth Förster-Nietzsche, 1846-1935）出生。

1848——4歲

二月二十七日，弟弟路易·約瑟夫·尼采（Ludwig Joseph Nietzsche, 1848-1850）出生。

1849——5歲

七月三十日，父親因腦部軟化症病逝，享年三十六歲。

1850——6歲

一月四日，兩歲不到的弟弟過世。舉家遷至南姆堡（Naumburg）。

1854——10歲

初次嘗試作曲。

1856——12歲

首度出現頭痛與眼疾。

1858——14歲

十月，入南姆堡普佛達中學（Schulpforta），直到一八六四年畢業。

1859——15歲

開始與德國哲學家、印度學者保羅．德伊森（Paul Deussen, 1845-1919）的友誼。

1860——16歲

在南姆堡創立文學音樂社團「日耳曼尼亞」（Germania），廣泛研究各種作品。日耳曼哲學家叔本華（Arthur Schopenhauer, 1788-1860）去世。

1861——17歲

經過友人介紹而認識音樂家理查．華格納（Richard Wagner, 1813-1883）的鋼琴曲《崔斯坦》（*Tristan*）片段，並嘗試自己作曲。

1864——20歲

十月，入波昂大學，主修神學與古典語文學。

1865——21歲

十月，跟隨古典語言學教授菲德利希・李契爾（Friedrich Ritschl, 1806-1876）一同轉入萊比錫大學。初次修讀叔本華著作並受啟蒙。

1866——22歲

對古典語文學心神嚮往，開始與德語古語文學家埃爾溫・羅德（Erwin Rohde, 1845-1898）的友誼。六月十四日至八月二十三日，發生普奧戰爭，尼采接到兩次徵兵召集令，但因重度近視延期入伍。

1867——23歲

十月，徵召入伍於南姆堡砲兵聯隊之騎兵部門。

1868——24歲

春天，服勤騎馬時摔下，胸骨重傷，之後度假休養。十月，因傷勢而退伍。在萊比錫大學繼續修讀。十一月八日，在萊比錫大學教授、華格納的姐夫海爾曼・布洛克豪斯（Hermann Brockhaus, 1806-1877）家中結識華格納。

1869——25歲

本計畫放棄語文學研究，而欲轉向化學。二月，經李契爾教授的推薦，入瑞士巴塞爾大學，任古典語文學特聘教授。三月，獲萊比錫大學博士學位。四月，依瑞士大學之任職規定，放棄普魯士國籍，成為瑞士人。五月十七日，初次造訪華格納位於瑞士琉森（Luzern）近郊特里布森鎮（Tribschen）的宅邸。五月二十八日，在巴塞爾大學發表就任講演，講題為〈荷馬與古典語文學〉。開始與瑞士文化歷史學家雅各・布克哈特（Jacob Burckchardt, 1818-1897）的友誼。

1870——26歲

四月，任命為正式教授。八月，普法戰爭爆發，向巴塞爾大學告假，志願擔任戰爭傷患照護兵。九月七日，發現患有赤痢與白喉。在南姆堡休養，逐漸康復。十月，復又回到巴塞爾。開始與神學家弗朗茨·奧韋爾貝克（Franz Overbeck, 1837-1905）的友誼。

1871——27歲

一月，普魯士在普法戰爭打敗法國，建立德意志帝國。二月，因病請假，與妹妹同住瑞士盧加諾（Lucarno）六週，執筆書寫《悲劇的誕生》（*Geburt der Tragödie*）。

1872——28歲

一月，出版《悲劇的誕生：源於音樂的精神》（*Die Geburt der Tragödie aus dem Geiste der Musik*）。二月至三月，以「關於我們教育設施的未來」為題，在巴塞爾進行系列演講。語文學同事對《悲劇的誕生》提出尖銳批評，尼采作為古典語文學家之聲譽嚴重受損。四月，在特里布森與華格納辭別。五月二十二日，在拜魯特劇院的動土典禮上，尼采與華格納再度相見。

1873 —— 29歲

出版《不合時宜的觀察》第一部〈信徒與作家大衛·史特勞斯〉。開始有嚴重偏頭痛，健康情形惡化。

1874 —— 30歲

出版《不合時宜的觀察》第二部〈歷史對人生之利弊〉與第三部〈作為教育家的叔本華〉。

1875 —— 31歲

十月，結識因崇拜尼采而來到巴塞爾的德國作家暨作曲家彼得·賈斯特（Peter Gast, 1854-1918，本名 Heinrich Köselitz）。患眼疾與胃病。

1876 —— 32歲

二月，因健康因素中止在巴塞爾大學的授課。七月，出版《不合時宜的觀察》第四部〈在拜魯特的華格納〉。七月二十四日，抵達拜魯特。八月，出席拜魯特劇場首演。八月十三日，參加《萊茵黃金》（*Rheingold*）首演，對於長時的「藝術之夜」失望。十月十五日，因健康因素，向巴塞爾大學請假一年。十月至十一月初，在索倫特（Sorrent）與華格納、柯西瑪（Cosima Wagner, 1837-1930）夫婦作最後的交往。

1877——33歲

九月，回巴塞爾，於大學恢復上課。

1878——34歲

一月三日，華格納給尼采的最後信件，並致贈樂譜《帕西法爾》（*Parsifal*）。五月，出版《人性的，太人性的》（*Menschliches, Allzumenschliches, Ein Buch für freie Geister*），尼采給華格納的最後信件，致贈此書，兩人友誼至此終結。

1879——35歲

出版《人性的，太人性的》第二部。身受重病，放棄巴塞爾大學教職。

1880——36歲

出版《漫遊者及其影子》（*Der Wanderer und sein Schatten*）。三月至六月，首度造訪威尼斯。以奧地利作家史提夫特（Adalbert Stifter, 1805-1868）的小說《夏末秋初》（*Der Nachsommer*, 1857）為題進行系列講演。十一月，首度在日內瓦過冬。

1881——37歲

一月，完成《曙光》（*Morgenröte*），闡述對道德偏見的思想。六月，《曙光》出版。在瑞士希爾斯—瑪麗亞（Sils-Maria）初次度過夏天。研究荷蘭哲學家史賓諾莎（Baruch de Spinoza, 1632-1677）的作品。十一月二十七日，在日內瓦首度聆賞法國作曲家比才（Georges Bizet, 1838-1875）的歌劇《卡門》（*Carmen*, 1875）。

1882——38歲

《快樂的科學》（*Die fröhliche Wissenschaft*）完成並出版。三月，至義大利南部西西里島旅行。四月至十一月，與莎樂美（Lou Andreas-Salomé, 1861-1937）結識並往來。十一月，在義大利北部拉帕羅（Rapallo）過冬。健康情形堪憂。

1883——39歲

二月三日至十三日，以十天時間完成《查拉圖斯特拉如是說》（*Also sprach Zarathustra, Ein Buch für Alle und Keinen*）第一部，完成當日，華格納逝世。六月，《查拉圖斯特拉如是說》第一部出版。七月，完成《查拉圖斯特拉如是說》第二部。十二月，在法國尼斯（Nizza）過冬。

1884——40歲

一月，完成《查拉圖斯特拉如是說》第三部，四月出版。八月，德國哲學家史坦因（Heinrich von Stein, 1833-1896）在瑞士希爾斯—瑪麗亞訪尼采。十一月，於法國芒通（Mentone）與尼斯撰寫《查拉圖斯特拉如是說》第四部。

1885——41歲

二月，完成《查拉圖斯特拉如是說》第四部，以私人自印方式出版。五月二十二日，尼采的妹妹伊利莎白與柏林中學教師、反閃族主義者本哈德．佛斯特（Bernhard Förster, 1843-1889）結婚，兩人於翌年移民至巴拉圭。執筆撰寫《超越善惡：未來哲學的序曲》（*Jenseits von Gut und Böse: Vorspiel einer Philosophie der Zukunft*）。

1886——42歲

五月至六月，與埃爾溫·羅德在德國萊比錫最後一次會面，之後赴瑞士希爾斯—瑪麗亞（第六度停留）。八月，自費出版《超越善惡》。新版《悲劇的誕生》，新副標「希臘精神或悲觀主義」（Griechentum und Pessimisnus），並新增自我批判之內文。冬天，在法國尼斯過冬（第五度停留）。

1887——43歲

七月，完成《道德系譜學》（*Zur Genealogie der Moral, Eine Streitschrift.*）。新版《快樂的科學》。《查拉圖斯特拉如是說》前三部再版。出版合唱交響詩《生命讚歌》（*Hymnus an das Leben*）。

1888——44歲

出版《華格納事件：一個音樂家的問題》（*Der Fall Wanger, Ein Musikanten Problem*）。

春天，居法國尼斯、瑞士日內瓦與義大利北部都靈（**Turin**）。六月至九月，最後一次在希爾斯－瑪麗亞停留（第七次），之後赴都靈。丹麥哲學家、文評家布蘭德斯（**Georg Brandes, 1842-1927**）以「關於德國哲學家尼采」為題，在哥本哈根大學開設系列講座。執筆撰寫《華格納事件》、《偶像的黃昏》（*Götzen-Dämmerung*）與《戴奧尼索斯的酒神讚歌》（*Dionysos-Dithyamben*）（未出版）。九月，執筆撰寫《反基督》（*Der Antichrist, Flucht auf das Christentum*）。十月十五日，生日，開始撰寫《瞧，這個人》（*Ecce Homo*）。十一月四日，完成《瞧，這個人》（死後出版）。十二月，完成《尼采對華格納》（*Nietzsche contra Wagner, Aktenstücke eines Psychologen*）。致友人信件中，顯出精神錯亂之徵象。

1889——45歲

一月初，在義大利都靈精神崩潰，神學家奧韋爾貝克陪同返巴塞爾，精神科醫師診斷其為「精神錯亂」。一月十七日，尼采的母親陪同前往德國耶拿（**Jena**），於精神科診所診療。一月底，《偶像的黃昏》出版。《尼采對華格納》以私人自印方式出版。

1890——46歲

五月，母親帶尼采返回南姆堡。六月，尼采的妹夫本哈德·佛斯特在巴拉圭自殺。

1893——49歲

尼采的妹妹伊利莎白自巴拉圭返回德國，尼采的所有遺稿必須交由妹妹管理。

1894——50歲

尼采的精神錯亂更形嚴重，幾乎不能出戶。

1895——51歲

《反基督》、《尼采對華格納》出版。尼采對自己的聲名一無所知。首度出現中風跡象。

1896——52歲

尼采的妹妹帶著尼采畢生作品與文件遷居威瑪（Weimar）。

1897——53歲

復活節，尼采母親病逝。妹妹伊莉莎白將尼采帶至威瑪照顧。

1899——55歲

尼采全集十九卷經妹妹之手第三度出版。

1900——56歲

八月二十五日，逝世於威瑪。八月二十八日，葬於故鄉洛肯鎮父母之墓旁。享年五十五歲。

聯經經典
查拉圖斯特拉如是說：給所有人與沒有人的一部書

2024年9月初版　　定價：新臺幣480元

著者	Friedrich
譯者	彤雅立
叢書編輯	陳胤慧
校對	吳美滿
內文排版	李偉涵
封面設計	李偉涵

出版者	聯經出版事業股份有限公司	編務總監	陳逸華
地址	新北市汐止區大同路一段369號1樓	總編輯	涂豐恩
叢書編輯電話	(02)86925588轉5317	總經理	陳芝宇
台北聯經書房	台北市新生南路三段94號	社長	羅國俊
電話	(02)23620308	發行人	林載爵
郵政劃撥帳戶第0100559-3號			
郵撥電話	(02)23620308		
印刷者	世和印製企業股份有限公司		
總經銷	聯合發行股份有限公司		
發行所	新北市新店區寶橋路235巷6弄6號2樓		
電話	(02)29178022		

行政院新聞局出版事業登記證局版臺業字第0130號

本書如有缺頁，破損，倒裝請寄回台北聯經書房更換。　ISBN 978-957-08-7407-5 (平裝)
聯經網址：www.linkingbooks.com.tw
電子信箱：linking@udngroup.com

國家圖書館出版品預行編目資料

查拉圖斯特拉如是說：給所有人與沒有人的一部書/
Friedrich Nietzsche著．彤雅立譯．初版．新北市．聯經．2024年9月．
504面．14.8×21公分（聯經經典）
譯自：Thus spake Zarasthustra: a book for all and none.
ISBN 978-957-08-7407-5（平裝）

1.CST：道德　2. CST：哲學

147.66　　113007828